Brainjacking

A CIÊNCIA DE INFLUENCIAR E MANIPULAR

Amarilys

Brainjacking

A CIÊNCIA DE INFLUENCIAR E MANIPULAR

Brian Clegg

AUTOR *BEST-SELLER*,
ESPECIALIZADO EM DIVULGAÇÃO CIENTÍFICA

Amarilys é um selo editorial Manole.

Produção editorial: Merit Educacional
Projeto gráfico: Departamento Editorial da Editora Manole
Tradução: Departamento Editorial da Editora Manole
Diagramação: Deborah Sayuri Takaishi
Capa: Ricardo Yoshiaki Nitta Rodrigues
Imagens do miolo: Lydia R. Pinkham (Advertisement)/ Wikimedia e Edward Adelson.

CIP-BRASIL. CATALOGAÇÃO NA PUBLICAÇÃO
SINDICATO NACIONAL DOS EDITORES DE LIVROS, RJ

C561b

Clegg, Brian. 1955-
Brainjacking : a ciência de influenciar e manipular / Brian Clegg ; tradução Departamento Editorial da Editora Manole. - 1. ed. - Barueri [SP] : Amarilys, 2025.

Tradução de: The science of influence and manipulation
Inclui bibliografia e índice
ISBN 9788520471043

1. Influência (Psicologia). 2. Influência social. 3. Persuasão (Psicologia). 4. Mudança de atitude. I. Departamento Editorial da Editora Manole (Empresa). II. Título.

CDD: 153.85
25-100896.0 CDU: 159.922.27

Carla Rosa Martins Gonçalves - Bibliotecária - CRB-7/4782

Edição – 2025

Direitos em língua portuguesa adquiridos pela:
Editora Manole Ltda.
Alameda Rio Negro, 967 – cj. 717 – Alphaville
06454-000 – Barueri – SP – Brasil
Fone: (11) 4196-6000
www.manole.com.br | https://atendimento.manole.com.br/

Impresso no Brasil
Printed in Brazil

Para Gillian, Rebecca e Chelsea

Sumário

Agradecimentos

Meus agradecimentos, como sempre, à equipe da Icon Books, especialmente a Connor Stait, Steve Burdett, Rhiannon Morris e Elle-Jay Christodoulou. Especialmente neste caso, pois me incentivaram a pesquisar um tópico muito diferente.

Agradeço às pessoas que entrevistei ou às quais fiz perguntas – você as descobrirá ao longo do livro – e àqueles que escreveram os livros, artigos e podcasts que verá referenciados. Um tema recorrente aqui é a crise de replicação na psicologia e como muitos estudos no campo agora são considerados questionáveis: isso não é, de forma alguma, uma tentativa de reduzir a importância da pesquisa ou de sugerir que os pesquisadores tenham deliberadamente tentado enganar.

Acima de tudo, agradeço a meus falecidos pais e a todos os envolvidos em minha educação que me incentivaram a olhar além das restrições de uma única ciência para ter um interesse mais amplo em como a ciência influencia e reflete o mundo ao nosso redor e como nos encaixamos nele.

CAPÍTULO 1

Nós lhe diremos o que pensar

Você vai tomar a pílula vermelha?

Caso essa frase não signifique nada para você, ela faz referência ao enredo do filme *Matrix*, de 1999. No filme, o herói Thomas Anderson, também conhecido como Neo, descobre que sua realidade aparente – a vida cotidiana do final do século XX – é uma ilusão. Nada do que ele vivencia é real. Por motivos obscuros (e totalmente impossíveis), Neo e a maior parte do resto da humanidade estão em coma em cápsulas, conectados a um ambiente imersivo de realidade virtual.[1]

O conceito de experimentar uma realidade virtual realista não foi original da imaginação das Wachowskis, as irmãs por trás do filme. Por exemplo, havia um conceito semelhante que, notavelmente, também era chamado de Matrix no programa de TV *Doctor Who*, que apareceu pela primeira vez na história "The deadly assassin" ("O assassino mortal"), transmitida em 1986, enquanto o romance *Nevasca*, de Neal Stephenson, de 1992, apresentava um mundo de realidade virtual realista (embora conscientemente ocupado) que nos deu o termo "metaverso".

---

1 Em *Matrix*, a justificativa para a humanidade ser armazenada em cápsulas é que ela está sendo usada pela inteligência artificial controladora para gerar energia para uma Terra infernal no futuro. Infelizmente, isso não faz sentido, pois é preciso muito mais energia para manter os seres humanos vivos do que eles geram – as pessoas não produzem energia do nada. O conceito principal do filme quebra uma lei fundamental da natureza, a conservação da energia.

INTRODUZINDO O *BRAINJACKING*

O filme *Matrix* retratou um tipo visceral e fictício de *brainjacking*, que é o termo que estou usando para indicar os mecanismos que permitem que nossos cérebros sejam alterados por outras pessoas, muitas vezes sem que tenhamos consciência de que isso está acontecendo. Isso é totalmente diferente da lavagem cerebral, em que a experiência é muito óbvia e traumática para a vítima. O *brainjacking* é uma atividade mais sutil, muito mais difundida e mais interessante. Não falarei sobre lavagem cerebral aqui, mas consulte a seção "Mais descobertas" no final do livro para ver um título recomendado sobre o assunto.

A realidade vívida da experiência da Matrix, indistinguível do mundo real, exceto quando há uma "falha na Matrix", certamente não se tornará prática tão cedo. As primeiras tentativas de realidade virtual demonstraram adequadamente que ainda temos um longo caminho a percorrer. Se você já experimentou o *Second Life*, que oferece um ambiente pouco sofisticado de mundo virtual desde 2003, ou se já viu a implementação de metaverso divertidamente básica que fez com que a empresa controladora do Facebook mudasse seu nome para Meta em 2021, você não confun dirá o que vê com a realidade. No entanto, se deixarmos de lado o aspecto de enganar nossos sentidos para que acreditem que um mundo virtual é real, há outro tipo de *brainjacking* que ocorre no filme.

Em um determinado momento, Neo, juntamente com Trinity, uma das outras protagonistas, está preso no telhado de um prédio na Matrix. Assim como Neo, a Trinity real está deitada em um sofá, literalmente conectada ao sistema,[2] mas o Neo e a Trinity virtuais precisam escapar do prédio, que tem um helicóptero estacionado no telhado. Neo pergunta a Trinity: "Você sabe pilotar essa coisa?" e ela responde enigmaticamente: "Ainda não". Trinity, então, liga para o "operador" do mundo real – seu mentor fora da Matrix – e diz que precisa de um programa de pilotagem para um helicóptero B-212. O operador toca algumas teclas, a capacidade de pilotar a aeronave é injetada no cérebro dela e, segundos depois, eles estão prontos para decolar.

---

2 Os plugues de tomada usados no filme são tão grandes que quase certamente destruiriam a medula espinhal.

Pode ser tentador pensar que esse tipo de coisa – inserir informações diretamente no cérebro por meios eletrônicos – é tudo o que poderia ser descrito como *brainjacking*. Na realidade, e de maneiras muito mais sutis, os seres humanos têm influenciado os pensamentos uns dos outros desde que a espécie existe. Começaremos a explorar isso observando a atividade humana aparentemente simples, mas fundamental, de contar histórias.

CONTE-ME UMA HISTÓRIA

Embora a contação de histórias tenha se limitado inicialmente à comunicação direta entre pessoas, ela foi expandida pela tecnologia desde a introdução das pinturas rupestres e, mais ainda, pela escrita, pelo cinema e pelo vídeo. Tudo o que lemos ou vemos influencia nossos processos de pensamento até certo ponto, potencialmente de maneira profunda. Mas esse não é o limite do *brainjacking* no mundo real. Quando tentamos conscientemente entrar no cérebro de outra pessoa e influenciar seu funcionamento – quando passamos de uma simples discussão para algo mais sofisticado –, isso pode se tornar uma arte muito mais obscura.

A partir do *brainjacking* básico que se desenvolveu com a narração de histórias, veremos o surgimento da publicidade e da propaganda. Com o aprimoramento da tecnologia da informação, especialmente com o surgimento da internet e da IA, veremos o rápido crescimento da influência e da manipulação mental. Quanto mais descobrirmos sobre o cérebro e a psicologia, mais veremos oportunidades surgindo para influenciar o comportamento e as crenças humanas. Também exploraremos os pontos em que a psicologia tentou expandir o potencial da simples narrativa, desde um *nudge* até influências subliminares e *priming*[3].

Comecei esta introdução no mundo da ficção científica, que raramente é um bom indicador do futuro. Não é para isso que ela serve. No campo do *brainjacking* sombrio, porém, a ficção às vezes pode oferecer avisos reais e válidos. O filme *Minority report - a nova lei*, por exemplo, mostra um anúncio

---

3 O efeito *priming*, ou efeito de pré-ativação, é uma técnica usada para ativar certas associações na mente antes que um estímulo principal seja apresentado. Isso "prepara" o cérebro, influenciando percepções, decisões ou comportamentos sem que a pessoa perceba diretamente (N.T.).

direcionado especificamente a um indivíduo quando suas retinas são escaneadas e identificadas. No romance clássico *The space merchants* (*Os mercadores espaciais*), foram apresentadas técnicas de marketing ainda mais científicas, desde a influência sutil até o vício deliberado em um produto. Veremos essas possibilidades mais adiante no livro.

O *brainjacking* também nos leva a uma jornada pelas tentativas da publicidade e do marketing de entender e influenciar nossos pensamentos e desejos, chegando a influências mais sutis e até subliminares. Ao descobrir como a ciência se cruza com nossos desejos e decisões, veremos como essas técnicas podem ter um impacto genuíno em nossas vidas e também como podem ser, e muitas vezes foram, exageradas.

Este será um tipo de livro de ciência diferente de muitos que tratam da mente e do cérebro. Leio muita ciência popular e devo confessar que logo me entedio quando me deparo com uma lista de diferentes partes do cérebro que são identificadas como responsáveis (ou não) por vários aspectos de nossa cognição. A realidade é que quase sempre "é realmente mais complicado do que isso". Para alguns, tenho certeza, essa rotulação de partes do cérebro é fascinante e divertida, mas estou mais inclinado ao ponto de vista de Richard Feynman.

Feynman, um dos maiores físicos do século XX, achou seu curso de pós-graduação em física um pouco limitado: para ampliar sua experiência, ele assistiu a aulas de biologia ao mesmo tempo. Em sua clássica coleção de anedotas *Só pode ser brincadeira, sr. Feynman!*, ele descreve como em um dos exercícios da aula de biologia ele teve que comentar um artigo no qual os impulsos elétricos nos nervos de um gato haviam sido medidos. Feynman queria colocar as partes internas do gato mencionadas em um contexto, então foi à biblioteca e pediu um mapa de um gato, para diversão do bibliotecário.

Mais tarde, quando Feynman relatou o trabalho para a classe, ele começou explicando o que acontecia no interior do gato. Seus colegas apontaram que já haviam memorizado os nomes dos músculos do gato e assim por diante, portanto sabiam o que ia para onde. "Ah", disse Feynman, "vocês sabem? Então não é de se admirar que eu consiga alcançá-los tão rápido depois de terem quatro anos de biologia."

Da mesma forma, não acho que valha a pena lhe dar um mapa do cérebro e apontar as várias partes que são ativadas por influências mentais, a menos que haja uma razão muito específica para isso. Parafraseando outra coisa que Feynman disse, uma lição que ele aprendeu desde cedo com seu pai foi que ciência não é conhecer os rótulos das coisas, mas entender o que está acontecendo.

INFORMAR, INFLUENCIAR, MANIPULAR

Em vez de adotar uma abordagem clínica e exclusivamente objetiva, este livro terá uma abordagem muito mais pessoal do que a que eu usaria em um livro sobre, por exemplo, física quântica. Todos temos mentes, e todas foram influenciadas ao longo de nossas vidas. Pareceria tolice e desperdício ignorar a experiência pessoal, portanto aparecerei como indivíduo, na história do *brainjacking*, muito mais do que o normal. Afinal de contas, influenciar mentes é o objetivo do meu trabalho.

Na frase anterior, usei “influenciar” de forma vaga. Descobriremos que o *brainjacking* pode ser usado em três níveis: para informar, para influenciar e para manipular. Normalmente, as informações são sobre fatos que não têm grande impacto sobre nosso comportamento. Um átomo de hidrogênio tem um próton em seu núcleo. Se você ainda não sabia disso, agora está informado. Se isso ficar gravado em sua mente, então eu mudei minimamente seu cérebro, mas é improvável que faça qualquer diferença no que você fará no futuro.

A influência e a manipulação, por outro lado, têm o potencial de mudar crenças e ações futuras. Embora tenhamos a tendência de pensar na manipulação como sendo pior do que a influência, qualquer um desses processos pode ser realizado para o bem ou para o mal (dependendo de sua definição). Manipulação é um conceito mais difícil, porque a palavra agora tem conotações negativas. O significado inicial era mudar algo com a mão (*manus* é a palavra latina para mão), mas passou a significar manuseio e destreza de forma mais geral. Foi somente no século XIX que surgiu uma sugestão de desonestidade.

Se considerarmos que influência e manipulação significam uma tentativa consciente de fazer uma mudança, então não há dúvida de que muito disso ocorre na contação de histórias – e parte dela se deleita na mentira. Da maneira como usarei os termos neste livro, a diferença entre os dois não está no fato de o conteúdo ser ou não factual. É possível influenciar com uma mentira e manipular alguém para fazer algo bom. Contudo, a manipulação incentiva uma decisão do coração, não da cabeça. A influência tem mais a ver com conquistar alguém por meio de argumentos intelectuais.

Todas as ações de informar, influenciar e manipular estão em um espectro contínuo – os tipos de *brainjacking* misturam-se sutilmente. Muitas vezes, no entanto, podemos ver atributos de cada um em diferentes maneiras de falar ou escrever sobre a mesma coisa. Veja estas três declarações:

> A fome em Romanda agora é grave. A cada semana, pelo menos 100 crianças estão morrendo de fome. Sem ajuda, as coisas vão piorar.

> Você pode ajudar as crianças de Romanda com apenas alguns cliques. Uma doação de 10 libras manterá uma família de quatro pessoas longe da fome por uma semana.

> A pequena Syra, em Romanda, não entende por que sua mãe não pode ajudá-la. Ela acorda todas as manhãs com fome. Você pode mudar a vida dela.

Cada afirmação tem um tipo diferente de influência em seu cérebro, mas a maneira como ela faz isso e o impacto que ela tem são diferentes, dependendo de sua posição nesse espectro. Com tudo isso em mente, vamos dar os primeiros passos de que necessitamos para entender, nos beneficiar e sobreviver ao trabalho às vezes insidioso, mas sempre presente, de quem faz *brainjacking*. E isso começa com o conceito de história.

Está sentado confortavelmente? Então vou começar.[4]

---

4 Se você não for britânico ou tiver nascido depois da década de 1970, "Você está sentado confortavelmente? Então vou começar" pode parecer uma frase aleatória. Ela era usada como introdução regular às histórias no programa de rádio da BBC *Listen with Mother*, que foi ao ar entre 1950 e 1982.

CAPÍTULO 2

Era uma vez

Os biólogos não gostam de admitir o excepcionalismo humano – a ideia de que temos um lugar especial na natureza, bem diferente dos outros animais. Mas eu diria que essa atitude se deve ao fato de eles estarem muito próximos de seu objeto de estudo. É claro que, em um sentido, eles estão perfeitamente certos. Afinal de contas, não somos únicos por sermos mamíferos ou grandes símios. No entanto, considerando nossa capacidade de produzir tecnologia, desenvolver culturas sofisticadas e transformar o meio ambiente (tanto para o bem quanto para o mal), é certamente perverso sugerir que o *Homo sapiens* não seja, de certa forma, especial.

O QUE NOS TORNA ÚNICOS?

Tem havido muita discussão sobre o que nos torna aparentemente únicos entre os animais. Em seu livro *Consciousness* (*Consciência*), o biólogo inglês John Parrington, da Universidade de Oxford, sugere que há três fatores que nos destacam. São eles: o uso da linguagem, o modo como a utilização de ferramentas e tecnologia nos permitiu transformar radicalmente nosso ambiente e o fato de termos uma estrutura cerebral excepcionalmente complexa. Para mim, todos esses aspectos reúnem-se em um aspecto claro e distinto do comportamento humano, que fornece as bases para o *brainjacking*. Somos contadores de histórias.

Em *How life works* (*Como a vida funciona*), o escritor científico Philip Ball observa: um dos atributos que mais nos distinguem de outros animais é a construção de culturas complexas, que dependem criticamente de sistemas e tecnologias para transmitir informações e aprendizado – e, portanto, *influência causal* – entre gerações por outros meios além dos genes. Sem dúvida, o sistema mais importante aqui é a contação de histórias.

O professor norte-americano de inglês Jonathan Gottschall refere-se a nós não como *Homo sapiens*, mas *como Homo fictus* – "o grande macaco com a mente que conta histórias". Ele ressalta que "não é preciso ensinar as crianças o que são histórias – elas são inerentemente parte do ser humano. Ele observa: "As crianças não precisam ser ensinadas sobre histórias. Não precisamos suborná-las para que criem histórias, como fazemos para que comam brócolis. Para as crianças, o faz-de-conta é tão automático e insuprimível quanto os sonhos."

A rigor, nem todo uso de histórias é *brainjacking*. Uma das maneiras pelas quais nos destacamos dos outros animais é como resultado de nossa narrativa interna. Em vez de viver nossas vidas principalmente no momento, estamos constantemente contando a nós mesmos as pequenas histórias que são respostas a perguntas como "E se?" e ao desdobramento de "Como?" ou "Por quê?" ou "O quê?". Perguntas como:

> Como vou obter minha próxima refeição?
> O que preciso fazer para que isso aconteça?
> E se houver um predador atrás daquele arbusto?
> O que acontece quando eu morrer?

Essa capacidade interna de fazer perguntas a nós mesmos que, por sua vez, podem gerar pequenas histórias sobre o que poderia ser e como as coisas poderiam ser alcançadas nos dá a capacidade de planejar, considerar riscos e oportunidades futuros e agir de acordo. Entretanto, a vantagem adicional que surge da narração de histórias e que impulsionou a raça humana a um novo patamar é quando as histórias são passadas de pessoa para pessoa, mudando os cérebros humanos no processo. Foi nesse processo que começou o *brainjacking*.

A esta altura, você pode estar pensando que exagerei totalmente. Talvez a narração de histórias lhe traga à mente a ideia de sentar-se no chão quando criança enquanto um adulto lê um livro. Ou, ouso dizer, aqueles contadores de histórias artísticos que falam sobre manter viva a tradição oral que você encontra em festivais folclóricos e *eisteddfods*[1]. E essa é mesmo uma forma de narração de histórias – a versão mais antiga, que envolve simplesmente ficar na frente das pessoas e falar com elas, que evoluiu para oratória e discurso político. Contudo, combinada com a tecnologia, a narração de histórias tornou-se muito mais. Ela nos proporciona arte e música. Ela nos dá educação e livros, filmes e TV e todas as maravilhas da internet.

De certo modo, é óbvio que a história, em seu sentido mais amplo, tem um impacto em nossas mentes. Leio algo e me lembro. Vejo um anúncio e compro um produto. Participo de um comício político e os discursos incentivam-me a votar de uma determinada maneira. Mas Jonathan Gottschall ressalta que, a partir da segunda metade do século XX, houve uma quantidade significativa de pesquisas para apoiar a premissa do senso comum de que as histórias moldam nossas mentes. Como ele diz: "As pesquisas mostram que as histórias estão constantemente nos mordiscando e amassando, moldando nossas mentes sem nosso conhecimento ou consentimento. Quanto mais profundamente estivermos sob o feitiço da história, mais potente será sua influência."

Gottschall observa que não é apenas com a não ficção que aprendemos; somos moldados pela ficção, quer ela reflita ou não a realidade. Por exemplo, em meu tempo livre, escrevo histórias de detetive: procedimentos policiais. Elas contêm uma quantidade razoável de detalhes sobre o que os policiais fazem em seu trabalho. Porém, tive de admitir a um grupo de leitura que me perguntou como eu pesquisava meus livros que só estive duas vezes em uma delegacia de polícia e raramente fiz qualquer pesquisa. Quase todo o meu conhecimento sobre procedimentos policiais é extraído da ficção, com uma pequena quantidade de divulgação científica, onde o trabalho se sobrepõe, por exemplo, à patologia – e geralmente funciona.

Gottschall nos diz que Tolstói achava que seu trabalho, o trabalho de um artista, era "contagiar seu público com suas próprias ideias e emoções" muito mais do que informar: Tolstói claramente via isso como influência e manipulação. Gottschall continua relatando como um estudo demonstrou que "histórias assustadoras deixam cicatrizes" – e a ficção é mais capaz de fazer

---

1 *Eisteddfods* são festivais tradicionais galeses que celebram a literatura, música e teatro, com competições em diversas disciplinas artísticas, especialmente poesia na língua galesa (N.T.).

isso do que os horrores do mundo real. Como eu, você pode simpatizar com essa visão. Lembro-me de ter sido aterrorizado quando jovem por um livro em quadrinhos que apresentava uma monstruosidade chamada *caltrop*. Eu estava convencido de que um deles morava no canto escuro da escada da casa da minha avó, e eu passava correndo pelo canto com os olhos fechados.

DA LINHA DE FRENTE DA CONTAÇÃO DE HISTÓRIAS

Vamos pedir ajuda para desmontar o conceito de contar histórias e ver como ele pode ter esse efeito. Roger Ashton-Griffiths tem doutorado em redação criativa pela Universidade de East Anglia. Ele também foi cantor de ópera e ator. Se você é fã de *Game of Thrones*, você o reconhecerá como Mace Tyrell, embora ele tenha participado de tudo, desde blockbusters de Hollywood até *Doctor Who* e *Coronation Street*.

Conheci Roger há dez anos, quando ambos fazíamos parte da equipe da Universidade de Lancaster no programa de TV *Christmas University Challenge* – conheceremos os outros membros da equipe mais adiante no livro. Todos os quatro somos contadores de histórias profissionais, mas cada um de uma maneira muito diferente. No entanto, antes de saber mais sobre a natureza da história contada por Roger, vamos dar um passo atrás por um momento e observar o leve *brainjacking* que ocorreu nos últimos parágrafos.

O simples fato de você estar lendo este livro me dá uma pequena capacidade de influenciar o funcionamento de seu cérebro. Mesmo que você nunca revisite conscientemente os tópicos abordados aqui, aparentemente esquecendo tudo o que leu, alguns resquícios das ideias do livro permanecerão insidiosamente à espreita em seu cérebro. Quando algo relevante surgir, esses fragmentos estarão lá, mesmo que você não se lembre diretamente deles, contribuindo para a maneira como seu cérebro lida com a questão. Esse é apenas o nível padrão e básico do *brainjacking* associado a qualquer livro, seja ele de ficção ou não ficção.

Contudo, alguns parágrafos atrás eu também me permiti fazer um trabalho mais direcionado em seu cérebro. Ao dizer que Roger tem um doutorado relevante, eu potencialmente dei à sua opinião um pouco mais de peso. Embora vivamos em uma época em que os especialistas não recebem tanta importância e respeito como antigamente, isso pode ter tido uma pequena influência. E, como o cinema e a TV fazem parte da família da narração de histórias, a experiência de Roger com eles dá um peso adicional. Se você é fã de *Game of Thrones*, temos um interesse extra de um personagem conhecido. E isso é potencialmente importante, porque o interesse pessoal e a emoção são ferramentas fundamentais para ampliar a eficácia do *brainjacking*.

Mesmo que você nunca tenha assistido a *Game of Thrones*, ainda há o potencial de ganhar um pouco mais de tração com essa associação, porque quase todo mundo já ouviu falar da série. Essencialmente, minha breve introdução sobre o Roger fornece por si só uma narrativa simples e um *brainjacking* intencional para prepará-lo para as respostas dele.

AS HISTÓRIAS COMO PREPARAÇÃO PARA A VIDA

Comecei perguntando ao Roger o que é uma "história". Ele me disse: "Minha opinião não fundamentada sobre o que *são* as artes em geral e a narração de histórias em particular é que são maneiras de nos preparar para a vida. No sentido em que você imagina situações que não viveu ou que dificilmente viveria, e você faz isso colocando-se em um espaço imaginativo para ensaiar essa vivência."

Ele continuou: "Tenho certeza de que você conhece o livro de Booker sobre estrutura de histórias:[2] ele define sete enredos básicos. Tudo surge porque você tem um pequeno problema, descobre como resolvê-lo, então o resolve e consegue a princesa no castelo e vive feliz para sempre. Posso ver as histórias como um meio de ensaiar as situações da vida. É como quando você vai para casa e precisa se lembrar do código do alarme e pensa nisso antes de entrar – você diz: 'Uau, o código é esse' e, quando entra, consegue pressioná-lo. A narração de histórias tem esse tipo de função: ela nos prepara para as eventualidades da vida. Além disso, é algo que gostamos de fazer e, por isso, continuamos a fazê-lo."

À primeira vista, pode parecer que isso é demais para uma história. Obviamente, toda a panóplia de *brainjacking*, incluindo tanto a educação quanto

---

2 Na verdade, eu não conhecia o livro de Booker na época. Roger estava se referindo ao livro de Christopher Booker, *The seven basic plots: why we tell stories* (*Os sete enredos básicos: por que contamos histórias*). Saiba mais na seção "Mais descobertas".

a ficção, de certa forma nos prepara para a vida, mas se levarmos a imagem ao pé da letra, como faz o psicólogo norte-americano Steven Pinker em seu livro *Como a mente funciona*, de que a ficção em particular nos fornece ferramentas para lidar com as eventualidades da vida, é preocupante o quanto do que absorvemos na ficção é sobre como errar. Jonathan Gottschall descreve a ficção como uma forma de simulação de baixa tecnologia em que "nossas mentes estão disparando e se conectando, aperfeiçoando as vias neurais que regulam nossas respostas às experiências da vida real", em vez de fornecer orientação direta.

Temos a tendência de pensar em uma história como sendo principalmente sobre palavras, ou palavras e recursos visuais, se a história vier na forma de uma história em quadrinhos, programa de TV, filme ou peça de teatro. Mas eu me perguntei se seria razoável considerar toda a arte e a música como uma forma de contar histórias. Roger respondeu: "Sim, com certeza. Eles também estão nos preparando? De uma maneira diferente. Acho que estão preparando uma resposta emocional: alongando, exercitando, trabalhando suas respostas emocionais. Em termos evolutivos, as respostas emocionais são coisas que as pessoas guardam, permitindo que nos comportemos de maneira apropriada."

Como sou principalmente um autor de não ficção, fiquei pensando sobre a posição da não ficção no universo da contação de histórias. Para mim, a narrativa é tão importante na não ficção quanto na ficção – e um livro puramente factual (como este) tentará fazer mudanças no cérebro de outra pessoa, embora o conjunto de ferramentas seja certamente muito diferente.

AS HISTÓRIAS MANIPULAM?

Questionei Roger sobre como a não ficção se encaixava, usando involuntariamente palavras que abriram uma cisão em nossa forma de pensar. Perguntei: "A não-ficção pode fazer alguma manipulação emocional, mas obviamente muito do que faz é informativo?"

A resposta de Roger foi reveladora: "Vamos eliminar essa ideia de manipulação emocional, que é o que – sei lá – o pessoal de vendas pode fazer com você. Eles podem fazer com que você se sinta culpado por não tomar banho todos os dias, então compre meu gel de banho. Não acho que seja a mesma coisa. Na narração de histórias, você não está manipulando a emoção, mas facilitando."

Isso me pareceu defensivo (algo a que voltaremos no final do livro). Acho que não há dúvida de que a narração de histórias envolve manipulação, sustentada pela emoção – e não vejo por que isso seja ruim. Isso é claramente verdadeiro para aquela combinação insidiosa de música e narrativa visual que acontece quando se tem uma boa trilha sonora em um filme. Os momentos em que respiro fundo e tento conter as lágrimas ao assistir a um filme quase sempre coincidem com uma música emocionalmente manipuladora. Mesmo quando não há imagens na tela, essa música pode ter seu efeito.

Um exemplo clássico de manipulação cinematográfica que sempre me surpreende é o final do filme *Quando o coração bate mais forte* de Lionel Jeffries, de 1970, baseado no livro infantil de E. Nesbit, *Os meninos e o trem de ferro*. Como pai de duas filhas, no momento em que Bobbie, personagem de Jenny Agutter, vê seu pai na plataforma da estação e diz: "Papai, meu papai!", inevitavelmente começo a chorar. Sinceramente, meus olhos estão lacrimejando enquanto digito isto. Isso foi enfatizado há alguns anos, quando ouvi um programa de rádio sobre como a música dos filmes amplifica os sentimentos. Eles tocaram a música que acompanha a cena sem o diálogo e, devido à minha associação, as lágrimas caíram. É claro que a música não precisa de imagens para estimular a emoção – seu objetivo é sempre, em parte, uma resposta emocional –, mas havia algo diferente na maneira como essa cena específica se incorporou em meu cérebro, ligada à sugestão musical.

Não duvido que Roger esteja certo ao dizer que contar histórias facilita a emoção, mas acho que seria ingênuo sugerir que os grandes contadores de histórias não escrevem ou dirigem de uma forma que, conscientemente ou não, também tenta manipular o receptor. Chamar isso de manipulação não a torna ruim (embora, é claro, possa ser – pense, por exemplo, no documentário *Olympia*, de Leni Riefenstahl, e na maneira como ele retrata o cenário político das Olimpíadas de 1936 na Alemanha nazista); é o que as pessoas fazem quando contam histórias.

Roger continuou a considerar a natureza universal da narração de histórias: "Todos, em todos os setores da sociedade, parecem se envolver com histórias de uma forma ou de outra. Podem ser pessoas que assistem a novelas na ITV ou aquelas que assistem a dramas dinamarqueses na BBC4,[3] mas todos, em todos os estratos da sociedade, parecem estar envolvidos de uma forma ou de outra. Acho que ela tem essa qualidade universal. Veja, por exemplo, a ficção científica, que não é realmente sobre um futuro imaginado, é sobre as pessoas do futuro imaginado e, sem isso, é um lixo: não é algo com que você possa se envolver. Tem que ser 'era uma vez no futuro' e, se não for isso, não serve."

Por fim, perguntei-me se a atuação no palco, com um público com o qual o ator interage diretamente, é um tipo diferente de contar histórias do que atuar para uma câmera de cinema ou TV? "A experiência de contar uma história é diferente, mas acho que o impacto da história não varia. É um tipo de processo diferente, mas escrever romances em vez de não ficção envolve processos diferentes, mesmo que o objetivo seja basicamente o mesmo. Tomemos o caso da poesia: no poema 'Se' de Kipling, não há realmente nenhuma história, mas ele captura a imaginação. Trata-se de colocar o ouvinte na mentalidade de uma pessoa que pode fazer isso ou aquilo. O envolvimento emocional é exatamente o mesmo, embora não haja o mesmo senso de narrativa linear."

Concluí: "Parece-me que você está dizendo que contar histórias é uma forma de ver a mente de outra pessoa?"

Roger respondeu: "Exatamente. E essa é a razão pela qual há tantas histórias diferentes, embora Booker diga que há apenas sete enredos básicos. Continuamos a reiterá-los porque há inúmeros modos de abordar os problemas, ensaiando de diferentes maneiras."

POR QUE CONTAMOS HISTÓRIAS

Vale a pena fazer uma excursão pelo mundo de *The seven basic plots*, de Christopher Booker. Esse é um livro extremamente volumoso (certamente não é ele próprio uma história facilmente digerível), com mais de 700 páginas.

---

3 Para aqueles que não estão familiarizados com a hierarquia social dos canais de TV do Reino Unido, a ITV é um canal popular de nível intermediário financiado comercialmente, enquanto a BBC4 é o canal "intelectual" da BBC. Indiscutivelmente, e talvez ironicamente, o maior sucesso da BBC4 foi trazer séries policiais em língua estrangeira com grande apelo, como *The Killing* (dinamarquês), *The Bridge* (dinamarquês/sueco) e *Spiral* (francês) para o público do Reino Unido.

A primeira seção analisa esses sete enredos e suas variantes,[4] a segunda explora a natureza de um final feliz, a terceira analisa onde o modelo realmente não funciona, antes de finalmente tratar do aspecto que nos interessa particularmente: por que contamos histórias (essa parte também explica por que muitas histórias *não* têm um final feliz).

Booker diz que a universalidade dos enredos implica que "as histórias emergem de algum lugar na mente humana que funciona de forma autônoma, independente do controle consciente de qualquer contador de histórias (...) a verdadeira chave para entender as histórias está em ver como elas estão enraizadas em um nível do inconsciente que é coletivo para toda a humanidade; e como o 'segredo' que 'fica no meio', dando a elas sua forma e propósito subjacentes, está sempre tentando apresentar o mesmo ponto fundamental".

Essa não é uma dedução particularmente lógica. É quase como dizer: "como há apenas três direções em ângulos retos nas quais podemos nos mover, as três dimensões emergem do inconsciente coletivo". O fato de haver apenas um punhado de permutações de enredo não precisa ter nada a ver com o inconsciente coletivo (supondo que exista tal coisa: não é um conceito científico); pode ser simplesmente devido a um limite estrutural. Há um número limitado de maneiras de reorganizar as coisas.

A partir dessa generalização, Booker passa para as histórias da criação. É interessante notar que ele inclui algumas teorias científicas nesse conjunto de histórias, bem como mitos religiosos de criação. Talvez não seja de surpreender, já que Booker era um jornalista formado em história, que o aspecto científico tenha escapado à sua compreensão. Ele nos diz que nessa história havia inicialmente uma aglomeração de átomos de hidrogênio com alguns milímetros de diâmetro e massa quase infinita. Isso explodiu com tanta força que todos os elementos que temos agora, inclusive os que nos compõem, foram formados. É impressionante que todas as afirmações dessas duas frases estão incorretas.

Deveríamos esperar que Booker entendesse os fundamentos de uma teoria científica? Acho que, se formos avaliar uma teoria como uma história, então sim, deveríamos. Isso é especialmente verdadeiro na forma como Booker posteriormente enquadra a evolução, que perde completamente o sentido,

---

4 Não é essencial conhecê-las para nossos propósitos, mas elas são: vencendo o monstro, da miséria à riqueza, a busca, a jornada e o retorno, comédia, tragédia, renascimento.

atribuindo ao processo um aspecto teleológico. Mas a evolução não tem um objetivo: esse é justamente o ponto central. Esse é o problema se nós, como Booker faz, só vemos a história do ponto de vista limitado da ficção com um "herói" e um enredo. Ele nunca explica como, apesar de colocar a teoria do *Big Bang* em pé de igualdade com os mitos da criação, pode ser assim. Ele não parece entender a diferença entre um mito de criação – uma história que explica *por que* algo aconteceu, mas que não pode explorar de forma útil *como* algo aconteceu – e uma teoria científica, uma história que explica *como* algo aconteceu, sem noção do *porquê* nem qualquer interesse por ele.

Nesse sentido, então, Booker está totalmente errado. Mas ele destaca um pensamento interessante. Em algumas tradições religiosas, além de haver uma criação, há também uma queda, em que a humanidade é expulsa do paraíso. Ele traça um paralelo com a diferença entre os seres humanos e os outros animais no sentido de serem separados do relacionamento instintivo e inquestionável com a natureza, que é o estado de todas as outras formas de vida. Isso realmente nos dá uma sugestão sobre por que contamos histórias (em oposição ao que são as histórias). Poderia ser, de fato, uma tentativa de lidar com nossa capacidade consciente de tomar decisões, em que nós e os outros sofremos as consequências, boas ou ruins, dessas decisões.

TECNOLOGIA NARRATIVO-EMOCIONAL

Em outro livro sobre a natureza da história, *Wonderworks* (*Obras maravilhosas*), o professor norte-americano de ciência da história Angus Fletcher nos dá uma visão melhor do que se trata, mas que, no entanto, reflete o ponto de vista de Booker. De acordo com Fletcher, a literatura foi inventada como "uma tecnologia narrativo-emocional que ajudou nossos ancestrais a lidar com os desafios psicológicos impostos pela biologia humana. Foi uma invenção para superar a dúvida e a dor de simplesmente sermos nós." Fletcher conta que nossos ancestrais desenvolveram um conjunto de técnicas que permitiram que a literatura "melhorasse a saúde e a felicidade diárias" – invenções que, desde então, caíram em desuso e não são ensinadas há muitos séculos.

Fletcher atribui o mecanismo de descoberta dessas técnicas a Aristóteles, filósofo grego do século IV a.C., como um processo de dois estágios: primeiro, identificar o que a literatura está fazendo e, depois, descobrir como ela consegue fazer isso (perfeitamente lógico, embora seja mais fácil falar do que fazer). Aristóteles então descobre essa técnica, que é descrita como "elevar a alma" – um conceito reconhecidamente impreciso, mas que parece apontar para um sentimento de admiração decorrente da experiência de consumir a história. O "como", segundo Aristóteles, consiste em apresentar ao leitor ou ao público uma sequência de eventos com uma progressão previsível, seguida de uma mudança de direção repentina e inesperada. O que chamaríamos de reviravolta na trama.

Fletcher estende esse mecanismo para o que ele chama de "alongamento": tornar tudo mais intenso do que o cotidiano, o que tem sido associado por alguns neurocientistas a uma melhora na sensação de bem-estar – a elevação da alma de Aristóteles. Isso pode parecer um pouco estranho quando o ponto de referência de Aristóteles era, em grande parte, as tragédias gregas. Se você já assistiu a uma dessas tragédias, sabe que elas não são exatamente alegres. Mas a ideia de Aristóteles, como também concluiu Roger Ashton-Griffiths em sua avaliação da natureza da história, era que podemos alcançar uma catarse de nossos traumas passados pelo impacto que assistir ou ler o desenrolar de um drama causa em nossos cérebros.

Fletcher nos diz que há estudos que comprovam essa ideia, bem como pesquisas que constatam que ela funciona ainda melhor se movermos os olhos de um lado para o outro enquanto revisitamos o trauma (o que combina convenientemente com a ação de assistir a uma peça ou ler um livro). Não tenho tanta certeza. O efeito do movimento dos olhos é respaldado por um estudo de psicologia da década de 1980 – época nobre para artigos furados de psicologia (descobriremos mais sobre eles à medida que avançarmos). Fletcher também faz referência a "estudos recentes em camundongos" – sempre um pensamento preocupante porque, bem, camundongos não são gente.

Pessoalmente, considero as tragédias (gregas ou não) deprimentes e as evito o máximo que posso. Quando assisti a uma, certamente não percebi nenhum impacto sobre como lidar com os maiores traumas que tive na vida. Nada, nada. Para mim, as metas estabelecidas por John Reith, o diretor-geral fundador da BBC, para o papel da emissora como serviço público estão muito mais próximas do que a história parece oferecer e, certamente, do que eu quero dela: educar, informar e entreter (não necessariamente nessa ordem) – com uma dose adicional de influência e persuasão. Talvez isso se deva ao fato de eu não ser um grande fã de ficção literária, que pode ter pretensões mais amplas.

Fletcher apresenta uma variedade enorme de dispositivos literários que podem influenciar nosso cérebro, 25 no total. Não vou listar todos eles, mas incluem conceitos como coragem (em um protagonista), romance, curiosidade empolgante e criatividade libertadora, libertação da mente, afastamento do desgosto, decisão mais sábia, crença em si mesmo e diminuição da solidão. Se esses parecem ser trechos de um manual de autoajuda da Nova Era, devo dizer que muitos desses conceitos estão vinculados a estudos que afirmam apoiar a capacidade desse aspecto da história.

O SEGUNDO OLHAR

Para dar um exemplo de história que influencia o cérebro e que é particularmente adequado no contexto do *brainjacking*, Fletcher mergulha na "neurociência de nossa credulidade". Ele começa com uma história de um imperador japonês em 1913 e as circunstâncias de uma reunião que o imperador realiza. Em seguida, ele pergunta ao leitor se ele acreditou nas palavras que escreveu e sugere que "da maneira como seu cérebro evoluiu, você acredita em cada coisa nova que lê. Sei que está sendo difícil aceitar esse fato biológico sobre o cérebro. É por isso que eu acabei de deixá-lo desconfiado."

Nossos cérebros são muito mais complexos do que os de nossos primeiros ancestrais. Enquanto originalmente o cérebro lidava principalmente com a resposta imediata aos estímulos, agora somos capazes de analisar e avaliar o que absorvemos. Isso reflete a abordagem de dois sistemas que Daniel Kahneman tornou famosa em seu livro *Rápido e devagar: duas formas de pensar* (falaremos mais sobre isso adiante). Como diz Fletcher: "Em vez de decidir em que acreditar, [o cérebro] decide em que *não* acreditar". Ele sugere que aceitamos tudo como verdade no primeiro instante e depois começamos a questionar.

Essa é, sem dúvida, uma interpretação excessivamente simplista. Na verdade, não aceitamos tudo o que lemos como verdade inicialmente, mas aceitamos tudo o que se encaixa em nossa visão de mundo como verdade antes de podermos analisar com mais profundidade. Assim, por exemplo, se eu lesse um livro que defendesse eloquentemente uma Terra plana (existe tal livro?), eu não acreditaria nele nem por um instante. Mas, por exemplo, a história do imperador japonês de Fletcher era um evento nulo em minha visão de mundo. Não tinha nenhuma opinião ou conhecimento existente, portanto, sim, inicialmente acreditei nisso.

Fletcher aponta um perigo distinto para o *brainjacking* (ele o descreve como lavagem cerebral, o que, como já descobrimos, não é a melhor descrição para o que está acontecendo aqui). Como é necessário um esforço adicional para não acreditar, ele sugere que, se estivermos estressados, cansados ou distraídos, será mais fácil concordar com uma afirmação que, com algum tempo de reflexão, não faria sentido. Entretanto, de acordo com Fletcher, a literatura tem um mecanismo para desacelerar o cérebro, superando a avaliação instantânea.

Ele descreve isso como "o segundo olhar" – técnicas literárias que nos fazem reavaliar o que lemos até o momento, possivelmente vendo as informações sob uma luz diferente. Pode ser uma implementação sutil, como Marco Antônio, de Shakespeare, que nos diz repetidamente que Brutus é um "homem honrado", em que a repetição nos leva a uma meta-leitura, perguntando: "Por que ele está dizendo isso tantas vezes?" Ou uma abordagem mais frontal, em que o autor deliberadamente leva o leitor de volta a algo que já leu, forçando-o a revisitar o assunto.

Essa não é, obviamente, uma técnica limitada à palavra escrita. No cinema, Fletcher aponta para o filme japonês *Rashomon* (que está ligado à história do imperador japonês). Para mim, *O sexto sentido*, de M. Night Shyamalan, é o exemplo definitivo. Aqui, toda uma série de eventos é retratada de forma a enganar o espectador durante grande parte do filme, mas depois é desvendada para revelar a realidade da situação. (Ao assistir ao filme pela primeira vez, curiosamente, o que me sugeriu que algo estranho estava acontecendo antes da revelação foi a ideia de que um adulto e uma criança norte-americanos abastados iriam a algum lugar de ônibus.)

Fletcher sugere que a solução para não ser dominado pelo *brainjacking* é "tentar limpar sua mente com um livro que o absorva", como *Retrato do artista quando jovem*, de James Joyce, ou *Matadouro cinco*, de Kurt Vonnegut. Não estou convencido de que essa seja uma ferramenta útil para o dia a dia. Uma abordagem muito mais eficaz certamente seria desenvolver um ponto de vista cético e aplicar uma avaliação mais científica quando recebermos novas informações importantes. É fácil exagerar no ceticismo e acabar caindo no cinismo. Algo que você perceberá repetidamente neste livro, porém, é que precisamos lançar um segundo olhar cético ao que nos é dito, certificando-nos de que não estamos confiando demais na parte do cérebro que pensa rápido.

HISTÓRIAS E RELIGIÃO

Quando conversei com Helen Carasso, da Universidade de Oxford, sobre publicidade e marketing (saberemos mais sobre ela no Capítulo 3), ela mencionou uma área em que a narração de histórias tem um enorme impacto: a religião. Embora eu tenha mencionado isso brevemente no contexto dos pensamentos de Booker, é importante explorar um pouco mais essa questão na companhia de Helen. Devo deixar claro que não se trata de um ataque à religião. Com muita frequência, a religião e a ciência são retratadas como se estivessem em oposição, mas esse é um ponto de vista opcional. E dizer que contar histórias é fundamental para a religião não equivale a equiparar o ensino religioso à ficção. Como vimos, a não-ficção também tem a ver com histórias.

Todas as religiões têm histórias em sua essência. As histórias podem ser diferentes ou podem se sobrepor (como acontece entre o judaísmo, o cristianismo e o islamismo). As histórias podem ser encontradas em textos centrais ou em uma tradição verbal, mas as religiões nos permitem explorar verdades profundas indiretamente por meio de mitos. "Mito" é uma palavra que se tornou carregada de negatividade, frequentemente usada agora para rotular algo falso. No entanto, os mitos religiosos tentam fornecer percepções sobre, por exemplo, a criação do universo, por meio de histórias que alguns interpretam literalmente, mas que muitos aceitam como ensinamentos metafóricos.

Também podemos ver que a religião é responsável por uma enorme quantidade de *brainjacking*. As histórias religiosas ainda moldam a maneira como a maioria da humanidade vê o mundo e reage aos acontecimentos. Isso não requer uma teocracia – em um país essencialmente secular como o Reino Unido, apesar das reclamações dos humanistas, tudo, desde nossas estruturas legais até nossa abordagem à caridade, foi fortemente influenciado por histórias religiosas.

Helen disse: "A religião nos dá uma estrutura moral, nos dá uma história de como estamos aqui, por que estamos aqui e para que estamos aqui. Acho que a maioria das pessoas, independentemente da fé que tenham ou não, aceita que há uma narrativa construída em torno do que acredita ser a verdade central do que é essa literatura de fé, e isso me parece um exemplo extremo de como, por meio de uma história, você encontra uma maneira de lidar com as grandes questões, sem entrar no que realmente aconteceu no *Big Bang*, no que é evolução e assim por diante. Parece-me que muitas vezes é algo que ajuda a colocar ordem no caos."

Em uma frase famosa, o fundador espanhol da ordem dos jesuítas católicos romanos, Santo Inácio Loyola, disse: "Dê-me uma criança até que ela tenha sete anos e eu lhe mostrarei o homem". Deixando de lado o sexismo inerente a essa observação (para ser justo com Inácio, ele estava escrevendo no século XVI), a implicação de que começar cedo seu *brainjacking* resultará na formação de sua atitude mental em relação ao mundo tem lá seu fundamento. Dito isso, muitas crianças rebelam-se na adolescência, e há boas evidências de que não temos uma perspectiva de vida verdadeiramente adulta antes dos 20 anos.

EDUCAÇÃO COMO *BRAINJACKING*

Hoje é muito menos provável que a Igreja Católica exerça essa influência citada sobre crianças e jovens adultos do que no passado. No entanto, o processo de educação é responsável por uma enorme quantidade de *brainjacking* das mentes jovens. Essa é uma forma específica de contar histórias, mas, infelizmente, a implementação da educação muitas vezes destrói o sentido da história. Todas as nossas percepções sobre a natureza da história enfatizam a maneira como ela ajuda o receptor a desenvolver um melhor relacionamento com o mundo ao redor. Para isso, é necessário que o receptor seja responsável pelo processo daquilo que obtém da história. Porém, na educação até o nível superior, assim como fizeram os jesuítas, passamos tempo demais dizendo aos alunos o que pensar: como eles deveriam reagir a nossas histórias educacionais.

Antes de começar a escrever livros, passei algum tempo dando treinamento em criatividade para empresas. Meu co-apresentador, Paul Birch, contou uma história sobre seus dias na escola primária. Seu professor tocou uma peça musical (era a *Abertura Solene de 1812* de Tchaikovsky). O professor então perguntou: "O que isso faz você pensar? Que imagem isso lhe traz à mente?" Paul morava em uma área rural, onde a caça à raposa ainda era comum. Com entusiasmo, ele disse ao professor: "Isso me faz pensar em uma caçada à raposa, com cavalos galopando, cães de caça e trompas". O professor balançou a cabeça. "Não, não é isso. Alguém mais?"

Com muita frequência, as escolas esperam "a resposta certa" de seus alunos. Isso é bom se você estiver cursando matérias STEM, como matemática ou física. *Há* uma "resposta certa" para resolver uma equação[5] ou calcular a corrente que flui quando uma determinada tensão é colocada em um resistor. No entanto, muitas das perguntas que são importantes para nós, como seres humanos, têm uma infinidade de respostas certas. Com muita frequência, a educação pode acabar com a criatividade. Há uma forma oculta de *brainjacking* que diz: "não é seguro ser criativo – siga o caminho estabelecido".

É claro que há boas razões para evitar alguns aspectos da criatividade infantil. Se uma criança pequena achar que as brasas brilhantes em uma fogueira são bonitas e quiser brincar com elas, embora isso seja uma forma de impulso criativo, é correto dizer "Não, você não deve" e explicar o motivo. Mas há muita criatividade infantil que suprimimos desnecessariamente.

Isso nem sempre é feito de forma tão grosseira quanto a intervenção do professor de Paul. Nossas instituições educacionais, desde o jardim de infância até as universidades, tendem a incutir um conjunto específico de valores e abordagens. Não há problema se o tópico for científico ou envolver a discussão de tópicos morais e políticos em que há uma chance de explorar as alternativas, mas há duas circunstâncias – quando a abordagem adotada é baseada em ciência falsa ou quando os tópicos morais e políticos são apresentados como se houvesse apenas uma resposta certa – em que o lado negativo do *brainjacking* entra em ação.

O *brainjacking* com base em ciência falsa parece se manifestar de forma particularmente forte nos modismos empregados nas escolas primárias (a faixa etária de quatro a 11 anos no Reino Unido). Um exemplo que era comum quando meus filhos estavam na escola primária era o Brain Gym. Esse era um sistema comercial destinado a aprimorar as habilidades de raciocínio das crianças. Alguns aspectos básicos da metodologia do Brain Gym eram fatores

---

5 No entanto, mesmo ao se resolver uma equação, pode haver mais de uma resposta correta.

simples e bem estabelecidos, como o fato de ser bom fazer pausas regulares durante o aprendizado, os benefícios do exercício ou o valor dos exercícios básicos de respiração. Entretanto, o dr. Ben Goldacre demonstrou que o restante do processo tem parca base científica, apesar de usar termos pseudocientíficos em sua literatura.[6]

Especificamente, o Brain Gym tinha uma atitude estranha com relação à água e incorporava rituais esquisitos. Afirmava-se que era importante beber um copo de água antes das atividades e manter a água na boca para transportar oxigênio para o cérebro. Beber líquidos é certamente uma coisa boa, mas a abordagem do Brain Gym não tem o menor sentido. Para começar, ela especifica que somente a água pura satisfaz as necessidades de hidratação do corpo, quando, na verdade, ingerimos água de quase todos os alimentos e bebidas que consumimos. E manter água na boca não transporta oxigênio para o cérebro. De acordo com Goldacre: "Eles precisam beber água porque alimentos processados" – estou citando o manual do Brain Gym – "não contêm água". Isso simplesmente não é verdade, e seria irrelevante mesmo que fosse.

Havia também movimentos especiais semelhantes a massagens na rotina do Brain Gym que supostamente, por exemplo, estimulavam o fluxo sanguíneo nas artérias para levar mais oxigênio ao cérebro. Novamente, esses movimentos não faziam sentido do ponto de vista fisiológico. A maior parte da influência da exposição ao *brainjacking* do Brain Gym parece ter desaparecido, mas imagino se não é por isso que toda uma geração parece obcecada em carregar água consigo o tempo todo para evitar a desidratação.

Nossos corpos são, em média, cerca de 60% de água e nada, desde a digestão até o funcionamento das células individuais, funcionaria sem ela. Não é de surpreender que possamos passar apenas cerca de três dias sem beber água, já que a perdemos constantemente e precisamos manter os níveis elevados para evitar a desidratação. A boa notícia, contudo, é que manter-se hidratado não é nem de longe tão difícil quanto você pode ter ouvido. (Ainda bem, se considerarmos quantos milênios os seres humanos passaram sem poder comprar isotônicos.)

6 A análise de Ben Goldacre sobre o Brain Gym foi extraída de seu livro *I think you'll find it's a bit more complicated than that* (*Acho que você verá que é mais complicado que isso*) – consulte a seção "Mais descobertas" para obter detalhes.

Costuma-se dizer que é preciso beber oito copos de água por dia – cerca de dois litros ou três canecas e meia –, mas não há base científica para isso. Uma boa quantidade de pesquisas foi feita para descobrir de onde veio essa informação errônea e persistente. Pode ter sido uma recomendação do Conselho Nacional de Pesquisa dos EUA de 1945, segundo a qual os adultos deveriam beber um mililitro de água para cada caloria de alimento. Dois litros é, de fato, uma quantidade típica de água necessária se você não estiver se exercitando tanto a ponto de suar abundantemente, mas não precisamos *beber* essa quantidade. Cerca de metade dessa quantidade é obtida por meio de nossa alimentação.

Quanto ao restante, Heinz Valtin, um especialista em rins da Dartmouth Medical School, em New Hampshire, analisou[7] as evidências disponíveis e mostrou que não há necessidade de que seja água pura. O chá e o café, por exemplo, são bons (desde que você não esteja bebendo tanto a ponto de ter problemas com a cafeína). Você pode ter ouvido que deve evitar essas bebidas (e refrigerantes) porque são diuréticos, o que faz com que o corpo perca mais fluido do que ganha, mas um estudo[8] mostrou que não há diferença no efeito sobre os níveis de hidratação entre água e bebidas com cafeína.

MANIPULAÇÃO DA MENTALIDADE

Um exemplo mais recente de ciência falsa no *brainjacking* escolar é a implantação da "mentalidade de crescimento". Essa é a ideia aparentemente de senso comum de que, se você acredita que é impossível mudar porque o talento é algo com o qual as pessoas nascem (a chamada mentalidade fixa), você não fará o esforço necessário e, portanto, não atingirá sua capacidade total. Mas se você acredita na capacidade de mudar (mentalidade de crescimento), então você estudará ou treinará mais e obterá melhores resultados.

---

7 A análise de 2002 sobre o que pode compor os dois litros de água recomendados é: "'Drink at least eight glasses of water a day.' Really? Is there scientific evidence for '8 x 8'?" ("'Beba pelo menos oito copos de água pode dia'. Sério? Há evidências científicas para a regra do '8 x 8'?"), de Heinz Valtin.

8 O estudo de 2000 que mostra a diferença nos níveis de hidratação entre água e bebidas com cafeína é "The effect of caffeinated, non-caffeinated, caloric and non-caloric beverages on hydration" ("O efeito de bebidas com cafeína, sem cafeína, calóricas e não calóricas sobre a hidratação"), de A.C. Grandjean et al.

A ideia subjacente de que você terá um desempenho melhor se estudar ou treinar não é nenhuma surpresa, mas a prática nas escolas é diferente. Algumas pessoas monetizaram o conceito de mentalidade de crescimento, e o que é de interesse científico é se os programas e metodologias específicas que recomendam para incentivar uma mentalidade de crescimento fazem ou não alguma diferença no aprendizado nas escolas. Há muitos estudos sobre o impacto da mentalidade de crescimento, e é aqui que ele se torna relevante.

Esses estudos foram reunidos em várias meta-análises[9] que originalmente mostravam um efeito muito pequeno, mas real. Entretanto, uma vez que esses resultados foram submetidos a algum escrutínio e os estudos com amostras pequenas ou que não definiram sua abordagem antecipadamente (o que abre a possibilidade de caírem nas várias armadilhas estatísticas comuns em pesquisas em ciências humanas – consulte a página 228 para saber mais sobre isso) foram desconsiderados, não se encontrou impacto significativo. Esse fato resultou em uma troca de opiniões venenosa entre os defensores e os céticos da abordagem de mentalidade de crescimento.

O *brainjacking* duvidoso na educação também pode resultar tanto da simplificação excessiva quanto do viés político dos educadores. A simplificação excessiva é um problema comum, por exemplo, no ensino de ciências para crianças. Às vezes, manter as coisas simples é aceitável, porque é um ponto de partida em um desenvolvimento de conhecimento em etapas. Por exemplo, dizer às crianças que a luz é uma onda ou que tudo o que uma planta precisa para se desenvolver é água e luz solar é um ponto de partida que (espera-se) será desenvolvido posteriormente, quando os alunos forem capazes de compreender detalhes mais sofisticados.

Infelizmente, com muita frequência a versão simplificada não é ampliada, deixando a impressão errada incorporada. Isso pode não ser tão significativo quando o tópico é abstrato. Apenas um aspirante a físico (ou pelo menos alguém com interesse no assunto) precisa saber que não é suficiente descrever a luz como uma onda. Mas, por exemplo, ensinamos às crianças questões ambientais desde o ensino fundamental e, muitas vezes, elas são apresentadas de forma excessivamente simplificada. Na verdade, parte da

9 Uma meta-análise não é um estudo original, mas acumula descobertas sobre um tópico de outros estudos. Nem todas as meta-análises são igualmente boas: para funcionar bem, elas precisam levar em conta a qualidade dos estudos que estão reunindo.

ciência simplificada que ensinamos às crianças pequenas e que não é corrigida posteriormente está completamente errada. Temos mais de cinco sentidos, por exemplo, e as sete cores do arco-íris de Newton foram selecionadas de forma totalmente arbitrária.

ENSINANDO DE MANEIRA DIFERENTE

Dado o poder inquestionável do aprendizado de fazer *brainjacking* – para o bem ou para o mal –, é indiscutivelmente o momento de uma revisão radical da maneira como a educação é realizada. Veremos na seção sobre desinformação alguns detalhes específicos sobre se podemos ou não ajudar as crianças a lidar melhor com a filtragem da grande quantidade de informações que recebem atualmente de diversas qualidades de fontes. Mas é mais do que isso. Embora as universidades estejam pelo menos começando a entender a importância das habilidades para lidar com informações on-line, nossas escolas ainda adotam, em sua maioria, uma abordagem pré-digital.

Não me entenda mal – não estou defendendo que abandonemos os livros. (Como autor, essa seria uma atitude extremamente insensata.) Na verdade, devido à escassez de recursos, as escolas não fazem tanto uso dos livros quanto deveriam. No entanto, o que não vimos foi a introdução de um processo educacional focado em dar aos alunos as ferramentas necessárias para lidar com a grande quantidade de informações disponíveis atualmente em muitas fontes e meios diferentes, informações que são emitidas na esperança de influenciar suas mentes.

Atualmente, ensinamos para os exames, usando currículos que dedicam muito tempo a dar aos alunos os fundamentos básicos de que podem precisar para várias carreiras. Isso significa que, para muitos de nós, a maior parte do material ensinado na escola nunca mais será usada. Na área de ciências, por exemplo, eu sugeriria que seria muito melhor dar aos alunos uma base ampla, no estilo da ciência popular, sobre a história da ciência, os principais desenvolvimentos e como eles levaram a aplicações, em vez de nos aprofundarmos nos conceitos básicos de mecânica ou óptica.

Se os alunos desenvolverem interesse em ciências e se direcionarem para uma especialização, poderão aprender esses conceitos básicos com extrema rapidez, mas, para a maioria, eles são inúteis e fazem com que muitos deixem de se interessar por ciências. Já dei muitas palestras sobre ciências para crianças do ensino fundamental e médio. Nas escolas primárias, quase todo mundo fica entusiasmado com a ciência. Bastam alguns anos de ensino médio para acabar com esse entusiasmo da maioria dos alunos.

Com a abordagem sugerida, poderíamos tornar a ciência muito mais interessante. Por exemplo, os conceitos básicos da teoria da relatividade especial, inclusive a viagem no tempo, podem ser facilmente abordados sem mais matemática do que a álgebra básica. Isso seria muito mais interessante do que qualquer coisa no currículo atual de física. Combine isso com a educação sobre como pesquisar informações – por exemplo, como encontrar e verificar um artigo acadêmico se você desconfiar de uma afirmação que vê na mídia – e teremos criado uma mentalidade muito mais eficaz do que o tipo de aulas que são projetadas apenas para gerar aprovações nos exames atuais.

Nossos exames tipificam os piores aspectos do *brainjacking* pernicioso na educação formal. Os exames atuais geralmente são pouco mais do que um teste de memória. Não há nada de errado em decorar algumas noções básicas, mas ser obrigado a regurgitar grandes quantidades de informações é um desperdício total do cérebro. Todos os exames deveriam ter acesso somente para leitura à internet (a menos que a intenção seja que os estudantes colaborem), testando a capacidade dos estudantes de encontrar informações, avaliar sua qualidade e usá-las adequadamente.

Quando fiz meu mestrado em pesquisa operacional na Universidade de Lancaster, um dos aspectos mais conhecidos dos exames finais era o Jumbo. Tratava-se de um exame de oito horas com uma única pergunta. (Essa pergunta tinha várias páginas.) Era uma época pré-Web, mas o exame era aberto – podíamos ir à biblioteca e pesquisar o que fosse necessário. Para mim, o uso mais amplo dessa abordagem, embora com fontes de informação modernas, definiria o padrão para um estilo de exame muito melhor do que as estruturas atuais.

A educação é o *brainjacking* mais estruturado que ocorrerá na vida de uma pessoa. No momento, grande parte dessa oportunidade está sendo desperdiçada. Conheço muitos professores e palestrantes, e eles geralmente estão fartos dos últimos modismos educacionais que lhes são impostos. Estou totalmente alinhado, por exemplo, com os professores do ensino fundamental que lamentam a perda de tempo em ensinar a crianças de dez anos o que é um adjunto adverbial deslocado para o início da frase. Mencionei Feynman e seu mapa de um gato no capítulo anterior. Não trazemos nenhum benefício aos alunos fazendo-os regurgitar rótulos sem sentido, mas há pouca dúvida de que a educação oferecida pelas escolas se beneficiaria enormemente se começasse do zero, projetando um sistema que levasse um conjunto melhor de informações e habilidades para a mente dos alunos.

As histórias que contamos na educação podem fazer com que os alunos cresçam com um conjunto específico de pontos de vista e com a falta de algumas ferramentas mentais importantes. No geral, porém, os educadores estão pelo menos tentando fazer o que acreditam ser certo. A maior parte da narração de histórias nas escolas e universidades é feita com boas intenções. No próximo capítulo, veremos outra forma de *brainjacking*, que tem a intenção de transmitir fatos precisos, mas pode ser distorcida à medida que as notícias se transformam em propaganda.

CAPÍTULO 3

Propaganda ou notícia?

Assim como no caso da educação, as reportagens têm o objetivo de transmitir fatos que influenciarão o cérebro dos receptores, nesse caso fornecendo informações sobre o que está acontecendo no mundo. No entanto, as notícias são ainda mais sobrecarregadas com o potencial de enviesar o fato para o ponto de vista político, tanto que as notícias extremamente tendenciosas têm seu próprio nome: *propaganda*. As notícias informam e influenciam, mas a propaganda tem o objetivo deliberado de manipular.

ESPALHANDO A PALAVRA

A palavra *propaganda*,[1] usada pela primeira vez em inglês na década de 1670 com referência ao trabalho missionário da Igreja Católica Romana, vem do latim *propagare* (propagar). Desde o final do século XIX, ela tem sido usada para significar a divulgação de informações que apoiarão um determinado ponto de vista (geralmente político), muitas vezes de forma tendenciosa ou enganosa. É claro que, embora a palavra tenha assumido esse significado na década de 1880, a propaganda existe desde que existem meios de comunicação de massa.

---

1 Em português, "propaganda" é sinônimo de "publicidade", que por sua vez é tradução da palavra inglesa *advertising*. Neste livro, a palavra está sendo usada no sentido original, mais relacionado à propaganda política e manipulativa. (N.T.)

Algumas peças de propaganda têm a intenção clara de enganar. Em 1926, o político inglês Arthur Ponsonby escreveu que a propaganda envolvia a "contaminação da alma humana". Ele também escreveu a famosa frase: "Quando a guerra é declarada, a verdade é a primeira vítima" (embora ele achasse que estava citando uma fonte desconhecida). A propaganda anda de mãos dadas com a guerra, quando as nações, com ou sem razão, decidem que é importante controlar o fluxo de informações para o povo, às vezes fornecendo informações totalmente falsas para moldar a opinião da população ou para ajudar a levantar o moral diante de más notícias.

De acordo com o professor inglês de comunicações internacionais Philip Taylor, a abordagem moderna da propaganda em tempos de guerra teve origem com os britânicos na Primeira Guerra Mundial. Ele observa:

> A política da máquina de propaganda oficial britânica em tempos de guerra não era mais mentir deliberadamente do que dizer toda a verdade. Os fatos eram apresentados de forma seletiva, porém racional, enquanto as falsidades eram evitadas na crença de que acabariam sendo expostas e, assim, prejudicariam a credibilidade dos fatos divulgados (...) A maioria das falsidades do tempo de guerra – e foram muitas – foi na verdade veiculada por uma imprensa livre e altamente ufanista, não pelos propagandistas oficiais, mas o estrago já estava feito.

É difícil precisar as origens da propaganda, mas já se disse que os poemas épicos e, nesse caso, a arquitetura grandiosa que data de mais de 3.000 anos, eram uma forma de propaganda triunfalista em sua glorificação do poder. Taylor sugere que algumas mitologias clássicas, especialmente as dos romanos, foram construídas para o que hoje poderíamos ver como fins propagandísticos. Se avançarmos para os tempos medievais, na Europa, os dois principais veículos de propaganda eram o discurso público – principalmente do púlpito – e a invenção transformadora da prensa tipográfica, que liberou uma enxurrada de propaganda, tanto religiosa quanto secular, para o público alfabetizado.

No entanto, foi no século XX, principalmente com a introdução do cinema e, depois, da televisão, que a propaganda conseguiu atingir seu potencial. Se equipararmos a propaganda, até certo ponto, ao nível manipulativo do *brainjacking*, lembre-se de que um elemento crucial disso é o conteúdo emocional. E a emoção é mais bem transmitida por uma combinação de meios visuais e auditivos.

Podemos ver isso de uma forma trivial, mas informativa, nos programas de talentos da TV, que usam os três níveis de *brainjacking*. O conteúdo informativo básico é, digamos, a qualidade do canto. A influência vem dos veredictos dos juízes e, em estágios posteriores, quando conhecemos os concorrentes em suas personalidades aparentes, embora isso tenha um elemento conscientemente manipulador, pois o que é mostrado é moldado pelo diretor do programa. A propaganda entra em cena com tentativas explícitas de manipulação emocional, quando ouvimos sobre algum evento triste na vida do competidor e como, por exemplo, uma determinada escolha de música é inspirada em sua falecida vovó. Isso é tão comum que é regularmente ridicularizado em programas de humor.

De uma forma mais sinistra, podemos ver a propaganda em ação na maneira como as mentiras são divulgadas, principalmente na política populista, com fervor emocional. Enquanto escrevo, provavelmente o exemplo mais forte de propaganda na política dominante é a afirmação contínua de Donald Trump e seus apoiadores de que ele venceu a eleição de 2020 nos EUA – uma abordagem baseada na emoção que permite que cada desafio legal que Trump enfrenta seja tratado como uma caça às bruxas. No próximo capítulo, veremos como a desinformação e a informação falsa tornaram-se colaboradores habituais do *brainjacking*.

PROPAGANDA PARA O BEM

Pode-se dizer que a propaganda que não contém mentiras não precisa ser ruim, se for usada por uma boa causa, nem precisa ser um veículo do Estado ou mesmo de movimentos e partidos políticos. Uma ilustração fascinante da maneira como a propaganda pode ser positiva e politicamente neutra vem em um filme para TV baseado em um caso real, *Mr. Bates vs. The Post Office* (*Sr. Bates contra os Correios*), exibido pela primeira vez no canal de TV britânico ITV em janeiro de 2024. Ele conta a história de um terrível erro judiciário no Reino Unido que ocorreu nas duas primeiras décadas do século XXI.

A partir de 1999, os Correios começaram a instalar um sistema de computador chamado Horizon, fornecido pela gigante multinacional de computadores Fujitsu, para lidar com as contas financeiras de milhares de agentes postais locais (homens e mulheres) que eram responsáveis por pequenas agências de correio em todo o país. Com o passar do tempo, cerca de 3.500 desses usuários descobriram que o sistema começou a informar que eles haviam vendido um estoque que nunca tiveram, deixando muitos deles em dívida com os Correios em dezenas de milhares de libras. Quando as pessoas que administravam as agências reclamaram, foram acusadas de falsa contabilidade e fraude. Cerca de 700 receberam registros criminais, 236 foram mandados para a cadeia e quatro deles cometeram suicídio.

Todo o caso foi tratado de forma escandalosa pelos Correios, que mentiram repetidamente, dizendo a cada pessoa envolvida que era a única com problemas e (com a ajuda da Fujitsu) alegando incorretamente que os dados de cada agência postal não podiam ser alterados remotamente. A empresa gigante lançou seu poder legal contra esses pequenos empresários, arruinando-os. Até o momento em que escrevo, apenas uma porcentagem relativamente pequena recebeu indenização ou teve suas condenações anuladas e quase 80% da indenização paga na primeira contestação legal bem-sucedida foi destinada aos custos.

O motivo pelo qual esse caso é tão interessante do ponto de vista do *brainjacking* é que esse documentário em quatro partes teve um enorme impacto sobre as medidas tomadas em relação ao escândalo. A notícia sobre esse erro judicial em si não era novidade. Ele foi relatado pela primeira vez na revista *Computer Weekly* em 2013, foi coberto por jornais e revistas nacionais e foi objeto de dois documentários da BBC Panorama em 2015 e 2020, além de uma série da BBC Radio 4 em 2020. Houve muita cobertura da mídia, mas nenhuma delas teve nem de longe o impacto do programa *Mr. Bates vs. The Post Office*. Por quê? Porque o docudrama era propaganda. Uma boa propaganda, sem dúvida, mas que superou muito o impacto dos documentários e artigos.

Como observa Jonathan Gottschall, "a ficção parece ser mais eficaz para mudar crenças do que a não ficção, que é *pensada* para persuadir por meio de argumentos e evidências". Ele relata as palavras do escritor inglês Somerset Maugham, que disse que "os escritores de ficção misturam o pó [medicamento] da mensagem com a doce geleia da narrativa. As pessoas se empanturram com a geleia doce da narrativa e nem percebem o gosto ruim do pó."

Como o drama pode nos levar diretamente às experiências das pessoas que estavam sofrendo (apresentadas por atores), ele é muito mais visceral do que os documentários, mesmo que estes apresentem pessoas reais falando sobre sua dor. O fato de ouvir falar de algo sempre terá menos peso emocional do que testemunhar. A emoção foi aproveitada ao máximo no programa de TV.

MANIPULAÇÃO COMO FERRAMENTA DRAMÁTICA

O que foi particularmente fascinante foi o fato de a série ter sido seguida por um documentário – *Mr. Bates vs. The Post Office: the real story.* Esse programa apresentou as pessoas reais que apareceram como personagens no drama e, pelo menos para mim, foi muito mais fácil me identificar com os verdadeiros agentes porque eu já os "conhecia" por meio de seus avatares dramáticos. Eu já havia estado em "suas" casas. O drama sem dúvida me manipulou para que eu os considerasse pessoas que eu conhecia e, portanto, com as quais eu me importaria mais.

Um bom exemplo de manipulação consciente por parte dos criadores do drama foi o papel da "vilã" central, Paula Vennells, diretora executiva dos Correios entre 2012 e 2019. Concentrar-se quase que inteiramente em um pequeno número de indivíduos é uma abordagem comum em tais circunstâncias. Vennells não foi a única executiva sênior dos Correios a ser cúmplice, nem os poucos casos explorados eram necessariamente típicos de todos aqueles cujas vidas foram prejudicadas pelo escândalo, mas, para obter um envolvimento emocional adequado (e, portanto, uma peça de propaganda eficaz), é importante focar em um conjunto pequeno o suficiente de pessoas para maximizar a conexão.

Antes desse drama, Vennells era um nome praticamente desconhecido, mas quando comecei a digitá-lo no Google para verificar a grafia do sobrenome, mal terminei de digitar Pa e ela foi a primeira resposta. Quando cheguei a Pau, ela continuou em primeiro lugar, o que a colocou à frente de Paul McCartney. No programa, Vennells, interpretada de forma excelente por Lia Williams, representa a indiferença corporativa em relação ao sofrimento humano. Porém, a verdadeira mão do propagandista apareceu em uma cena curta. Vennells é mostrada vestida como vigária da Igreja da Inglaterra, dando um sermão que abordava os valores cristãos que ela claramente não demonstrava.

Não se tratava de uma cena fantasiosa – Vennells era genuinamente uma ministra "voluntária" – uma vigária que não é paga, mas desempenha a função por senso de dever. (Ela deixou o cargo em 2020.) Essa foi uma cena brilhantemente manipuladora. Não tinha nada a ver com a história dos Correios em si, mas ressaltou a hipocrisia da postura de Vennells no trabalho. Foi errado? Não: apresentou um argumento válido de forma impressionante. Mas isso não impede que tenha a marca da propaganda. Foi por isso que esse filme para TV conseguiu colocar o escândalo dos Correios no topo da agenda de notícias do Reino Unido por dias a fio, com intervenções chegando ao primeiro-ministro. Nada disso aconteceu após os documentários ou artigos de jornal.

O PONTO DE VISTA DA JORNALISTA

Levantei o tópico *Mr. Bates vs. The Post Office*, e como ele teve mais impacto do que o material factual, com o segundo dos meus colegas de equipe do *University Challenge*. Ranvir Singh é uma âncora de telejornal, apresentadora e documentarista que já trabalhou para a BBC e a ITV. Ela disse: "Acho que é um fenômeno realmente interessante, e muitas pessoas estão coçando a cabeça, inclusive jornalistas, porque você acha que o poder está na pesquisa e em fazê-la corretamente e contar a história primeiro, mas isso faz você pensar: "O que estava faltando?" Tudo o que foi escrito, os *Panoramas* e tudo o mais foi obviamente minucioso, factual, verdadeiro, equilibrado, imparcial e tudo o que o bom jornalismo é – descobrir um escândalo.

Mas era um escândalo técnico. Tratava-se do que o sistema de computador não humano fazia. O que o drama acrescentou foi a emoção. Quando você assistia, o sistema Horizon era apenas uma pequena luz vermelha sinistra piscando embaixo da mesa. O que estávamos testemunhando era o desenrolar de vidas humanas e a dor que o computador causava. Isso nos faz perceber que os seres humanos respondem aos seres humanos e não necessariamente aos aspectos técnicos. Fundamentalmente, como jornalistas, sabe-se que sempre perguntamos: "Onde está o interesse humano nisso?"

Ranvir também observou que o drama exige menos esforço do público para se envolver do que um documentário: "Eles podem dizer verdades em um lugar inesperado às nove horas da noite em um drama com um ator de quem você realmente gostou em outro programa. Você pode pensar: 'Tive um dia difícil: será que quero sentar e assistir a um documentário sobre o escândalo dos Correios?' É apenas uma questão de como reagimos às coisas.

Dizemos: 'Não, obrigado, já tem merda suficiente no mundo, não quero assistir a mais isso'."

Ela acredita que aquela parte do "ator que você gosta" também é importante: "Ouvi uma coisa boa outro dia: se você estiver em um cenário corporativo em algum lugar do mundo e estiver em litígio ou algo estiver acontecendo, pergunte-se: 'No drama da ITV do futuro, Toby Jones faria o meu papel?' Se a resposta for não, então você sabe que está no caminho errado!" Ranvir não foi a única a comentar comigo que assistiu ao drama por causa da presença desse ator, que parece particularmente hábil em interpretar o homem comum contra a máquina.

Poucos argumentariam que há algum problema com o uso do drama como propaganda em *Mr. Bates*, onde o tema da persuasão é central para o próprio drama. O que pode causar mais irritação aos espectadores é quando a propaganda é inserida no drama sem uma razão óbvia. Houve períodos, por exemplo, na longeva série de ficção científica/fantasia da BBC *Doctor Who*, em que as mensagens eram tão pesadas que o enredo ficava em segundo plano – o que nunca é bom. O mesmo pode ser dito de novelas como *Coronation Street*, da ITV, que regularmente aborda os pontos de debate social e cultural da época, mas pelo menos se pode dizer que elas refletem o mundo real, o que dificilmente é o objetivo de *Doctor Who*.

Mr. Bates vs. The Post Office demonstra que a propaganda, embora muitas vezes duvidosa, não é inerentemente ruim, mesmo que possa ser seletiva com a verdade. Mas onde está o limite entre propaganda e notícias "reais"? Lembre-se do comentário de Taylor sobre o fato de a maioria das falsidades na propaganda britânica da Primeira Guerra Mundial vir da imprensa livre. O fato de muitas organizações de notícias não estarem sob o controle do governo não significa que elas não se entreguem à propaganda.

Isso é fácil de ver nos jornais e no trabalho de canais de TV como a Fox News, nos EUA, ou a GB News, no Reino Unido, cujo alinhamento político não é segredo. Mas essa não é a única situação em que o limite entre notícia e propaganda é tênue. A BBC do Reino Unido, por exemplo, orgulha-se de sua imparcialidade, mas muitos críticos sugerem que ela é tendenciosa em direção às opiniões de uma elite metropolitana liberal e de esquerda. Não é a política da empresa, que deve ser estritamente imparcial, mas parece refletir a composição política e cultural da maioria dos funcionários da BBC.

A NATUREZA DAS NOTÍCIAS

Perguntei a Ranvir *para que* servem as notícias: "Fazer o que você não pode fazer na sua vida diária, contar o que está acontecendo ao seu redor e a situação do mundo (...) Elas o levam para fora de sua própria casa. Também permitem que você saiba que talvez não esteja sozinho se estiver se sentindo de certa forma em relação à sua rua, ou ao crime na sua área, ou o que quer que seja (...) Há um velho ditado, bem grosseiro, que gente da imprensa usa: se sangra, vende. É por isso que há uma enorme responsabilidade sobre as notícias. Quando eu trabalhava em redações regionais, costumávamos dizer que era possível preencher um programa de meia hora todas as noites apenas com crimes, porque isso nunca falta. Mas isso não é um reflexo verdadeiro da sociedade, então é preciso estar atento a quais notícias apresentar e com que frequência: elas podem dar uma visão distorcida das coisas. E, é claro, tudo é subjetivo. Editorializar é uma arte subjetiva."

Mas será que as notícias podem ser pura informação ou sempre envolvem influência? Ranvir disse: "Eu diria que há um esforço para que seja o mais puro possível e o que isso significa na prática é: 'É equilibrado?' Você considerou a perspectiva de todas as partes nessa situação? Você deu tempo suficiente para que todos os lados expusessem suas versões? Mas será que alguma vez é realmente pura? Essa é uma ótima pergunta e fico em uma saia justa por não poder dizer 'Sim!' imediatamente."

"Por exemplo", ela continua, "quão puro é [o relato de] qualquer guerra? Há desinformação e propaganda e a imposição de interesses: como jornalista, você está lutando contra todas essas coisas diferentes e fazendo julgamentos em frações de segundo sobre o rumo que está tomando com sua narrativa todas as noites. Você pode ajustá-la um pouco a cada noite, de modo que, ao longo de uma semana, você tenha uma sensação de pureza. Afinal, nem sempre é possível contar dez histórias diferentes em uma entrada de seis minutos todas as noites. Portanto, talvez você conte apenas dois lados da história em uma noite, mas na noite seguinte poderá contar outros dois lados. Acho que sempre há uma busca pela pureza, mas nem sempre é possível alcançá-la no tempo que se tem."

Perguntei se parte do problema era o fato de que até mesmo as palavras que você escolhe podem influenciar a maneira como as pessoas veem a situação. "Com certeza, o jornalismo tem tudo a ver com as palavras (...) Às vezes, é um cabo de guerra quando você está escrevendo o texto e o editor está escrevendo as manchetes. As manchetes podem ser um pesadelo porque há muitas coisas diferentes em jogo: espaço na página ou tempo quando você tem um minuto para escrever os *bongs* [manchetes de TV entre as batidas do Big Ben no *ITV News*]. Você está tentando colocar informações em um espaço pequeno com o maior impacto possível, porque está tentando fazer com que as pessoas assistam (...) e é isso que é *clickbait*. É literalmente usar palavras que nem sequer refletem a matéria só para que você clique nela, para que o site possa vender publicidade. Pergunte quantas pessoas, quando clicam em uma matéria, ficam realmente desapontadas com o que vem a seguir. Provavelmente a maioria. O *clickbait* usa a linguagem para influenciar e manipular."

AS NOTÍCIAS E OS DOCUMENTÁRIOS DEVEM IR ALÉM DA INFORMAÇÃO?

Não há dúvida de que uma fonte de notícias que tenta ser imparcial, como a BBC ou a ITV, se envolve pelo menos no nível de influência do *brainjacking*. Ela pode relatar algumas informações, mas, em questões que vão desde a mudança climática até a política, também há uma clara intenção de influenciar. E, embora as organizações de notícias de alta qualidade gostem de pensar que não se envolvem em manipulação, a realidade é que as reportagens muitas vezes empregam a emoção – por exemplo, perguntando aos entrevistados como eles *se sentem* – em vez de apresentar fatos emocionalmente neutros.

Isso se torna ainda mais óbvio nos documentários. Ranvir comentou: "Nos documentários de que participei e nos quais houve um elemento de descoberta de escândalos ou de investigar a fundo alguma questão, você tenta forçar a luz do dia a entrar em cantos escuros onde as pessoas não querem que você entre (...) Então, você tenta descobrir 'Qual será o meu ângulo?'. E então você precisa tomar cuidado com o viés de confirmação. Isso é provavelmente o mais próximo que se pode chegar de uma opinião. Opinião é algo que você tenta deixar para o espectador ou o leitor. Mas a grande lição que os jornalistas tiveram que aprender durante o Brexit foi: 'Ser justo e equilibrado é o mesmo que dizer a verdade?' Porque e se você usar o tempo como uma balança – cinco minutos para cada lado, digamos – e um lado estiver dizendo coisas que não podem ser comprovadas até depois do evento? Gaza e Israel é outro exemplo: como jornalista, você é atacado incessantemente por estar de um lado ou de outro, mas essas histórias ainda precisam ser contadas – não se trata de uma ciência exata; não é matemática, é comportamento humano. São pessoas, dor e política e todas essas coisas estão sempre, consciente ou inconscientemente, sendo manipuladas pelas pessoas que contam a história, porque você tem um ponto de vista."

Alguns documentários, é claro, são feitos com a intenção explícita de provocar uma mudança. "Você pode fazer jornalismo de campanha, no qual está tentando obter uma mudança de política ou, digamos, fazer com que o NHS[2] mude suas diretrizes sobre algo porque estão desatualizadas e não refletem a ciência atual. Fiz um documentário sobre a síndrome alcoólica fetal[3] e desafiamos o NHS e a BMA[4] em suas diretrizes no Reino Unido sobre a quantidade de álcool que é segura na gravidez. Apresentamos muitas evidências dos Estados Unidos e de outros países – estávamos conversando com aqueles que estavam fazendo as pesquisas mais recentes – e [o NHS] mudou suas orientações, recomendando que é melhor não beber nada: nem mesmo *uma dose* durante a gravidez. As pressões sociais e as normas sociais podem, às vezes, superar a ciência: no jornalismo de campanha, você tem uma ideia no fundo de sua mente que espera que as pessoas certas ouçam e tomem providências e atualizem suas políticas ou mudem a lei."

PROBLEMAS DE PESQUISA

Um recurso que aparece com frequência nas notícias é a pesquisa de opinião. À primeira vista, essa é uma das poucas fontes de informação pura no espectro do *brainjacking*. Afinal de contas, ela aparece como um fato puro: um retrato das opiniões do público sobre o que quer que você queira perguntar a ele. No entanto, as pesquisas apresentam duas possibilidades para que o *brainjacking* avance.

---

2 Sistema Nacional de Saúde britânico. (N.T.)
3 *Exposure: when pregnant women drink* (*Exposição: quando mulheres grávidas bebem*), 2015.
4 Associação Médica Britânica. (N.T.)

A primeira é que a informação não é, para usar o termo de Ranvir, "pura". Assim como qualquer experimento científico, os resultados das pesquisas dependem muito da qualidade do estudo. Afinal de contas, uma pesquisa normalmente tenta nos dizer algo sobre a população em geral interagindo com um subconjunto muito menor. Para ser eficaz, as pessoas pesquisadas devem ser representativas da população que está sendo modelada, mas isso pode ser muito difícil de fazer (e é por isso que as principais pesquisas sobre, por exemplo, o resultado do Brexit no Reino Unido, não refletiram o resultado).

Assim como em qualquer outro estudo, uma pesquisa eficaz precisa ter uma amostra grande o suficiente. Se procura um resultado para todo o país, mesmo em um país relativamente pequeno como o Reino Unido, será necessário um número de participantes na casa dos milhares, e (essa é a parte realmente difícil) a distribuição dos entrevistados deve corresponder à população inteira em todos os aspectos que refletem no modo como eles responderão às perguntas. Um exemplo simples: se você quiser prever o resultado de uma eleição, não conseguirá ir muito longe pesquisando os membros de apenas um partido político.

Mesmo após a realização de uma pesquisa, os pesquisadores modernos modificam os resultados. Quando você vê números de intenções de voto no partido A ou no partido B, esses não são os números reais das pessoas que disseram que votariam dessa forma. A organização da pesquisa pondera os números para corrigir qualquer diferença entre a amostra usada e a distribuição real da população. Por exemplo, em uma pesquisa do YouGov sobre intenções de voto no Reino Unido há alguns anos, de 1.667 entrevistados, 492 disseram que votariam no Partido Conservador, mas a pesquisa publicada mostrou o número como 457.

Obter a correspondência correta com a população é um dos principais motivos pelos quais as pesquisas podem dar errado e, nessas circunstâncias, se a pesquisa induzir ao erro, geralmente não é intencional. Mas também acontece de os pesquisadores mais inescrupulosos usarem a formulação das perguntas, ou mesmo a ordem em que elas são feitas, para influenciar o resultado de uma pesquisa. Perguntar em qual partido você votará na próxima eleição é uma pergunta neutra, mas a maneira como você formula, por exemplo, uma pergunta sobre se um político está ou não enganando a nação pode fazer uma diferença significativa na maneira como ela é respondida.

Até agora, consideramos as pesquisas como informações, mas, na realidade, elas podem ser muito mais do que isso. Os resultados das pesquisas não podem ser desvinculados da realidade. A menos que seja uma pesquisa privada que nunca seja publicada, o público-alvo da pesquisa – por exemplo, quando os resultados são mostrados em um programa de notícias ou no jornal – é o público votante. E é impossível acreditar que o público não seria influenciado de algum modo quando essas pesquisas são publicadas.

Houve uma quantidade significativa de pesquisas sobre esse assunto ao longo dos anos, embora a maioria delas seja do período em que há uma dúvida considerável sobre a precisão das pesquisas em ciências sociais. No entanto, parece haver consenso suficiente para sugerir que um dos dois fatores suspeitos realmente tem efeito sobre os resultados, enquanto o outro é relativamente insignificante.

Um impacto suspeito é o "efeito manada", em que as pessoas veem um candidato ou partido indo bem e consideram isso um indicador positivo, aumentando sua chance de votar da mesma forma. O outro impacto, oposto, é o "efeito azarão", em que os eleitores veem um partido ou um indivíduo em desvantagem nas pesquisas e decidem votar nele para ajudá-lo. Vários estudos sugerem que o efeito manada tem um impacto, mas, talvez surpreendentemente, o efeito azarão não tem.

No entanto, essas não são as únicas possibilidades. Os partidos políticos estão sempre atentos à complacência que pode fazer com que os eleitores não se preocupem em comparecer às urnas porque o partido de sua preferência parece estar indo tão bem que não vale a pena o esforço – um efeito de manada negativo. Também parece haver uma tendência maior de voto tático por parte dos partidários de determinados partidos, principalmente quando a questão principal é evitar a todo custo a entrada de outro partido ou candidato. Mais uma vez, as pesquisas podem influenciar na mudança das intenções de voto, sugerindo a melhor maneira de evitar um resultado indesejado.

NOTÍCIAS E MANIPULAÇÃO

Conversei com Helen Carasso, a quem voltaremos para falar sobre publicidade no Capítulo 7, sobre reportagem e manipulação de notícias. Helen ocupou vários cargos de marketing e relações públicas em organizações do setor público, como o serviço de informações do governo do Reino Unido e o escritório de relações públicas da Universidade de Oxford. Atualmente, ela pesquisa e ensina políticas de ensino superior. Assim como fiz com Ranvir, perguntei a Helen se é possível ser puramente informativo ou sempre há influência ou manipulação.

"Com certeza há manipulação. Quando trabalhei na [BBC] World Service, meus colegas mais experientes na redação sempre afirmaram que eram absolutamente imparciais; financiados pelo Ministério das Relações Exteriores, mas absolutamente imparciais, e eu disse: 'Sei que vocês estão tentando ser, mas não são. É claro que se estiverem fazendo um boletim para os árabes, começam com uma matéria diferente do que se estiverem fazendo um boletim para os tailandeses. Vocês ainda têm uma perspectiva e não estão cobrindo tudo.' Você não pode ouvir tudo, ver tudo, escrever tudo, contar tudo. Portanto, por mais que tente ser neutro, você ainda está dizendo que é mais importante que alguém entenda que não deve usar o secador de cabelo na banheira, porque pode se matar, do que entender que o aparelho vai desligar se superaquecer. Você ainda está fazendo um julgamento."

Pensando nos três níveis de *brainjacking*, perguntei se Helen achava que havia um julgamento a ser feito entre transmitir informações de forma neutra e tentar ativamente mudar a opinião das pessoas.

"Acho que há um espectro, mas o caminho para o inferno é pavimentado com boas intenções, e há claramente uma diferença entre certos canais de 'notícias' no estilo norte-americano e um canal de notícias da BBC, um *Channel 4 News* ou qualquer outro. Em alguns sentidos, pode-se dizer que a Fox News é clara sobre o que é, é honesta. Ela diz em que acredita. Não é um ponto de vista ao qual eu gostaria de aderir, mas pelo menos você sabe o que está recebendo ao ouvi-la. Mas isso pressupõe um público sofisticado e, é claro, essa é a outra questão. Você está pressupondo um nível de percepção crítica das mensagens que chegam até você. Sei que as pessoas riem dos estudos de mídia, mas é como estudar literatura: em vez de apenas ler o livro, permite que você entenda o contexto, as metáforas, o posicionamento, todos esses tipos de coisas, em vez de apenas 'aqui está um poema' ou 'aqui está um livro'."

O comentário sobre a Fox News foi interessante, já que algumas emissoras de notícias de serviço público no Reino Unido talvez sejam menos propensas a dar ênfase à imparcialidade do que a BBC. Um bom exemplo pode ser o *Channel 4 News*. O Channel 4 é uma peculiaridade no Reino Unido – é de propriedade pública, mas financiado por publicidade, ao contrário da BBC, que, no momento em que escrevo, é financiada por uma taxa de licença. O *Channel 4 News*, produzido pela Independent Television News, sempre se orgulhou de oferecer uma cobertura e um debate mais aprofundados do que seus concorrentes. No entanto, nos últimos anos, tem demonstrado um notável desvio para a esquerda. Michael Crick, um ilustre apresentador de notícias do Reino Unido, disse em 2023 em um podcast[5] que, no final de seu tempo no *Channel 4 News*, a abordagem havia se tornado política demais. Começou relativamente neutra, mas acabou com um forte viés liberal de esquerda, com o qual ele se sentia desconfortável. Pode-se dizer que qualquer viés é mais insidioso em uma fonte como o *Channel 4 News*, que é uma emissora de serviço público e, portanto, os telespectadores podem presumir que seja imparcial.

Algo que muitas organizações de notícias agora tentam fazer explicitamente é apontar para o público a distinção entre as reportagens factuais que elas defendem e as distorções gêmeas da desinformação e da informação falsa. No próximo capítulo, veremos como isso pode resultar em um *brainjacking* indesejado.

---

5 Michael Crick, ex-correspondente político *do Channel 4 News*, estava conversando com Roger Bolton em seu podcast sobre radiodifusão britânica e a BBC, *Beeb Watch*.

CAPÍTULO 4

Desinformação e *fake news*

As expressões "desinformação" e "informação falsa" costumam ser usadas de forma intercambiável, mas a distinção que farei aqui é que a desinformação diz respeito a errar os fatos sem a intenção de informar erradamente, enquanto as informações falsas, ou *fake news*, requerem a intenção deliberada de enganar o destinatário. Apesar disso, as duas são geralmente misturadas nas tentativas de evitar que o público confunda fato com ficção.

VERIFICAÇÃO DOS FATOS

A necessidade de destacar a desinformação e as *fake news* parece se manifestar no desenvolvimento generalizado de organizações de verificação de fatos, algumas dedicadas a filtrar os dados, sendo outras ligadas a provedores de notícias, como a BBC Verify da emissora nacional do Reino Unido (o serviço anteriormente conhecido como Reality Check). Enquanto escrevo, as principais notícias desse serviço incluíam o fato de o primeiro-ministro britânico não ter atingido as principais metas para 2023, o número de pessoas mortas em Gaza em 2023 e se o Partido Trabalhista do Reino Unido pretendia instituir um imposto sobre a carne se chegasse ao governo.

Um exemplo dos EUA do mesmo tipo de serviço é o FactCheck.org – enquanto escrevo, ele incluía mostrar que uma foto do vice-presidente dos EUA com o acusado de tráfico sexual Jeffrey Epstein era falsa, revelar que estudos que aparentemente mostravam que as vacinas contra a Covid causavam doenças ou milhões de mortes na Nova Zelândia não eram reais e explicar que os cadetes do Exército dos EUA não cantavam "Fuck Joe Biden" em um jogo de futebol americano.

Não há dúvida de que a facilitação da comunicação em todo o mundo pela internet foi uma bênção. A ciência, por exemplo, beneficiou-se enormemente da capacidade de obter acesso rápido a artigos de todas as universidades com o clique de um botão (reconhecidamente, muitas vezes acompanhado do pagamento de uma alta taxa pela instituição). Mas a internet também tornou todo mundo capaz de ser um provedor de informações. E isso tem um enorme potencial para a introdução de desinformação e *fake news*.

Infelizmente, o uso de serviços de verificação de fatos também se tornou sujeito a um tipo de resposta de desinformação ou *fake news*. Quando a verificação de fatos não está de acordo com as crenças da pessoa, pode ser fácil presumir que o serviço em si é tendencioso, porque não apoia as crenças que o indivíduo considera verdadeiras. Muitas vezes, essa resposta é incorreta, embora seja justo dizer que a maioria dos serviços de verificação de fatos reflete a falta de equilíbrio político que prevalece no meio acadêmico,[1] e pode parecer que atacam mais as opiniões de centro-direita do que as de esquerda.

BEBIDAS DE BAIXA CALORIA E AUTISMO

Recentemente, vivenciei a desinformação ao vivo. Uma de minhas filhas obtém muitas informações sobre o mundo por meio das plataformas de mídia social TikTok e Instagram. Como resultado de um vídeo do Instagram, ela me informou que um terço de todos os nascimentos nos EUA resultaram em autismo porque a mãe consumiu bebidas dietéticas contendo aspartame durante a gravidez. Observando o vídeo, que era de uma entrevista com Joe Rogan, a alegação feita era, na verdade, que "uma em cada três mulheres que beberam Diet Coke durante a gravidez teve um filho autista".

Analisando a alegação um pouco mais a fundo, ela foi inspirada em um comunicado à imprensa do Centro de Ciências da Saúde da Universidade do Texas em San Antonio, publicado em 20 de setembro de 2023. Esse comuni-

1 Há uma variação considerável nos números entre os estudos, mas não há dúvida de que os acadêmicos se inclinam significativamente mais para a esquerda do que para a direita.

cado dizia que um estudo havia encontrado "uma associação entre o diagnóstico de autismo em meninos e o consumo diário de refrigerante diet ou de uma quantidade comparável de aspartame por suas mães durante a gravidez ou a amamentação". O comunicado continuou: "nesse estudo de caso-controle,[2] os meninos que foram diagnosticados com autismo tinham mais de três vezes a probabilidade de nascer de mães que relataram ter consumido uma ou mais porções diárias de refrigerante diet ou quantidades comparáveis do principal adoçante artificial, o aspartame, durante a gravidez ou a amamentação".

Já temos alguns elementos de desinformação ou *fake news* se infiltrando. O relatório que dizia que o diagnóstico era três vezes mais provável em meninos foi transformado em uma estatística totalmente diferente, de um terço de todas as crianças, quando chegou a mim.

Como acontece com frequência, as manchetes dos jornais, como o vídeo do Instagram, pegaram a parte mais assustadora da informação no comunicado à imprensa e a generalizaram. Por exemplo, o *New York Post* reportou que "Beber refrigerante diet durante a gravidez está ligado ao autismo". No entanto, o *Daily Mail* do Reino Unido[3] rebateu, citando cientistas que chamaram a pesquisa de "irresponsável" e apontando uma série de falhas no próprio estudo.

Em primeiro lugar, o estudo baseou-se em uma amostra relativamente pequena, comparando mães de 235 crianças no espectro do autismo (o "grupo de casos") com as de 121 crianças que não estavam no espectro (o "grupo de controle"). Em segundo lugar, os dados basearam-se na lembrança das mães sobre o que elas haviam consumido muito tempo depois do evento – em alguns casos, as crianças já eram adultas, de modo que as mães estavam se lembrando do que elas bebiam diariamente 18 ou mais anos antes. Não consigo me lembrar de detalhes do que bebi na semana passada. Em terceiro lugar, sabemos que o autismo tem um forte componente genético, mas não foi feito nenhum esforço para eliminar isso do estudo. Na verdade, essa foi uma falha importante, pois cerca de metade do grupo de controle de crianças

---

2 Um estudo de caso-controle é um estudo observacional em que dois grupos com resultados diferentes em uma determinada questão são comparados com a intenção de identificar uma causa para a diferença. Eles são significativamente menos confiáveis do que os estudos controlados e randomizados.

3 É irônico que o *Daily Mail* tenha rebatido a sugestão, uma vez que esse jornal tem uma reputação de longa data de relatar estudos que, segundo eles, mostram que praticamente qualquer coisa causa ou previne o câncer – às vezes ambos.

não autistas tinha a mesma mãe que uma das crianças autistas, o que significa que não houve uma distinção adequada entre os grupos de controle e de casos. Subjacente à resposta negativa dos profissionais ao estudo estava o mantra científico de que correlação não é causalidade.

CORRELAÇÃO *VERSUS* CAUSALIDADE

É perfeitamente possível que duas coisas estejam correlacionadas – aparentemente associadas numericamente – sem que uma cause a outra. Um exemplo que me foi ensinado em meu curso universitário, há muitos anos, foi que houve um período após a Segunda Guerra Mundial em que a quantidade de bananas importadas para o Reino Unido estava correlacionada com a gravidez. Mais bananas, mais gestações, mas ninguém sugeriu seriamente que as bananas causavam esses nascimentos extras. No exemplo da banana, pode ter sido, por exemplo, que o aumento da riqueza pessoal levou a mais entusiasmo para ter filhos e mais consumo da fruta, que na época era cara. Ou pode ter sido que as pessoas estivessem presumindo que A causou B, quando na verdade B causou A. No exemplo da banana, pode ter sido que as mulheres grávidas comessem mais bananas.[4] Além disso, há muitas correlações puramente aleatórias.

Com volumes suficientes de dados, quase sempre é possível encontrar correlações sem sentido. Há sites Web que destacam correlações em dados[5] onde podemos descobrir, por exemplo, que as importações de petróleo bruto dos EUA da Noruega estão correlacionadas com os motoristas mortos em colisões com trens ferroviários, que o consumo per capita de queijo muçarela está correlacionado com o número de doutorados em engenharia civil e que as pessoas que gostariam de saber a data em que morrerão têm muito mais probabilidade do que a média de achar que pizzas sem crosta são ótimas. Atualmente, temos acesso a muito mais dados do que nunca, o que significa que as correlações espúrias são muito mais prováveis.

---

4 Isso pode até não ser verdade, mas é mais provável do que as bananas causarem a gravidez.

5 Para obter excelentes exemplos de correlações espúrias, consulte www.tylervigen.com.

PODEMOS PROTEGER NOSSOS FILHOS?

Voltemos ao estudo sobre bebidas dietéticas e autismo. Os métodos empregados pelos cientistas foram incapazes de fornecer evidências úteis de que o consumo de aspartame causou o autismo. É possível que os autores do estudo, ou a assessoria de imprensa da universidade, tenham cometido um ato de *fake news*, pois deveriam saber disso. Não há mal algum em fazer um estudo como esse, que demonstra que é necessária uma pesquisa mais aprofundada para se chegar aos fatos, mas apresentar esse estudo ao público como um relato de fatos pode causar muitos danos.

Chegar à conclusão que apresentei acima é fácil se você tiver tempo para fazer o que acabei de fazer – passar uma hora ou mais analisando o estudo em si, o comunicado à imprensa e as respostas de outros cientistas. Mas é possível entender que minha filha não teve tempo para fazer isso. Podemos dizer que ela não seja sensata ao usar o Instagram ou o TikTok como fonte de informações, mas isso não é incomum entre seus pares de vinte e poucos anos ou mais jovens. Atualmente, somos bombardeados com desinformação e *fake news* que tentam mudar nossa maneira de pensar.

Perguntei a Ranvir Singh, que tem um filho de 11 anos, o que pode ser feito em tais circunstâncias. "É muito difícil – alguns influenciadores com muitos seguidores defendem coisas que apelam fortemente ao público com que falam e, no minuto seguinte, entram no modo desinformação ou *fake news*. Contudo, o público já está ligado ao culto à personalidade nessas plataformas e, por isso, é muito difícil combater isso. [Com meu filho], eu digo: 'Se você vem me contar tudo isso que viu no YouTube, você tem que ir a essas outras fontes e ler artigos sobre o assunto e depois falar comigo'."

"Mas exige muito esforço. Quando eu era mais jovem, tudo o que fazíamos era, às 18h ou 18h30, sentar e assistir ao noticiário. Meu pai era obcecado por isso, como a maioria dos imigrantes. Eles estão desesperados por informações sobre a terra que deixaram: a política lá e aqui – eles são um produto da política, na verdade. Eles mudaram de vida, tomando a grande decisão de abandonar tudo o que conheciam para viver em um novo lugar. As pessoas que têm essa vida são intrinsecamente interessadas nas notícias, da mesma forma que se você tem uma vida segura e tranquila, pode se dar ao luxo de ignorá-las. O tédio é o privilégio de uma mente despreocupada: se você pode ficar entediado, ótimo, isso significa que você não está preocupado com nada."

"Quando eu estava crescendo, a BBC era o Santo Graal – e a BBC na Índia era extremamente confiável. Eu cresci com isso em minha casa. Mas meu filho não se senta e assiste ao noticiário em um horário específico. Ele vem até mim em vários momentos do dia e diz: 'Mamãe, você viu isso?'(...) Eles estão em seus quartos com um milhão de vozes diferentes, e há apenas uma de você dizendo: 'Desça, venha jantar'. Você está brigando o tempo todo e precisa ser muito ativa – não dá para tirar os olhos da bola nem por duas semanas. Antes que você perceba, eles começam a falar coisas e você pensa: 'De onde você tirou isso?' Eles nem se lembram onde ouviram, mas agora estão contando como um fato (...) Acho que todas as crianças estão tendo acesso a tanta informação e desinformação que, como pai, mãe, cuidador ou professor, você precisa constantemente colocar essas conversas sob pressão da verdade, da fonte (...) e isso é demais para uma criança de 11 anos."

Ressaltei que não é demais apenas para uma criança de 11 anos – é demais para pais que não estão no ramo de notícias. Ranvir respondeu: "Com certeza. Não sei o que você faz se não estiver naturalmente no negócio das notícias e da verdade: não sei como você pode lidar com isso."

VACINANDO CONTRA *FAKE NEWS*

Inevitavelmente, houve tentativas de fazer algo a respeito da difusão da desinformação e das *fake news*. Sander van der Linden é um psicólogo social holandês da Universidade de Cambridge, especializado em influência social e descrito na Wikipédia como "uma autoridade em entender e lidar com a desinformação". Em seu livro *Foolproof* (*Confiável*), van der Linden descreve a desinformação como um vírus contagioso e estende a analogia para sugerir que é possível vacinar o público contra essa infecção, da mesma forma que evitaríamos a disseminação de um vírus real.

Se isso for verdade, temos uma possível defesa contra essa forma de *brainjacking*. Van der Linden divide o "DNA" do vírus da desinformação em vários componentes: ele sugere que, ao permitir que o público compreenda e reconheça esses componentes, é possível que ele identifique a desinformação quando ela surgir e, assim, evite que o "vírus" se espalhe. Os componentes que ele sugere que devemos observar são: descrédito, emoção, polarização, falsificação de identidade, teorias da conspiração e trollagem (as iniciais de cada palavra soletram DEPICT).

Em princípio, poderíamos simplesmente aprender o que são esses componentes e como identificá-los, mas van der Linden sugere que jogar jogos especialmente projetados oferece uma maneira melhor de desenvolver nossas habilidades de reconhecimento, estendendo a analogia possivelmente até o ponto de ruptura para sugerir que jogar esses jogos constrói "anticorpos" mentais para que possamos combater a desinformação de forma reflexiva, sem decidir conscientemente sobre a qualidade da informação. Entretanto, há problemas significativos com essa abordagem.

O primeiro é que, realisticamente, a maioria do público em geral não lerá o livro de van der Linden nem jogará seus jogos. Se a abordagem fosse eficaz *e* pudesse ser incorporada ao sistema educacional de um país, de modo que todos jogassem os jogos na escola, ela poderia ter alguma influência. Mas há muitas dúvidas sobre o conteúdo e o método usado para fazer essa "vacinação".

Dan Williams,[6] filósofo da Universidade de Sussex, observa que quatro dos seis componentes (descrédito, emoção, polarização e teorias da conspiração) não são inerentemente desinformativos. Por exemplo, o descrédito é algo que a ciência faz o tempo todo – é assim que as teorias científicas avançam. Embora em alguns contextos a emoção possa ser suspeita, ela não é um marcador de desinformação na maioria dos casos – já vimos como o conteúdo emocional é fundamental para que uma mensagem seja incorporada. No escândalo do sistema Horizon dos Correios, por exemplo (consulte a página 31), não é de surpreender que haja muita emoção nas reportagens, tendo em vista que muitas pessoas perderam seus empregos e casas, várias centenas enfrentaram processos criminais e algumas foram presas. Contudo, essa emoção não transforma as informações sobre esse escândalo em *fake news*.

A polarização é um componente particularmente estranho, pois há muitas causas em que há pontos de vista polarizados, especialmente no mundo moderno. O que geralmente acontece em tais causas é que não há uma resposta clara de certo e errado – cada lado da polarização tem pontos positivos e negativos. Mas isso certamente não é um sinalizador inerente de desinformação. E

---

6 Williams faz essa observação em seu blog na postagem "Misinformation is not a virus, and you cannot be vaccinated against it" ("A desinformação não é um vírus e você não pode ser vacinado contra ela").

embora algumas teorias da conspiração sejam ridículas, teorias perfeitamente razoáveis podem ser rotuladas como teorias da conspiração por aqueles que têm interesse em combatê-las. Considere, por exemplo, a ideia razoável de que o vírus da Covid foi resultado de um vazamento de laboratório. Afinal, a pandemia começou em uma cidade onde está localizado um grande laboratório que trabalha com coronavírus. No entanto, o que era no mínimo uma coincidência digna de uma investigação minuciosa foi tratada pelas autoridades como uma teoria da conspiração por vários anos antes de começar a ser levada a sério.

Assim, é difícil ver qualquer um desses componentes como marcadores confiáveis nos quais se pode basear a "vacinação". Williams também sugere que destacar esses componentes como características da desinformação tende a fazer com que as pessoas considerem suspeito todo conteúdo, seja ele verdadeiro ou não. Sem dúvida, isso é melhor do que a aceitação ingênua da desinformação, mas não é o ideal. Uma última preocupação levantada por Williams é que os exemplos de desinformação usados em experimentos para testar essa abordagem são construções projetadas para mostrar as características necessárias, não exemplos verdadeiros de desinformação.

Parte do problema com a abordagem de vacinação é o foco colocado na percepção da informação. Não há nada de errado em levar isso em consideração. Se, por exemplo, a informação estiver toda em letras maiúsculas (ou gritada em um vídeo), mal escrita, apresentada de forma amadora ou cheia de ataques *ad-hominem*, teremos alguns sinais de alerta iniciais. Mas, no final, é mais proveitoso dar um peso significativo às afirmações em si. Como o divulgador científico Carl Sagan deixou claro, afirmações extraordinárias exigem evidências extraordinárias. Que evidências estão sendo fornecidas? Há links para fontes legítimas? O que você encontra em uma rápida pesquisa no Google sobre o assunto?

Embora a analogia da vacinação se desfaça facilmente, algo que soa verdadeiro no trabalho de van der Linden é a necessidade de uma melhor educação para lidar com as informações. Como vimos no Capítulo 2, as escolas ainda têm uma abordagem de ensino muito semelhante à do século XX. Há alguns anos, a Royal Society of Arts propôs um novo tipo de currículo escolar em que o que se ensinava eram principalmente as ferramentas para encontrar informações, avaliá-las e usá-las, em vez das matérias tradicionais. Essas ferramentas seriam então utilizadas em uma ampla gama de projetos que cobririam os requisitos de currículos mais tradicionais.

OBTENDO AS FERRAMENTAS BÁSICAS

Uma abordagem educacional centrada em ferramentas de manuseio de informações certamente seria extremamente útil para lidar com a desinformação e as *fake news* – e eu sugeriria que somente com uma mudança tão fundamental poderíamos chegar a algo próximo de uma capacidade universal de lidar com essas questões. Isso também é ainda mais necessário agora que a IA generativa, como o ChatGPT, pode ser usada para produzir redações e outros trabalhos escolares – saber como verificar a exatidão desse material torna-se crucial. (Mais sobre IA generativa no Capítulo 10.) Eu também sugeriria que seria útil observar a maneira como o programa de rádio da BBC *More or Less* lida com questões numéricas nos dados que nos são apresentados pela mídia.

Sem se aprofundar em matemática, o programa e podcast da Radio 4 apresentado por Tim Harford ajuda os ouvintes a desenvolver antenas para identificar números que parecem improváveis. Números inesperadamente grandes ou pequenos não tornam imediatamente inválidas as afirmações que são usados para apoiar, mas são indicadores de que é necessário investigar mais antes de acreditar neles. Essa abordagem também é empregada com muita eficácia no livro de Michael Blastland e Andrew Dilnot, *The tiger that isn't* (*O tigre que não é*) (consulte a seção "Mais descobertas") – Blastland foi fundamental para o desenvolvimento do programa *More or Less*.

Foi usando esse tipo de pensamento que me foi fácil dar os primeiros passos na análise da desinformação sobre o aspartame e o autismo mencionada acima. Quando me disseram que uma em cada três crianças norte-americanas já havia nascido com autismo em decorrência de bebidas dietéticas, esse número me pareceu fenomenalmente grande. Não sei qual é a taxa de natalidade nos EUA, mas sei que a população é de mais de 300 milhões de habitantes, portanto, parece razoável que haja vários milhões de bebês nascidos por ano; a implicação de que pelo menos um milhão de bebês nasçam com autismo em decorrência da dieta de suas mães por ano não parece correta. Da mesma maneira, isso significaria que uma classe escolar poderia ter até dez crianças com autismo – mais uma vez, parece errado por experiência própria.

É claro que foi fácil começar em um estado de suspeita porque a fonte era o Instagram. É perfeitamente possível que um vídeo do TikTok ou do Instagram contenha informações corretas – tenho certeza de que muitos contêm. Contudo, esse indicador de nível superficial de uma fonte potencialmente duvidosa desempenhou um papel na necessidade de ir mais fundo.

PROBLEMAS COM A ASSESSORIA DE IMPRENSA

Os problemas com o comunicado de imprensa original que deu início à história do aspartame e do autismo mostram o cuidado necessário na apresentação de matérias científicas ao público pelos cientistas e pelas assessorias de imprensa das universidades. Esse não é, de modo algum, o único exemplo de assessoria de imprensa enganando jornalistas ou permitido que o que começou como informação acabasse como desinformação ou *fake news*.

Meu exemplo favorito disso é inofensivo, embora demonstre até que ponto uma tentativa de obter manchetes pode resultar em uma distorção extrema dos fatos. Essa matéria, que remonta a 2013, envolve a arma de *Guerra nas Estrelas*, o sabre de luz. Eu adorava os primeiros filmes de *Guerra nas Estrelas*, mas um dos aspectos mais bizarros deles foi a introdução desse dispositivo. Você consegue imaginar a reação dos militares se eles fossem informados de que os cientistas haviam aperfeiçoado um sabre de luz e que ele seria oferecido aos militares? Seria difícil ter certeza se eles iriam rir ou chorar. Como arma prática, o sabre de luz é um pesadelo.

Há um bom motivo pelo qual os soldados deixaram de usar espadas. Elas são absolutamente inúteis contra um inimigo que carrega uma arma de fogo que funciona à distância. Embora o criador de *Guerra nas Estrelas*, George Lucas, tenha contornado a questão mostrando os Jedi parando magistralmente as rajadas de fogo com movimentos de seus sabres de luz, todos sabemos que isso não funcionaria no mundo real. Mesmo que fosse possível que os músculos humanos respondessem com rapidez suficiente para acertar um projétil que se aproxima (sem mencionar o feixe de um *blaster* que se dirige a um Jedi na velocidade da luz), enquanto o lutador empunhando um sabre de luz estivesse ocupado parando um tiro na cabeça, outro tiro o teria eliminado de uma direção diferente.

Por que, então, os sabres de luz são tão maravilhosos se não os usaríamos como armas? Porque eles são muito atraentes. São brinquedos muito divertidos. Se tirarmos os efeitos desagradáveis de cortar a carne, quem não gostaria de participar de uma batalha de sabres de luz, chocando lâminas brilhantes e insubstanciais contra outras lâminas ao som de um glorioso zumbido? Há uma razão para eu ter um sabre de luz de brinquedo em minha mesa, em vez de um phaser *de Jornada nas Estrelas*. É muito mais divertido. Mas, mesmo assim, talvez os jornais, revistas e canais de TV devessem ter sido um pouco mais cuidadosos quando, em 2013, publicaram manchetes que incluíam "Sabres de luz de *Gerra nas Estrelas* finalmente inventados", "Cientistas finalmente inventaram sabres de luz reais e funcionais" e "Cientistas do MIT e de Harvard criam acidentalmente um sabre de luz da vida real".[7]

Um problema aqui é que *Guerra nas Estrelas* não é ficção científica: é fantasia, um conto de fadas com espadas mágicas vestidas com roupas científicas. Não há nenhuma maneira física de um feixe de luz semelhante a um laser sair de uma arma e, de repente, parar depois de percorrer um metro ou mais. A luz não funciona assim. Então, por que os meios de comunicação estavam publicando essas manchetes? (A propósito, adoro o uso da palavra "finalmente", que sugere que já era hora de os físicos pararem de brincar e conseguirem fazer isso.) Essas manchetes foram escritas porque o comunicado de imprensa das universidades trazia uma citação do professor Mikhail Lukin, de Harvard, dizendo: "Não é uma analogia inadequada comparar essa [descoberta] a sabres de luz".

Na realidade, a observação foi tanto inadequada quanto inepta. O que os cientistas fizeram foi usar uma forma especial de matéria, chamada condensado de Bose-Einstein, viável apenas em temperaturas extremamente baixas, para fazer com que dois fótons de luz interagissem brevemente um com o outro no que foi descrito como "moléculas de luz".[8] Isso é interessante, sem dúvida, e digno de ser relatado. Geralmente, os fótons ignoram totalmente uns aos outros. Isso é muito bom, pois, caso contrário, todos os sinais de luz e de rádio que passam enquanto você lê isto colidiriam uns com os outros. Mas o fenômeno não tem nada a ver com sabres de luz, e é certo que ninguém "finalmente" inventou "sabres de luz reais e funcionais".

Esse exemplo divertido e inofensivo mostra como a desinformação (e as *fake news*) pode se espalhar devido à união de três grupos diferentes, todos

---

7 As citações sobre a invenção dos sabres de luz são da *Fox News*, do jornal *Guardian* e da revista *Time*.

8 O artigo mencionado no comunicado à imprensa é "Attractive photons in a quantum nonlinear medium" ("Fótons atrativos em um meio quântico não-linear"), de Ofer Firstenberg et al.

com boas intenções, mas cada um tentando fazer algo diferente. Os cientistas querem que seu trabalho seja mais bem compreendido pelo público. Os assessores de imprensa da universidade querem garantir que as realizações da organização sejam amplamente divulgadas, em parte para assegurar que o financiamento continue chegando. E os veículos de mídia querem manchetes chamativas, idealmente ligadas a algo com que o público possa se identificar, como um sabre de luz.

Por padrão, a maioria dos cientistas é treinada para ser altamente cautelosa em relação às suas descobertas e gostaria de cercar tudo o que diz sobre elas com advertências e limitações. Alguns, especialmente aqueles que já tiveram exposição na mídia ou contratos lucrativos com a TV, podem estar inclinados ao exagero, mas a maioria tenta ser cuidadosa e precisa. No entanto, esse cuidado e essa precisão não satisfazem nem os assessores de imprensa nem os jornalistas, portanto, ao relatar um estudo ou experimento, essas ressalvas tendem a ser totalmente ignoradas ou colocadas no final do artigo, onde recebem muito menos atenção. A combinação da manchete e do primeiro parágrafo é o que conta aqui – e a tentação ao escrevê-los será a de buscar a distorção mais chamativa da realidade. Alguns leitores ou espectadores absorverão o artigo inteiro, mas muitos consumidores da mídia considerarão o *brainjacking* da abertura como a mensagem principal.

OS INTERMEDIÁRIOS AJUDAM?

Uma tentativa de contornar esse problema no Reino Unido, agora seguida em vários outros países, é a criação do Science Media Centre. Trata-se de um órgão que não é afiliado a uma universidade específica, mas que pode atuar como um filtro entre os cientistas, os comunicados à imprensa sobre ciência e a mídia, fornecendo o que se pretende que seja uma resposta informada e apropriada a uma notícia, em vez de uma resposta que se desvie para a desinformação para chamar a atenção.

Fiona Fox, diretora do Science Media Centre no Reino Unido, aponta uma diferença na resposta a dois sustos com vacinas. Em 1998, a vacina tríplice (sarampo, caxumba e rubéola) foi associada ao autismo como resultado de um estudo irresponsavelmente falho realizado pelo agora desacreditado ex-médico Andrew Wakefield. Os jornais divulgaram a história sem avisos significativos de que poderia ser falsa e o resultado foi uma enorme queda na vacinação em muitos países, resultando em doenças graves e mortes de crianças. Por outro lado, a reportagem sobre outro possível susto com vacinas em 2009, quando uma estudante morreu depois de tomar a nova vacina contra o HPV (vírus do papiloma humano), foi muito mais bem tratada pela imprensa, que foi orientada pelo Science Media Centre, criado em 2002.

Fox não reivindica a responsabilidade exclusiva pela diferença de abordagem dos jornalistas, mas o fato de dar aos cientistas uma maneira profissional de apresentar informações certamente ajudou. No exemplo específico acima, no entanto, vale a pena observar que a máquina de relações públicas de Wakefield, impulsionada comercialmente, estava promovendo ativamente os perigos imaginários da vacina tríplice, enquanto, em contraste, não havia nenhuma tentativa concertada equivalente para desacreditar a vacina contra o HPV. No entanto, ter algo como o Science Media Centre ajuda a superar o potencial de afirmações exageradas das assessorias de imprensa e a incapacidade de muitos meios de comunicação de entender os estudos científicos. Este último problema resulta tanto da tendência de a grande maioria dos funcionários da mídia ter formação em ciências humanas quanto da redução do uso, principalmente pelos jornais, de repórteres científicos dedicados e devidamente treinados.

TERCEIROS PERIGOSOS

Mesmo com uma melhor transmissão de informações dos cientistas para a mídia, terceiros interessados também podem distorcer o entendimento do público por meio de desinformação e *fake news*. Veremos no próximo capítulo como as empresas de tabaco envolveram-se em enganação deliberada. Entretanto, na complexa cadeia de informações que chega ao público e influencia nossas mentes, esses terceiros não precisam ter a intenção tão clara de se beneficiarem. Um dos maiores problemas aqui é quando um terceiro aparentemente com boas intenções se engana e, como resultado, espalha desinformação.

Muitas vezes, isso acontece quando o terceiro toma decisões e define políticas com base na emoção e não na lógica. Talvez os exemplos mais claros venham do movimento ecológico. Em princípio, organizações como o Greenpeace e a Friends of the Earth têm a melhor das intenções. Quem não quer um ambiente melhor, que beneficie tudo, desde a vida selvagem até o futuro da humanidade? Mas essas organizações muitas vezes entenderam mal ou ignoraram a ciência e, como resultado, espalharam desinformação.

Dois exemplos claros disso são os alimentos geneticamente modificados e a energia nuclear. Há décadas, a modificação genética de plantas promete melhorar a nutrição e salvar milhões de pessoas da fome. Porém, muitos países, inclusive os da União Europeia, proibiram efetivamente os produtos transgênicos, em parte como resultado da forte oposição de organizações ecológicas. Essa oposição não se baseou em boa ciência, mas na realidade de que alguns produtores de transgênicos estavam querendo ganhar dinheiro por meios que não eram particularmente agradáveis. Isso significa que, por exemplo, como os fabricantes de um herbicida estavam promovendo plantas transgênicas resistentes a esse herbicida, as organizações verdes impediram a implantação do arroz dourado enriquecido nutricionalmente, que poderia ter trazido grandes benefícios na luta contra a desnutrição.

É claro que o descrédito público dos transgênicos, promovido pelas organizações ecológicas e reproduzido pela imprensa, não foi apresentado como uma forma de impedir o lucro; em vez disso, foram feitos esforços para garantir que a tecnologia fosse vista como insegura, com a oposição de pessoas como o Rei Charles (então Príncipe de Gales) do Reino Unido, com base no fato de os transgênicos não serem naturais e, portanto, serem perigosos, sendo frequentemente citada pela imprensa popular. Isso não leva em conta o fato de que a natureza geralmente é extremamente ruim para nós. Muitas das substâncias mais mortais, como a ricina e a toxina botulínica, são naturais. Nosso sucesso como espécie foi, em parte, resultado da capacidade de nos defendermos da natureza, seja do impacto de vírus e bactérias, seja de terremotos e da falta de água. O claro consenso científico de que os transgênicos eram seguros e eficazes foi submerso em um tsunami de sustos e manchetes de tabloides sobre "alimentos de Frankenstein".

A energia nuclear, da mesma maneira, produziu uma reação automática das organizações ecológicas e dos partidos políticos com mentalidade ecológica, resultando na loucura de alguns países, como a Alemanha, de transferir parte de sua produção de energia de nuclear para carvão, que é muito mais prejudicial ao meio ambiente. Essa ação ignora a importância primordial do combate às mudanças climáticas, para o qual a energia nuclear é uma importante fonte de energia verde que não está sujeita à natureza variável do vento e da luz solar. A reação emocional ao nuclear diluiu a importância de lidar com o maior perigo ambiental que o mundo enfrenta.

Há ciência confiável que mostra que a energia nuclear é uma forma segura de gerar eletricidade, mas ainda se divulga o mito de que ela é perigosa e muitas pessoas ainda têm isso incorporado em sua mentalidade, um resultado direto do *brainjacking* alarmista. Para ter uma ideia da realidade, podemos analisar as principais formas de gerar eletricidade e avaliar quantas mortes ocorrem por terawatt-hora[9] gerado. O carvão resulta em cerca de 24 mortes, o petróleo em cerca de 18,4 mortes, o gás natural em cerca de 2,8 mortes, a energia hidrelétrica em cerca de 1,3, a eólica em 0,04, a nuclear em 0,03 e a solar em 0,02.[10] Levando em conta o quanto o *brainjacking* é influenciado pela emoção, não ajuda, é claro, o fato de muitas pessoas terem uma ligação mental entre energia nuclear e armas nucleares, por causa da palavra "nuclear".[11]

Organizações como o Greenpeace e a Friends of the Earth demonstram que mesmo aqueles que têm acesso a dados corretos e às ferramentas necessárias para interpretá-los podem cair na desinformação – e divulgá-la com entusiasmo. Nunca conseguiremos impedir totalmente que a desinformação se instale. Muitas pessoas não têm tempo nem disposição para se aprofundar em uma matéria, nem mesmo por alguns minutos, mas não há dúvida de que podemos nos equipar melhor para resistir, ao menos parcialmente, a informações duvidosas.

Meus exemplos aqui foram principalmente sobre desinformação e *fake news* na esfera científica, mas elas também se tornaram comuns na produção política de alguns indivíduos. Já vimos no capítulo sobre propaganda a afirmação de que Donald Trump venceu as eleições de 2020 nos EUA. Não sabemos ao certo se o grupo de Trump realmente acredita nessa afirmação, tornando-a desinformação, ou se é uma manobra de *fake news*. De qualquer modo,

---

9 Um terawatt-hora é aproximadamente a quantidade de energia usada por 150.000 residências no Reino Unido em um ano.

10 Dados sobre mortes causadas pela geração de energia obtidas do site ourworldindata.org. Observe que os níveis de energia hidrelétrica e nuclear são exagerados por um número muito pequeno de acidentes e seriam consideravelmente mais baixos se não houvesse esses casos isolados.

11 O impacto do *brainjacking* da palavra "nuclear" é tão forte que os dispositivos médicos baseados em um fenômeno chamado ressonância magnética nuclear (RMN) foram renomeados como scanners de ressonância magnética (MRI).

ela tem o mesmo efeito de convencer milhões de apoiadores de que o ex-presidente foi vergonhosamente maltratado.

Mentiras deslavadas na política costumavam ser relativamente raras – os políticos apoiavam-se mais em ignorar perguntas difíceis – mas não há dúvida de que, em um mundo em que as "verdades pessoais" são aceitas como realidade por alguns, as inverdades são muito mais utilizadas. Mais insidiosa ainda é a possibilidade de *fake news* na forma de áudios e vídeos falsos, deturpando o que um indivíduo disse ou fez: voltaremos a esse assunto no capítulo sobre inteligência artificial.

As *fake news* são uma forma de enganação que ocorre principalmente na esfera das notícias e dos comentários sociais, mas antes de deixarmos o lado sombrio, precisamos nos aprofundar na enganação e nas maneiras pelas quais os indivíduos podem tentar enganar deliberadamente e estabelecer entendimentos incorretos na mente dos outros.

CAPÍTULO 5

Enganação

Contar histórias pode parecer uma atividade inofensiva e prazerosa, mas já vimos que ela pode ter um lado sombrio. Sempre há *brainjacking* envolvido, por isso é importante levar as histórias a sério, mas há mais perigo quando a história é uma inverdade. Isso não é o mesmo que ficção. Contar histórias sempre teve um lado ficcional poderoso, tanto que muitas pessoas pensam erroneamente que a narrativa e a criatividade estão limitadas à ficção. A diferença entre as histórias fictícias e as histórias inverídicas, no entanto, é que a ficção é honesta. Sabemos que não é verdade, exceto quando vemos as palavras "baseado em uma história real", que geralmente é uma maneira de dizer "inventamos a maior parte disso, mas queremos que você pense que é verdade".[1]

O *brainjacking* mais perigoso envolve algum tipo de enganação. Mentir, enganar ou de outra forma iludir nossos cérebros em sua interpretação do que ouvem ou veem de uma forma mais direta e substancial do que a envolvida na maioria das desinformações. É claro que esse tipo de enganação não precisa ser ruim – ela pode ser realizada para fins de entretenimento, por exemplo. Mas, muitas vezes, ela é feita totalmente pelas razões erradas.

---

1 Estou pensando aqui em filmes de ficção e similares que usam essa frase (como alguns filmes de terror), e não em docudramas.

ENGANAÇÃO PARA ENTRETER

Para nos familiarizarmos com o mundo do *brainjacking* realmente enganoso, vou me referir ao trabalho de Derren Brown. Brown aparecerá várias vezes neste livro, portanto, vale a pena fazer uma breve apresentação para os leitores que não estão familiarizados com seu trabalho. Ilusionista de TV e de palco, Brown combina com muito sucesso vários dos veículos de entretenimento habilitados para o *brainjacking*: mágica, hipnotismo e mentalismo. Não há dúvida de que ele é um mestre da arte – seus shows são brilhantes, embora ele pessoalmente divida opiniões.

Todos os mágicos de palco praticam a enganação ludibriando nossos sentidos, mas Brown é incomum por levar o conteúdo de enganação de suas apresentações a um nível diferente. Como ele admite em seu excelente, embora estranhamente escrito, livro *Tricks of the mind* (*Truques da mente*), embora nunca afirme fazer mágica "real" ou ter poderes psíquicos, ele usa regularmente mecanismos aparentemente científicos para fornecer uma explicação enganosa para seus truques, que na realidade são baseados em um princípio totalmente diferente.

Parece justo dizer que Brown tem uma obsessão vitalícia com a enganação. Ele descreve ter passado algum tempo na universidade com um ferimento falso no rosto, simplesmente para obter uma reação das pessoas ao seu redor. Como ele mesmo diz, isso era uma busca por atenção – uma marca frequente do artista –, mas ele também apreciava o fato de saber algo que seu público de colegas estudantes não sabia. Independentemente de a fraude ocorrer ou não com um objetivo em mente, que é muito menos aceitável do que o entretenimento, ela geralmente traz consigo a sensação de superioridade obtida por ter um conhecimento que os outros não têm.

Ao mencionar as travessuras de Brown na graduação, devo dizer que não posso ser muito crítico, pois também recorri a um certo grau de fraude enquanto estava na universidade. Eu fazia regularmente leituras de mão e de Tarô. Isso não significa que eu acredite em adivinhação – não teria sido enganação se eu acreditasse (além de enganar a mim mesmo). Contudo, sempre me interessei pelo ocultismo e ficava fascinado com a reação das pessoas a ele. Eu me esforçava para ler as linhas básicas identificadas pelos leitores de mão tradicionais – um esforço não tão trivial como seria agora, com a internet disponível –, mas confesso que simplesmente dizia o que me vinha à mente quando colocava as cartas do Tarô. E me diverti muito fazendo isso.

A mágica de palco talvez seja a forma mais pura de enganar o cérebro, no sentido de que todos sabemos que os truques que assistimos maravilhados são falsos de alguma forma – parte do prazer vem da tentativa de descobrir como os truques funcionam. Nesse sentido, eles preenchem a lacuna entre a ficção e a forma mais manipuladora de enganação. É raro que os mágicos de palco expliquem como seus truques funcionam, mas, em seu livro, Brown não apenas descreve a mecânica de um simples truque com moedas, mas mostra como a aplicação de camada sobre camada de enganação pode ser usada para tornar a apresentação mais intrigante e divertida.

O truque básico envolve fazer uma moeda desaparecer. (Se quiser saber como fazer isso, leia o livro de Brown, mencionado na seção "Mais descobertas".) Mas, sugere Brown, o simples ato de fazer uma moeda desaparecer não é suficiente para provocar admiração. Já vimos isso muitas vezes antes. Então, ele amplia o truque, e é aqui que o *brainjacking* realmente decola, "mostrando" brevemente que a moeda ainda está em sua mão antes de fazê-la desaparecer. Na realidade, a moeda já não está lá, mas parece que, ao fazer isso com rapidez suficiente, a maioria do público aceitará a sugestão de que realmente a viu.

Para levar as coisas para o próximo nível, Brown acrescenta um ato introdutório ao truque. Primeiro, a moeda é retirada da mesa de maneira normal (em oposição à maneira ligeiramente artificial necessária para fazer o truque funcionar). Depois de tentar fazê-la desaparecer, o aspirante a mágico admite que o truque deu errado e a coloca de volta. Isso, em parte, torna o sucesso mais surpreendente, mas, mais importante, enfraquece a atenção para o truque real. Mas isso ainda não é o fim. Brown finalmente parece passar a moeda de uma mão para a outra, mesmo ela já tendo sido descartada. Ele dá a impressão de estar manipulando a moeda, lutando para fazê-la desaparecer, antes de finalmente revelar que ela não está em nenhuma das mãos.

Os truques de mágica geralmente dependem do poder da distração – fazer com que o público olhe para a coisa errada quando uma manipulação está ocorrendo. Brown descreve uma versão extrema disso que pegou até mesmo ele de surpresa. Em um truque diferente, ele apresentou três cartas, previamente selecionadas por três membros da plateia em close-up, de um maço embaralhado. Depois de fazer isso e o truque aparentemente ter terminado, ele colocou as cartas de cada um dos membros da plateia embaixo de suas bebidas na mesa, na frente de todos. Como pensavam que o truque havia terminado, a plateia estava desprevenida. Embora ele tenha posicionado as cartas de forma perfeitamente aberta, os participantes ainda ficaram chocados ao descobrir que suas cartas tinham aparecido embaixo de suas bebidas.

NOSSOS SENTIDOS ENGANOSOS

O que torna possível esse resultado aparentemente improvável é um erro fundamental que cometemos sobre a maneira como nosso cérebro interage com nossos sentidos, principalmente a visão. Vemos o mundo ao nosso redor como se estivéssemos testemunhando um fluxo claro e contínuo de imagens visuais. É como um vídeo. Contudo, a realidade do sentido visual humano é totalmente diferente, e isso explica por que os participantes de Brown puderam ver uma moeda que não estava lá ou não perceberam que as cartas estavam sendo colocadas sob seus copos.

Vamos começar explicando o que acontece quando você vê uma imagem simples de natureza morta: uma maçã vermelha, em cima de uma mesa. O requisito inicial é haver luz. Essa luz vem de alguma fonte – o sol, uma lâmpada ou qualquer outra – e atinge a maçã. Os átomos na superfície da maçã absorvem os fótons de luz que vieram da fonte. Isso significa que a energia da luz é usada para aumentar os níveis de energia dos elétrons nos átomos da maçã. Pouco tempo depois, alguns dos fótons são reemitidos da maçã.

Supondo que você esteja olhando para a maçã sob luz branca, como a luz do sol, os fótons que chegam terão uma gama de energias correspondente a todas as cores da luz visível, além de alguns fótons invisíveis de infravermelho e ultravioleta. No entanto, os fótons que são reemitidos terão uma distribuição de energia diferente. No caso da maçã, os fótons reemitidos terão, em sua maioria, a energia adequada para serem vistos como luz vermelha, portanto, você verá a maçã como sendo vermelha. Mas essa parte do processo ainda não aconteceu.

Esses fótons emitidos afastam-se da maçã e alguns deles passam pela pupila. Eles são absorvidos pela retina na parte posterior do olho. A retina tem vários tipos de sensores conhecidos como cones, que respondem a diferentes faixas de cores. Os fótons vermelhos serão detectados principalmente pelos cones vermelhos, fotorreceptores que produzem uma pequena carga elétrica em resposta aos fótons na faixa de energia apropriada. Esses sinais elétricos são passados pelo nervo óptico para o cérebro. Para isso, há uma quantidade significativa de pré-processamento, pois não há uma fibra para cada sensor, de modo que o sinal que sobe pelo nervo óptico já foi simplificado.

A maioria dos sinais vai para o lado oposto do cérebro em relação ao olho em questão, embora alguns acabem no mesmo lado para permitir a visão em 3D. No cérebro, as informações recebidas serão processadas para lidar com coisas como movimento (não há muito disso envolvido quando se olha para a maçã), reconhecimento de padrões e formas, manipulação de cores e muito mais. Seu cérebro recebe uma pilha de dados a partir dos quais ele compõe a imagem que você "vê". Isso é totalmente diferente de uma câmera, em que o equivalente à retina simplesmente mede o número de fótons de cores diferentes que a atingem e recria a imagem. O mecanismo do seu cérebro é muito mais complexo.

Esse processo de reconstrução da imagem permite que o cérebro supere algumas deficiências que exigiriam uma IA significativa para serem corrigidas por uma câmera digital moderna. Por exemplo, se você fosse tirar uma foto da maçã, seguraria a câmera (provavelmente seu telefone) com firmeza, apontando-a para a maçã, e pressionaria o botão. É melhor não balançar a câmera enquanto tira a foto. Mas quando você olha para a maçã, seus olhos não estão fixos nela. Eles estão constantemente fazendo movimentos de alta velocidade chamados movimentos sacádicos.[2] Devido à maneira como o cérebro monta a imagem, ele pode editar esses movimentos, de modo que sua visão pareça estática.

De maneira similar, o ponto em que o nervo óptico encontra a retina não tem sensores. É um ponto cego onde você não consegue enxergar. Se construíssemos câmeras de smartphone como essa, haveria uma lacuna preta perto do meio da imagem, mas o cérebro reconstrói o que está lá usando dados de ambos os olhos. Ele falsifica a aparência para que as coisas pareçam corretas.

Tudo isso é maravilhoso, mas torna mais fácil para o cérebro ser enganado sobre o que está vendo. Isso geralmente ajuda muito na mágica de palco,

2 Os sacádicos são os movimentos mais rápidos de qualquer parte do corpo – o globo ocular pode percorrer cerca de 10 graus em um centésimo de segundo.

mas é bastante fácil ver isso acontecendo nas ilusões de óptica. Na próxima página está a minha ilusão de óptica favorita de todos os tempos, a ilusão da sombra do jogo de damas, produzida pelo professor Edward Adelson do MIT.

Essa ilusão de óptica depende da maneira como o cérebro processa padrões e sombras. Sabemos como é um tabuleiro de xadrez (usado para jogar damas) e como uma sombra influencia a coloração. Isso engana o cérebro, impedindo-o de detectar que os quadrados rotulados como A e B têm exatamente o mesmo tom de cinza. E mesmo sabendo que é assim, ainda não consigo ver isso. B ainda parece ser um tom muito mais claro.

Nossos olhos também fazem todos os tipos de correção para diferentes intensidades e cores de iluminação ambiente, de modo que ainda podemos enxergar da melhor forma possível em condições extremas. Como descobriremos no penúltimo capítulo, uma ilusão de óptica que todos já experimentamos quando olhamos para a Lua é que ela parece muito maior do que realmente é. Mas a luz da Lua também parece muito mais intensa do que é de fato. Podemos enxergar com bastante clareza à luz da lua cheia, mas ela é cerca de 300.000 vezes mais fraca do que a luz do sol.

Outro exemplo de correção da visão em ação é um que observei durante um culto à luz de velas. Nossa igreja local tem um culto popular e atmosférico no Natal, no qual o prédio é iluminado apenas por velas. Ou seria, se não fossem os aquecedores infravermelhos, que adicionam um forte brilho vermelho ao ambiente. Depois de passar alguns minutos no ambiente vermelho, as chamas das velas começam a parecer verdes. Meu cérebro detectou que a iluminação geral é excepcionalmente vermelha e compensa reduzindo a sensibilidade ao vermelho. Isso retira o vermelho da luz branca das velas, dando a elas uma tonalidade verde fantasmagórica.

ENGANAÇÃO POR DISTRAÇÃO

Às vezes, pode ser difícil nos concentrarmos em nosso entorno tanto quanto queremos, o que dá uma ampla oportunidade para enganos. Se tiver a oportunidade, antes de continuar lendo, visite esta página: bit.ly/brainjacking6 – é do site do meu livro anterior *The universe inside you* (*O universo em você*). Assista ao vídeo, que exige considerável concentração pessoal para concluir uma tarefa com êxito: assista-o até o fim antes de voltar ao livro.

Seja qual for o resultado da realização do experimento nesse vídeo, ele reflete a mesma oportunidade de *brainjacking* que Derren Brown utilizou em seu truque com cartas. A maneira como o cérebro cria imagens e, portanto, nossa percepção consciente do que vemos, deixa aberta uma porta de entrada para a enganação e a manipulação de nossa experiência.

O professor Dan Simons, da Universidade de Illinois em Urbana – Champaign, e seu colega Daniel Levin, da Universidade de Vanderbilt, realizaram vários experimentos para demonstrar essa capacidade de manipular a percepção do cérebro sobre o que está sendo visto. Em um exemplo simples, seis cartas são exibidas em um slide de PowerPoint. Pede-se a alguém da plateia que aponte para uma delas enquanto o apresentador está de costas. Ela escolhe o ás de espadas. O apresentador passa para o próximo slide – e agora há apenas cinco cartas. O ás de espadas não está mais lá. Todos ficam impressionados, até que se aponta que nenhuma das cartas mostradas agora estava na tela anterior. O foco no ás de espadas tornou as outras cartas efetivamente invisíveis.

No estudo mais famoso de Simons e Levin, além do vídeo "conte os passes" que sugeri que você assistisse, eles realizaram outro experimento enganador em que se perguntava a um transeunte como chegar a uma rua. No meio da resposta, dois homens carregam uma porta pela calçada, passando entre a pessoa que fez a pergunta e a que estava explicando o caminho. A conversa continua e as instruções são concluídas. O que o orientador não percebe é que a pessoa com quem falava mudou quando a porta passou.

Uma lição clara disso é como a prova testemunhal é arriscada em casos jurídicos – alguém nem percebeu a mudança da pessoa com quem estava falando em tempo real. A natureza duvidosa da prova testemunhal é conhecida há muito tempo. Em 1901, ocorreu um assassinato em uma palestra dada pelo professor Franz von Liszt na Universidade de Berlim. Foi solicitado aos alunos do professor que escrevessem o que haviam testemunhado.

Nos depoimentos das testemunhas da palestra, foram dados oito nomes diferentes para o assassino. Alguns disseram que o assassino havia fugido depois de atirar em sua vítima (ele não fugiu). A ordem em que os fatos ocorreram variava de testemunha para testemunha. O assassinato foi forjado: von Liszt, um professor de criminologia, queria demonstrar como as provas testemunhais podem ser pouco confiáveis no tribunal – e o fez além de suas próprias expectativas. No entanto, é preocupante o fato de que, embora a polícia atualmente tente usar provas menos corruptíveis, como o circuito fechado de televisão, as provas testemunhais ainda são amplamente utilizadas nos tribunais. Não deveria ser assim, a menos que a prova não seja passível desse tipo de confusão.

PODERES DA MENTE?

Voltaremos ao trabalho de Derren Brown quando analisarmos o *brainjacking* subliminar e a hipnose. Mas o lado divertido do *brainjacking* enganoso é uma parte relativamente pequena da atividade. Na maioria das vezes, o objetivo da enganação é mais sinistro. O que Brown faz envolve um pouco de engano para fins de entretenimento, mas ele nunca alega nenhuma habilidade especial. Entretanto, alguns afirmam que suas habilidades se devem a poderes especiais – o que às vezes é chamado de "psi" – abrangendo telepatia, telecinesia, habilidades psíquicas e muito mais.

Embora esses indivíduos ainda sejam frequentemente artistas, o grau em que manipulam seu público e suas crenças é significativamente maior porque alegam ter habilidades genuínas. O que é particularmente preocupante é quando esses artistas conseguem enganar os cientistas. Por serem humanos, os cientistas são tão suscetíveis quanto qualquer outra pessoa às habilidades dos mágicos de palco, mas há o perigo de que, ao tentar testar as habilidades daqueles que alegam poderes especiais sem um conhecimento adequado das técnicas usadas pelos artistas, os cientistas possam dar a eles uma respeitabilidade imerecida.

Talvez o exemplo mais conhecido seja o caso de Uri Geller, a personalidade da TV israelense-britânica que afirma ter verdadeiras habilidades psíquicas. Geller já fez várias transmissões de TV: um bom exemplo da capacidade de Geller de entortar colheres, garfos e outros talheres, que é sua marca registrada, ocorreu em sua primeira aparição ao vivo na TV em 1973, no programa do apresentador de variedades David Dimbleby. Em um determinado momento, uma bandeja de talheres foi trazida. Enquanto Dimbleby segurava uma ponta de um garfo, Geller esfregou-o perto dos dentes. Ele então pegou o garfo e, logo em seguida, a cabeça caiu. Geller ressaltou que, embora os mágicos de palco consigam reproduzir esse tipo de coisa, eles não são capazes de fazê-lo em condições controladas como as que ele estava experimentando.

Tudo muito impressionante, mas com dois problemas. Um deles é que é muito fácil fazer com que os talheres se quebrem com pouquíssima pressão se forem pré-tratados – por exemplo, dobrando-os repetidamente. Em segundo lugar, em muitas demonstrações, os talheres não ficam constantemente à vista, pois Geller tende a se movimentar muito durante seu ato. Esse não foi o caso quando ele entortou o garfo de Dimbleby, mas essas condições controladas que Geller alegou simplesmente não se aplicavam nesse caso. O que não foi divulgado no ar foi que Geller havia pedido que a bandeja fosse colocada em seu camarim antes do show. Ele foi deixado sozinho com os talheres com bastante tempo para prepará-los.

O que diferencia Geller, no entanto, é que ele também foi testado por Russell Targ e Harold Puthoff, cientistas do respeitado Stanford Research Institute (SRI). Certamente, houve muito mais controle nesses experimentos, não é? Essa foi certamente a intenção dos cientistas, mas vale a pena observar que eles eram físicos de laser, cuja experiência era lidar com a luz, em vez de os sujeitos experimentais menos confiáveis que são as pessoas. Um artigo descrevendo os experimentos foi publicado na *Nature*, embora os editores da revista tenham dito que os detalhes dos experimentos eram "desconcertantemente vagos" e que eles estavam publicando o relatório apesar disso porque era melhor haver um debate do que simplesmente permitir que a cobertura ingênua da mídia continuasse sem nenhuma contribuição científica.

A confiabilidade do estudo dependia dos controles envolvidos para garantir que não houvesse trapaça. Em um conjunto de experimentos, Geller tentou reproduzir um conjunto de imagens, apesar de estar fechado em uma sala selada sem nenhuma forma de contato com o exterior. Em outro conjunto, ele previu o resultado de sacudir um dado de seis lados dentro de uma caixa de metal fechada. Claramente, esses experimentos só teriam valor se, no caso da reprodução de imagens, Geller não pudesse se comunicar e não tivesse um colaborador, e se ele não pudesse interferir na caixa no experimento com o dado.

Em alguns dos experimentos com imagens, Geller estava no que foi descrito no relatório como uma sala de aço com paredes duplas e um monitor de áudio que permitia a saída de som, mas não a entrada. Targ e Puthoff afirmaram que não havia "nenhum vazamento sensorial" entre a sala e o exterior. Infelizmente, a sala não era à prova de som, o que não era surpreendente, pois havia um buraco de 9 centímetros de largura entre a sala e a sala adjacente, onde ficavam as imagens e os pesquisadores. O buraco havia sido preenchido com uma gaze – que não impedia a passagem do som – e foi descoberto que ela havia caído na única ocasião em que Geller fez uma reprodução quase perfeita da imagem.

O que também não é mencionado no artigo é que a assistente de palco de Geller, Shipi Shtrang, estava na sala de onde as imagens estavam sendo "transmitidas", do outro lado do buraco cheio de gaze. Shtrang teve todas as oportunidades de ver as imagens e de se comunicar com Geller pelo buraco. É claro que havia outras pessoas presentes, mas isso não impediria que um código sonoro fosse usado, ou mesmo que um pedaço de papel fosse passado pelo buraco por alguém com muita experiência em mágica de palco.

No que diz respeito ao experimento com dados, vale a pena ver exatamente como os pesquisadores descreveram sua realização:

> Foi realizado um experimento duplo-cego no qual um único dado de ¾ de polegada foi colocado em uma caixa de aço de 3 x 4 x 5 polegadas. A caixa foi então vigorosamente sacudida por um dos pesquisadores e colocada sobre a mesa, uma técnica encontrada em execuções de controle para produzir uma distribuição de faces do dado que não difere significativamente da distribuição aleatória.

A orientação do dado dentro da caixa era desconhecida pelos pesquisadores naquele momento. Geller então anotava qual face do dado estava para cima.

Parece impressionante e com um controle muito melhor. Mas, novamente, o artigo não fornece detalhes suficientes sobre a situação. O segredo de um bom truque é garantir que alguns aspectos sejam claramente observados, deixando outros ignorados. Em primeiro lugar, a caixa não estava lacrada de forma alguma. Em segundo lugar, de acordo com a descrição do experimento no artigo, parece que Geller estava sentindo o valor do dado remotamente enquanto ele estava na caixa sobre uma mesa. Mas, na realidade, Geller estava na sala e teve permissão para manusear a caixa antes de anunciar o valor. Por um período significativo de tempo, um mágico de palco estava segurando uma caixa não lacrada. Tudo o que ele precisava era de uma breve distração e poderia dar uma olhada em seu interior. Em oito de cada dez tentativas, ele acertou o valor, mas isso é surpreendente?

O que também não ficou evidente no artigo da *Nature* foi a falta de controle que os cientistas tinham sobre o comportamento de Geller. O astronauta da Apollo Edgar Mitchell estava presente como observador do teste – não como um cético, mas como um crente nas habilidades de Geller. No entanto, Mitchell comentou depois: "Eles estavam tão ansiosos para mantê-lo [Geller] por perto que se viram em um beco sem saída, atendendo a todos os seus caprichos e, se ele ameaçasse sair, eles cediam e faziam o que ele queria. É claro que eles perderam o controle da situação e ela foi ficando cada vez pior e pior e pior..."

O PESQUISADOR INGÊNUO

O trabalho de Geller inspirou o matemático britânico John Taylor a realizar seus próprios experimentos, que ele escreveu em um livro chamado *Superminds* (*Supermentes*). Não há nenhuma sugestão de que Taylor estivesse tentando falsificar resultados, mas seu trabalho com as aparentes habilidades mentais de vários jovens demonstrou como pode ser fácil para aqueles que querem enganar aproveitar a ingenuidade daqueles que querem acreditar. Taylor criou o que parecia ser um controle muito mais rígido sobre as habilidades mentais de dobrar metais do que o aplicado a Geller. Em vez de usar talheres, Taylor forneceu a seus participantes pequenas tiras de cobre e alumínio. Em alguns casos, essas tiras estavam contidas em tubos de vidro lacrados, mas as jovens "supermentes" conseguiam dobrar o metal com aparente facilidade.

Para tentar descobrir como isso era possível, Taylor verificou toda uma gama de influências físicas (mas improváveis), desde calor e magnetismo até radiação, mas nenhuma parecia estar envolvida. No entanto, havia um grande problema com os controles aplicados por Taylor. Aqui está o seu próprio comentário sobre um conjunto de experimentos: "Dois dos melhores dobradores de metal, depois de uma semana em casa com todos os três tipos de tubo, devolveram-nos com as tiras de alumínio fantasticamente distorcidas e nenhuma das vedações havia sido quebrada".

Em outro experimento em que os tubos não foram usados, Taylor nos conta: "Outro sujeito que havia ficado com uma tira de cobre começou a quebrá-la em pedaços ao produzir amolecimento, chegando ao ponto de conseguir arrancar um pequeno pedaço". Observe que o sujeito foi deixado sozinho com a tira de cobre, enquanto os que tinham amostras em tubos podiam levá-las para casa por uma semana. Taylor permitiu isso porque acreditava que havia um "efeito de timidez" que significava que as habilidades mentais não se manifestariam quando as crianças fossem observadas com muita atenção.

Você pode acreditar em Taylor, mas duas outras observações são úteis para avaliar suas descobertas. Uma equipe da Universidade de Bath, que tinha mais experiência em trabalhar com pessoas, testou alguns dos pupilos de Taylor: quando deixavam os sujeitos sozinhos, eles os filmavam por meio de um espelho unidirecional. Como resultado, eles puderam observar as crianças dobrando entusiasticamente as tiras com as mãos. Em outra ocasião, o mágico norte-americano e cético profissional James Randi apareceu no escritório de Taylor passando-se por jornalista. Taylor mostrou orgulhosamente a Randi um dos tubos à prova de adulteração no qual o metal havia sido dobrado após uma semana na casa do sujeito.

Os tubos eram de plástico transparente, com uma rolha de borracha vermelha inserida em cada extremidade. Cada rolha era mantida no lugar por um parafuso que atravessava o plástico; a cabeça de cada parafuso tinha um lacre de cera preta com marcas secretas que mostravam se ele havia sido substituído. Randi pegou o tubo e, enquanto aparentemente examinava o metal dentro dele, mexeu nas rolhas. Ele descobriu que era relativamente fácil remover uma das rolhas flexíveis sem deslocar o parafuso. O lacre não era nada mais do que uma distração. Tudo isso mostra que o *brainjacking* enganoso e manipulador está bem ao alcance das crianças e pode enganar acadêmicos elevados que não tenham treinamento adequado.

FOTOS QUE ENGANAM

Já tendo admitido meu uso enganador da leitura da mão e do Tarô, também tenho que confessar outra experiência de enganação em minha juventude – eu gostava de tirar fotos de OVNIs. Vamos deixar claro que eu nunca tive nenhuma experiência real envolvendo objetos voadores não identificados,[3] embora eu adoraria se isso acontecesse. Mas eu me divertia simulando-os. Não foi com a tentativa explícita de enganar, mas simplesmente pelo prazer de fazer as imagens. Às vezes, eu usava modelos de plástico que havia construído, sustentados por linha de pesca. Em outras ocasiões, eu jogava uma calota no ar, girando-a como um frisbee para dar estabilidade, e tirava fotos.

Há algum tempo, recebi para análise um livro chamado *UFOs caught on film (OVNIs fotografados)*, de B.J. Booth. O que achei fascinante foi que várias dessas fotografias de OVNIs supostamente reais tinham exatamente o mesmo problema que eu tinha com minhas fotos de calotas. Quando você gira uma calota no ar, ela normalmente não voa nivelada, mas em um ângulo, produzindo uma imagem de aparência estranha. E esse também era o caso das fotos de OVNIs no livro. Outras pareciam nada mais do que luzes de rua ou pássaros.

A imagem mais encantadora que Booth incluiu foi uma relativamente conhecida, mostrando uma frota de OVNIs sobrevoando o edifício do Capitólio em Washington DC. Essa não é uma foto falsa em si, mas é totalmente enganosa, apesar de ser apresentada ali como uma foto impressionante de OVNIs aparecendo sobre o centro da democracia norte-americana. A razão pela qual sabemos que as coisas não são o que parecem é que uma versão completa da fotografia mostra muito mais da cena do que foi reproduzido. Na imagem completa, é possível ver que há uma formação de luzes ao longo da frente do edifício que corresponde exatamente ao layout dos aparentes OVNIs – eles nada mais são do que reflexos na lente da câmera.

---

3 O termo preferido atualmente é FANI, ou fenômeno aéreo não identificado, já que muitos dos avistamentos de "OVNIs" não são objetos voadores, mas efeitos ópticos.

Eu defenderia meus próprios esforços, pois nunca afirmei que eles eram reais; eu estava apenas tentando tornar as imagens o mais realistas possível para me divertir. Mas o uso de tais fotos em livros como esse reforça a ideia entre os suscetíveis de que o fenômeno dos OVNIs envolve veículos alienígenas reais. Assim como no caso dos testes psi, isso demonstra a facilidade com que podemos ser enganados quando o engano apoia nossas crenças, e essa suscetibilidade pode ser usada não apenas por entusiastas de OVNIs, mas também por aqueles que pretendem se entregar ao *brainjacking* para fins nefastos.

ENGANO ON-LINE

Uma das alegrias da internet e do e-mail é que eles abriram para muitos uma oportunidade que, antigamente, só estava disponível para alguns poucos: ser o alvo (ou vítima) em potencial de um golpe. A maioria de nós recebe e-mails de *phishing*[4] que afirmam ser de uma fonte respeitável – nosso banco, nosso provedor de internet... qualquer pessoa que possa ter um motivo vago para obter dinheiro de nós. Muitas dessas tentativas são muito grosseiras, repletas de erros de ortografia ou logotipos mal copiados. Existe até uma teoria (embora eu não tenha encontrado pesquisas de qualidade que a confirmem) de que esses erros óbvios às vezes são intencionais, porque as vítimas em potencial que levam a sério as falsificações ruins têm maior probabilidade de serem crédulas.

Alguns *phishings*, no entanto, são significativamente mais sutis. Recebi uma ligação telefônica em maio de 2023 alegando ser do meu provedor de banda larga, a BT, para me dizer que minha conta havia sido invadida. Eles disseram que, para provar que eram realmente eles, me enviariam um e-mail com um PIN. O e-mail chegou e parecia muito com um e-mail genuíno da BT. Mas ainda havia algo errado na ligação e na maneira como estavam usando um PIN para comprovar quem eram. Eles não foram capazes de explicar o que queriam dizer com o fato de minha conta ter sido invadida. Depois de alguns minutos, desliguei e liguei para a BT.

---

4 *Phishing* é um tipo de golpe digital em que criminosos se passam por empresas ou pessoas confiáveis para enganar alguém e roubar informações confidenciais, como senhas, dados bancários ou números de cartão de crédito. (N.T.)

A empresa conseguiu confirmar que a ligação não tinha sido feita por eles e que não houve invasão. Além disso, eles confirmaram minhas suspeitas sobre o PIN – o objetivo de uma empresa enviar um PIN como esse (o que eles fazem em algumas ocasiões) é o consumidor provar à BT quem é o consumidor, não é uma forma de a BT provar quem eles são. Essa foi, de longe, a tentativa de *phishing* mais sofisticada que já encontrei, pois dependia não apenas de meu endereço de e-mail, mas também de um número de telefone correspondente.

O que o golpista está tentando fazer é estabelecer um novo vínculo em seu cérebro. Você tem um conjunto de ideias sobre as empresas com as quais interage – um modelo mental de como é, por exemplo, interagir com a BT. O golpista de *phishing* estava tentando vincular sua chamada à minha imagem mental das mensagens da BT. Como muitos clientes da BT, às vezes me sinto frustrado com eles, mas, mesmo assim, eles ocupam uma caixa em meu cérebro chamada "organizações confiáveis". O golpista estava tentando inserir sua chamada telefônica nessa caixa.

O *phishing* é uma parte muito simples de um arsenal muito maior de golpes (em inglês isso se chama *con*, abreviação de "truques de confiança"). No outro extremo estão os chamados golpes longos – esquemas elaborados para enganar que podem ser superficialmente glamourosos. Há muito tempo sou fã do programa de TV *Hustle*, da BBC, que foi exibido entre 2004 e 2012, apresentando um grupo de adoráveis vigaristas que estavam preparados para dedicar meses a um único golpe quando as recompensas potenciais eram grandes.

CONHEÇA OS VIGARISTAS

Hustle, é claro, é ficção, mas o golpe longo é uma coisa real. Enquanto um golpe de *phishing* tenta associar uma interação específica – uma ligação telefônica ou um e-mail, por exemplo – a uma entidade legítima existente no cérebro da vítima em potencial, um golpe longo envolve a construção de uma entidade e de uma situação totalmente novas, criando gradualmente um modelo enganoso detalhado no cérebro que leva a vítima a entregar o que pode ser uma grande quantia de dinheiro.

Esses trapaceiros, às vezes conhecidos como vigaristas, têm uma rota bem estabelecida para construir uma visão de mundo convincente para seu alvo, aplicando camada sobre camada ao modelo mental para garantir que o *brainjacking* permaneça firme. Os estágios desse processo são tão bem estabelecidos que cada um deles tem um nome. O ponto de partida é a montagem, em que uma vítima adequada é escolhida. Isso pode envolver uma quantidade considerável de pesquisa, investigando as preferências e os pontos fracos do indivíduo. Não é descabido sugerir que, no golpe longo, o maior desses pontos fracos tende a ser a ganância.

Com um alvo em mente, um ou mais golpistas tentarão criar um vínculo social com ele ou ela. Esse é o ponto de partida para ajustar o cérebro da vítima de modo que os golpistas envolvidos se tornem parte da categoria "pessoa de confiança" e sejam capazes de apresentar uma proposta, geralmente para ganhar dinheiro fácil, que será aceita. Esse estágio é conhecido como jogo. Esse contato inicial tem a ver principalmente com emoção – como já vimos, a emoção é uma poderosa ferramenta de *brainjacking.* Em alguns golpes, normalmente os que envolvem romance, isso pode ser suficiente para fechar o negócio, mas os golpes financeiros também envolvem o pensamento racional no que é conhecido como a corda, em que a persuasão com um grau de lógica é usada, trazendo detalhes do esquema para ganhar dinheiro (conhecido como a história).

Nesse estágio, os novos padrões no cérebro que sustentam a confiabilidade dos vigaristas e a natureza do esquema não são fixos. A parte mais inteligente de todo o esquema (embora também a mais arriscada para o golpista) é o convencimento. Isso envolve colocar o esquema aparente em ação de uma forma pequena, com o alvo saindo por cima. O convencimento está no centro da maioria dos golpes mais sutis do que uma tentativa de *phishing.*

Em um golpe curto – por exemplo, o jogo de azar conhecido como "encontre a dama", o "truque das três cartas" ou "monte das três cartas" –, o convencimento é simplesmente uma questão de deixar o alvo ganhar alguns jogos, para que ele sinta que está no controle da situação. Um padrão de expectativa está sendo estabelecido no cérebro. Encontre a dama é um jogo muito simples. O golpista tem três cartas de baralho, uma das quais é uma rainha. Ele mostra as cartas, vira-as com a face para baixo e, em seguida, as reorganiza, normalmente deslizando as cartas umas ao redor das outras em uma mesa antes de pegar todas as três cartas em uma pilha e, em seguida, deixá-las cair novamente em uma ordem diferente.

Quando as cartas estiverem em uma pilha, o truque é fazer com que pareça que o artista está deixando cair a carta de baixo, mas na verdade ele deixa cair a de cima. Isso é surpreendentemente fácil de fazer com um pouco de prática – não sou mágico, mas consigo fazer isso (o processo é significativamente facilitado pelo uso de cartas levemente curvadas). Para tornar as coisas ainda mais convincentes, o alvo pode muito bem ver outra pessoa dobrar seu dinheiro e ir embora com ele, sem perceber que se trata de um cúmplice do operador. Depois de encontrar a dama algumas vezes e ganhar confiança, é provável que o apostador esteja preparado para apostar mais no exercício – apenas para ser derrotado.

No golpe longo, o convencedor é uma versão em menor escala da coisa real (exploraremos um tipo específico de golpe longo em mais detalhes em breve), que pode envolver o alvo recebendo milhares de libras ou outros benefícios impressionantes, deixando claro o quão boa é a oportunidade do golpe. Agora, os golpistas vão para a matança, mas estão em seu ponto mais arriscado. Não há nada que os impeça de perder.

Um alvo mais sensato pode, como um jogador bem-sucedido, dizer "basta" e se recusar a continuar. Os golpistas perderão dinheiro. Para minimizar essa possibilidade, eles geralmente acrescentam um elemento extra em que as coisas parecem estar dando errado – o colapso – que ainda deixa uma chance para uma vitória dramática final. Assim, ocorre o estágio final – o retoque – em que se tira o máximo possível do alvo. Na prática, em um golpe longo, também pode haver etapas finais, conhecidas como desfecho e conluio, que têm o objetivo de impedir a vingança da vítima, que fica convencido de que não é uma boa ideia tentar recuperar o que perdeu depois, mas ir embora, mais sábio e mais pobre, para evitar constrangimento ou consequências legais.

Como em um jogo de "encontre a dama", muitas vezes há um elemento de jogo subjacente a um golpe longo. Para que o golpe funcione, os golpistas tentam estabelecer no cérebro do alvo a ideia de que se trata, de fato, de um jogo, mas um jogo seguro, em que há grandes chances de se obter uma grande recompensa por muito pouco risco e esforço. Analisaremos o desenvolvimento de um golpe clássico, mas primeiro faremos um desvio para um golpe estatístico, que ilustra bem o mecanismo subjacente usado para manipular o cérebro do alvo.

O GOLPE QUE FUNCIONA POR CONTA PRÓPRIA

Esse golpe nos leva ao mundo dos especialistas em corridas de cavalos. Imagine que exista um serviço em que você pode pagar uma quantia e, em troca, receber previsões quase certas sobre o resultado das corridas de cavalos. Se você tiver bom senso, isso não é algo que você vai aceitar de cara. Qualquer pessoa pode alegar que é capaz de fazer previsões seguras, mas você teria de ser particularmente suscetível para confiar nisso sem nenhuma evidência que o sustente.

No entanto, o vigarista especialista emprega a antiga técnica de vendas "experimente antes de comprar". Ela não lhe dará uma, nem duas, nem mesmo três previsões bem-sucedidas. Você receberá quatro previsões bem-sucedidas consecutivas sem nenhum custo. Somente então, quando você tiver um bom lucro e estiver satisfeito com as habilidades do analista, terá de pagar algo pelos serviços dele. Você começa de forma hesitante, mas, na quarta corrida, está preparado para arriscar uma grande aposta – quando ela é bem-sucedida, o pagamento é extremamente lucrativo. Esse é um convencimento poderoso. Você paga com prazer a grande quantia necessária para assinar as previsões futuras e talvez ganhe ocasionalmente. Mas, em pouco tempo, estará perdendo muito dinheiro.

Como não envolve contato pessoal nem esforço em grande escala por parte do golpista, esse é um exemplo barato e alegre de golpe longo, mas ainda assim pode ser surpreendentemente eficaz. O mecanismo envolve muito pouco trabalho por parte do golpista. Nosso especialista só faz previsões em corridas que têm um pequeno número de corredores. Imaginemos que ele tenha 1.028 apostadores no início do processo e, para facilitar a matemática, haja quatro cavalos em cada corrida.

Os apostadores são divididos pelo vigarista em quatro grupos, cada um dos quais recebe um dos quatro cavalos como previsão. Após essa corrida, haverá 256 apostadores satisfeitos. O processo é então repetido três vezes. Quando a segunda corrida é vencida, restam 64 ganhadores duplos. Em seguida, temos dezesseis ganhadores triplos e, finalmente, apenas quatro terão recebido uma previsão bem-sucedida para cada corrida. Há 1.024 outros que não receberam e podem ter desistido (não necessariamente todos, pois alguns acham que três de quatro são chances boas o suficiente). Mas isso não importa, porque ainda há alguns que realmente receberam a previsão correta quatro vezes seguidas. Parece que seu especialista tem incríveis informações privilegiadas, e a maioria dos apostadores provavelmente está preparada para investir muito para obter mais previsões.

Uma versão mais sofisticada desse método, geralmente conhecida como golpe do cabo, não depende da infalibilidade aparente de um especialista humano. Em vez disso, ela emprega qualquer tecnologia de ponta apropriada na época. Depois de amaciar o alvo, a história envolveria uma maneira de descobrir o resultado de uma corrida enquanto ainda é possível fazer uma aposta. A história exata por trás disso varia de acordo com a tecnologia de ponta (hoje em dia, eu esperaria que algo como emaranhamento quântico ou inteligência artificial fosse usado como história), mas o golpe remonta a um momento da história em que essa capacidade de voltar no tempo era uma possibilidade genuína.

Na primeira parte do século XIX, era possível apostar em uma corrida de cavalos depois que ela já havia terminado. Isso acontecia porque os resultados de, por exemplo, um hipódromo a algumas centenas de quilômetros de distância, não chegavam antes de horas; esses resultados eram levados a cavalo ou, mais tarde, de trem, até o local onde as apostas eram feitas. As casas de apostas estariam perdendo boas oportunidades de ganhar dinheiro se se recusassem a aceitar uma aposta só porque a corrida havia terminado, se o resultado fosse inacessível.

Quando o telégrafo elétrico foi introduzido, o setor de apostas demorou a perceber que a diferença de tempo aparente entre os locais havia desaparecido. Inicialmente, as empresas de telégrafo foram induzidas a se recusar a enviar mensagens com o resultado das corridas, mas os apostadores astutos enviavam uma mensagem, por exemplo, pedindo que um xale roxo fosse enviado a Londres, se as cores do jóquei vencedor fossem roxas. Em pouco tempo, as casas de apostas tiveram que ceder e encerrar suas atividades no momento em que a corrida terminava, onde quer que estivessem localizadas.

O golpe do cabo dá a impressão de que ainda é possível apostar depois que o resultado é conhecido. Isso seria demonstrado ao alvo fornecendo previsões antes do final da corrida, depois ouvindo o comentário da corrida, digamos, em um rádio, e obtendo os resultados corretos. No golpe longo, haveria uma única vítima, portanto não haveria oportunidade de usar a abordagem estatística. Em vez disso, a tecnologia seria usada para introduzir um atraso no comentário, de modo que parecesse que a corrida ainda não havia terminado quando já estava finalizada. O fator de convencimento seria permitir que o apostador fizesse uma aposta em uma ou mais corridas e obtivesse um lucro razoavelmente grande.[5] Então vem o colapso. Os golpistas admitem que as autoridades estão atrás deles. Eles só podem fazer isso mais uma vez antes de serem descobertos. É hora de as vítimas apostarem alto ou perder. E se apostam, certamente perdem.

DE QUEM É A VERDADE, AFINAL?

Os *cons* são uma ficção divertida, mas resultaram em golpes financeiros devastadores na vida real. Subjacente à capacidade de realizar essa manipulação do cérebro do alvo está algo que surgiu de uma forma bastante diferente nos últimos anos: a ideia de que existe mais de um tipo de verdade. Quando alguém fala sobre "minha verdade", o que realmente quer dizer é "minha crença" – isso pode, é claro, corresponder à verdade física. Mas também pode estar totalmente desconectada da realidade.

O golpista estabelece um novo sistema de crenças no cérebro do alvo. Ao passar por um processo demorado e potencialmente caro que é apoiado por muita interação pessoal, o golpista está estabelecendo uma versão específica da "minha verdade" para o alvo. Se amigos e parentes souberem do golpe, provavelmente apontarão as falhas lógicas do que está acontecendo. Ou simplesmente que não existe almoço grátis e que se algo parece bom demais para ser verdade, provavelmente é.

Entretanto, a essa altura, geralmente é tarde demais. O cérebro do alvo já estabeleceu um padrão do qual é muito difícil escapar e permitir que a racionalidade retorne. Podemos ver a mesma coisa em aspectos da era da "pós-verdade". Um político, por exemplo, fará uma declaração de sua verdade: sua convicção (ou, talvez mais precisamente, sua convicção aparente) é tão grande que o restante de nós não gostaria de discutir com ele. Qualquer pessoa que fizer um desafio poderá ser agredida. O mesmo tipo de mentali-

---

5 O golpe do cabo floresceu antes do acesso à internet móvel. Agora, os golpistas precisariam de uma abordagem diferente, pois seria muito fácil para os apostadores verificarem o estado de uma corrida em seus telefones.

dade da vítima de um golpe longo, ou de um culto, torna impossível contestar a crença até que as coisas deem errado.

Grande parte da discordância moderna sobre a distinção entre verdade absoluta e "minha verdade" deriva da política de identidade. Entretanto, há algumas tentativas de distorcer a verdade que são menos ingênuas e muito mais cínicas. Essa é uma característica tão marcante da política moderna que não vale a pena detalhá-la nesse contexto, mas há um exemplo importante de tentativas deliberadas ao longo de décadas para distorcer nossa imagem do que é real e implantar uma realidade alternativa no cérebro da população na história do tabaco.

A HISTÓRIA DO TABACO

Estamos tão familiarizados com o conceito de fumar que pode ser difícil imaginar como ele deve ter parecido estranho no início. Quando eu estava na universidade, uma vez me mudei para um quarto e descobri que o ocupante anterior havia deixado uma pequena pilha de LPs (discos de vinil) em cima do guarda-roupa. Não consegui encontrar meu antecessor, então alguns deles foram adicionados à minha coleção, apresentando-me ao comediante norte-americano Bob Newhart.

Meu favorito de todos os esquetes de Newhart foi um retrato de como teria sido uma ligação telefônica da Inglaterra para Sir Walter Raleigh no Novo Mundo.[6] O personagem de Newhart expressa uma descrença crescente à medida que ele (mas não o público) ouve a tentativa de Raleigh de descrever o que está envolvido em fumar tabaco. Newhart começa com a dúvida sobre o fato de Raleigh ter comprado 80 toneladas de uma folha: "Não sei se você percebeu da última vez, mas temos muitas folhas aqui na Inglaterra". Mais tarde, ele se diverte ao ouvir sobre o rapé, que consiste em enfiar uma pitada de tabaco no nariz. Mas o clímax é quando Raleigh lhe diz que você pode triturar a folha, enrolá-la em um pedaço de papel (o personagem de Newhart sugere, nesse momento, que você pode enfiá-la no ouvido)... e depois atear fogo.

---

6 Você pode ver a ligação telefônica de Bob Newhart com Walter Raleigh em bit.ly/ brainjacking9.

Inicialmente, o tabaco era tratado como uma mistura de ervas agradável com possíveis benefícios à saúde. Em 1608, por exemplo, o compositor inglês Thomas Weelkes escreveu um madrigal desajeitadamente intitulado "Come, Sirrah Jack, Ho" (ele presumivelmente descobriu que não havia muitas coisas que pudessem ser rimadas com tabaco), apresentando os magníficos versos:

> Eu juro que esse tabaco
> É perfeito Trinidado...
> É inebriante, Estou tonto,
> Cabeça e cérebro,
> Costas e rédeas,
> Articulações e veias:
> De todas as dores
> Ele purga bem e limpa.

É certo que essa não era uma opinião universal. Se você adotar o ponto de vista de Newhart, é bizarro pensar que inalar fumaça seria bom para você. O rei James I da Inglaterra (James VI da Escócia) certamente não era um fã. Em 1604, ele publicou seu *Counterblaste to tobacco* (*Resposta ao tabaco*), no qual observou que o fumo era "perigoso para os pulmões e sua fumaça negra e fétida é a que mais se assemelha à horrível fumaça estigiana do poço sem fundo".

Apesar das preocupações de James, o fumo, é claro, continuou na moda até meados do século XX. Contudo, as preocupações com seus efeitos sobre a saúde eram cada vez maiores. Alarmadas com a perda de vendas e com o potencial de litígio, as empresas de tabaco reagiram. Sua abordagem, às vezes chamada de "manual da indústria do tabaco" quando outros órgãos tentaram usar a mesma abordagem, é uma combinação de financiamento de pesquisas que fizeram com que o consenso científico sobre os perigos do tabagismo parecesse menos forte, lobby junto aos governos e uso de organizações aparentemente terceirizadas para apresentar uma mensagem que apoiasse suas necessidades. Isso era realmente uma fraude em grande escala.

Em uma entrevista de 1988 para o programa de jornalismo investigativo da Granada TV, *World in Action*, Fritz Gahagan, que havia trabalhado em marketing para empresas de tabaco, comentou: "O problema é: como você vende a morte? Como vender um veneno que mata 350.000 pessoas por ano, mil pessoas por dia? Você faz isso com os grandes espaços abertos... jovens saudáveis... atletas." Durante muito tempo, as empresas de tabaco se safaram com a ofuscação, mas o começo do fim foi o trabalho iniciado em 1950 pelos epidemiologistas ingleses Richard Doll e Austin Bradford Hill para o Royal College of Physicians.

Inicialmente, Doll e Hill suspeitavam que o asfalto nas estradas ou o impacto dos gases do escapamento dos carros fossem responsáveis pelo crescimento acentuado dos casos de câncer de pulmão, mas sua pesquisa destacou o papel do tabaco com o primeiro trabalho estatístico de boa qualidade sobre o assunto. Em meados da década de 1960, especialmente com a publicação do relatório *Smoking and health* (*Fumo e saúde*) de Doll e Hill em 1962, não era mais possível argumentar cientificamente contra os perigos do fumo. Mas as empresas de tabaco levariam décadas para se afastar das tentativas de combater essa narrativa.

O *VAPING* TOMA O BASTÃO

Pode parecer que a forma desagradável de enganação que promove o tabagismo agora é coisa do passado, mas em dezembro de 2023 o jornal *The Times* publicou os resultados de uma investigação[7] que atualizou o uso dessas falsas verdades. O relatório mostrou que as empresas de tabaco que vendem cigarros eletrônicos (também conhecidos como *vapes*) estavam por trás de vários estudos que pareciam projetados para apoiar o uso desses produtos muito além do uso potencialmente valioso de ajudar os fumantes a parar de fumar.

Entre as alegações do relatório *do The Times* estavam o fato de que os fabricantes de cigarros publicaram artigos que minimizavam os perigos do uso de *vapes* por jovens (relatórios que foram usados como evidência para fazer lobby junto ao governo), que um médico do NHS "que recebeu milhões em financiamento da [empresa de tabaco] Philip Morris International" havia dado "sessões de treinamento de abandono do tabagismo a favor de *vapes*" a centenas de médicos britânicos e que a empresa British American Tobacco "ajudou a conduzir uma campanha de 'base' que se apresentou como a voz

7 Investigação sobre *vaping* por Billy Kenber no *The Times*, 15 de dezembro de 2023.

dos *vapers* comuns e procurou influenciar a política do governo, em uma aparente violação das regras globais sobre lobby do tabaco".

Na época, o governo britânico, em meio a preocupações públicas generalizadas sobre o fato de os cigarros eletrônicos serem direcionados aos jovens por meio do uso de embalagens coloridas e sabores infantis, estava procurando meios de reduzir o *vaping* entre os jovens.[8] O *Times* descobriu que "as organizações ligadas ao setor de tabaco passaram anos minimizando o risco de os jovens adquirirem o hábito e desafiando as medidas destinadas a tirar os *vapes* das mãos de usuários menores de idade".

Sheila Duffy, chefe do braço escocês da organização beneficente antitabagista Action on Smoking and Health, refere-se no relatório a algumas das atividades do setor como "campanha denorex". Essa é uma maneira bastante engraçada de descrever as tentativas de parecer, de forma enganosa, que estão fornecendo opiniões populares, mas que, na verdade, são produzidas por um partido político ou país estrangeiro ou por uma empresa que deseja promover um produto. Faz parte do mesmo tipo de fraude que a produção de avaliações falsas de seu produto.

Essa é uma abordagem perigosa, pois os políticos são bem conhecidos por serem influenciados pela percepção do que os eleitores querem, presumivelmente na esperança de manter seus cargos. Isso pode ser simplesmente frustrante – por exemplo, no momento em que escrevo, a maioria do público britânico era a favor de parques eólicos em terra, mesmo relativamente perto de suas propriedades, mas por muito tempo os parlamentares, principalmente do Partido Conservador, achavam que as turbinas eólicas podiam lhes custar votos e, portanto, as vetavam.

Por mais desagradável que seja a campanha denorex, ela é menos perigosa a longo prazo do que as empresas que patrocinam pesquisas que são ponderadas a seu favor, contra o bem público. A ciência é fundamental para nossa compreensão do mundo ao redor e para a tecnologia que ajuda a nos manter vivos. Quanto mais estudos duvidosos forem usados para argumentar, menor poderá ser a confiança nas informações em geral da comunidade

---

8 Quando este livro foi escrito, no início de 2024, o governo do Reino Unido anunciou uma futura proibição na Inglaterra, Escócia e País de Gales de *vapes* descartáveis (de longe os mais usados pelos jovens), além da regulamentação de sabores, embalagens e displays, mas não há data para implementação.

científica. A reação marginal ao programa de vacinação contra a Covid, que teve enorme sucesso, demonstra como até mesmo a ciência que salva vidas pode ser contestada quando não se confia em estudos científicos de boa qualidade.

Como exemplo, um artigo usado pela World Vapers' Alliance, patrocinada pela indústria de tabaco, em uma apresentação a uma consulta do governo britânico sobre *vaping* para jovens, foi escrito em 2019 por Peter Lee, que, de acordo com o *The Times*, "trabalhou em estreita colaboração com empresas de tabaco por décadas", e dois outros, um dos quais era funcionário da empresa de tabaco Philip Morris International. O artigo[9] concluiu: "Um verdadeiro efeito de porta de entrada em jovens ainda não foi demonstrado. Mesmo que isso acontecesse, a introdução do cigarro eletrônico pode muito bem ter um impacto benéfico sobre a saúde da população."

A ideia de um efeito de porta de entrada é que os jovens *vapers* têm uma chance maior de passar para os cigarros em comparação com seus contemporâneos que não usam cigarros eletrônicos. A suposta falta de evidências para isso, contudo, entra em conflito com uma pesquisa independente publicada em 2020 por Emily Banks, professora da Australian National University.[10] Em um comunicado à imprensa, Banks comentou: "Encontramos evidências claras de que os não fumantes que usam cigarros eletrônicos têm cerca de três vezes mais probabilidade de começar a fumar de forma convencional do que seus pares que não usam cigarros eletrônicos... Evitar cigarros eletrônicos em não fumantes é vital para manter o progresso contra o tabagismo." A pesquisadora da Universidade de Melbourne, Olivia Baneziger, acrescentou: "Nossas descobertas corroboram as preocupações de que os cigarros eletrônicos são uma porta de entrada para o fumo, especialmente entre os jovens".

É claro que estudos diferentes podem chegar a resultados opostos sem que haja forças sinistras envolvidas, e nem todas as pesquisas são da mais alta qualidade. Porém, o uso deliberadamente indevido do processo de estudo

9 "Considerations related to vaping as a possible gateway into cigarette smoking: an analytical review" ("Considerações relacionadas ao *vaping* como possível porta de entrada para o fumo de cigarros: uma revisão analítica"), Peter Lee et al.

10 "Summary report on use of e-cigarettes and relation to tobacco smoking uptake and cessation, relevant to the Australian context" ("Relatório resumido sobre o uso de cigarros eletrônicos e sua relação com o início e a cessação do tabagismo, relevante para o contexto australiano"), Emily Banks et al.

científico para promover um objetivo comercial ou político é um jogo particularmente perigoso.

ENGANAÇÃO POR DIVERSÃO

Dedicamos um tempo considerável ao lado sombrio do engano. Para finalizar este capítulo, gostaria de voltar a falar de outra forma em que o engano pode ser positivo – com o potencial de ser uma forma de entretenimento em pegadinhas ou brincadeiras em grande escala. Quando eu estava na universidade, participei de várias brincadeiras, muitas delas triviais. Elas podem ser levemente divertidas – uma exibição de fogos de artifício que se acendem sozinhos à meia-noite ou as roupas íntimas do estudante de órgão penduradas em um varal na frente da capela, por exemplo. Mas não é disso que estou falando.

Vou dar uma breve olhada em três exemplos clássicos de grandes farsas, em uma das quais tive a honra de participar um pouco. Uma das primeiras e mais conhecidas em sua época foi o filme da colheita de espaguete da BBC.[11] Ele foi exibido pela primeira vez em 1957, quando o Reino Unido tinha apenas dois canais de TV e quando o macarrão era um alimento estrangeiro exótico que a maioria das pessoas no Reino Unido nunca havia comido – além, talvez, de espaguete enlatado. O curta-metragem foi apresentado no principal programa de variedades do canal, *Panorama*, e mostrava uma família na Suíça colhendo longos fios de massa de árvores de espaguete.

Isso foi feito de forma totalmente séria e sem nenhuma explicação, e foi uma delícia. Igualmente maravilhosa, embora em uma escala maior, foi a farsa de San Serriffe do jornal *The Guardian*. Assim como a colheita de espaguete, essa foi publicada em 1º de abril (nesse caso, 1977), mas com muito mais detalhes em um suplemento de sete páginas sobre a ilha móvel (totalmente fictícia) de San Serriffe, que tinha o formato de um ponto e vírgula. O movimento da ilha era supostamente devido à erosão e à deposição costeira, o que resultava em um movimento constante de cerca de 1,4 quilômetros por ano.

O exemplo final, no qual desempenhei um pequeno papel, foi a cerimônia de Imersão do Sumo Professor. Esse foi um ritual falso que levou meses

11 Você pode assistir ao filme da colheita de espaguete aqui: bit.ly/brainjacking7.

para ser planejado e que ocorreu em meados da década de 1970. A King's Parade, no centro de Cambridge, foi fechada para o trânsito e uma procissão de centenas de pessoas, todas em trajes acadêmicos, caminhou pelo meio da rua (fomos insstruídos a não sermos formais), passando pela magnífica Trinity College e chegando à área de grama conhecida como *backs*, que fica perto do rio.

Lá, o Sumo Professor foi apresentado à multidão e ficou só de cueca atrás de uma cortina de capas. O coral, do qual eu fazia parte, entoou um responsório em latim: muitos anos depois, ainda me lembro deste verso: *In combinationibus stat* (traduzido como "Ele está em suas combinações") e a resposta *Sancta Michaelis designatus est* ("Rotulado da St Michael", que na época era a marca das lojas Marks & Spencer). Em seguida, o Sumo Professor levou um tapa no rosto com um peixe (de acordo com o folheto para o público, essa ação foi introduzida há algumas centenas de anos, mas ninguém sabia o motivo). Por fim, o Sumo Professor foi levado a remo rio abaixo enquanto o coral cantava o hino de Palestrina *Super flumina Babylonis* (*Pelas águas da Babilônia*).

De acordo com o folheto entregue à multidão, essa cerimônia celebrava as ações de um professor medieval que se afogou ao tomar banho no Cam enquanto tentava dar um exemplo de limpeza aos seus alunos. Ele morreu aos 67 anos (não me lembro o número exato, mas foi por volta disso), por isso a cerimônia era realizada a cada 67 anos. A brincadeira foi realizada com a ajuda da polícia e do Trinity College. A melhor parte de tudo aconteceu cerca de dez anos depois, longe de Cambridge, quando alguém me contou a história dessa cerimônia bizarra que ele havia testemunhado quando visitava a cidade como turista – ele fazia parte do grande público que presumia que tudo aquilo era real.

Essas fraudes em grande escala realmente brincam com a mente das testemunhas. Inicialmente, a farsa pode parecer simplesmente algo estranho e incomum. Mas, quando a verdade é revelada, há uma mudança de marcha mental: quando tudo é bem feito, tende a haver uma admiração pela sofisticação da enganação.

As pegadinhas são um engano deliberado, assim como todos os exemplos deste capítulo. Mas chegou a hora de passarmos para uma forma de *brainjacking* que muitos ainda consideram uma fraude, mas que seus defensores garantem que está apenas transmitindo informações úteis. O mundo da publicidade.

CAPÍTULO 6

Quem vai comprar?

A publicidade é tão antiga quanto a história escrita. Uma pista de suas origens está embutida na palavra com "M" associada a ela – marketing, que vem da palavra *market*, mercado. Quando o comércio se limitava, em grande parte, à troca, havia poucas oportunidades de publicidade, mas a combinação de um mercado físico e de moedas, que, em princípio, tornava os produtos disponíveis para todos, fez com que fosse muito mais importante pensar em como sinalizar sua localização e atrair possíveis compradores.

O COMÉRCIO SILENCIOSO

Como um dos muitos aspectos da narração de histórias, é natural pensar que a publicidade e o marketing estavam ligados a transações face a face nos dias anteriores aos anúncios escritos. Mas, curiosamente, uma das primeiras necessidades da publicidade era apoiar o comércio silencioso. Nesse caso, os vendedores e os compradores não se encontravam, pois encontrar-se pessoalmente era correr o risco de ser atacado, morto ou levado como escravo. Em um estranho amálgama de confiança e desconfiança, as mercadorias eram vendidas sem contato.

O historiador grego Heródoto (ele próprio um ex-comerciante), que escreveu na segunda metade do século V a.C., descreveu um comércio silencioso sobre o qual foi informado quando visitou Cartago (localizada na atual

Tunísia). Quando os vendedores, normalmente vendendo facas e tecidos, chegavam à costa:

> eles descarregam as mercadorias, arrumam-nas ao longo da praia e, depois, voltando para seus barcos, soltam fumaça. Ao ver a fumaça, os nativos descem até a praia, colocam no chão uma certa quantidade de ouro em troca das mercadorias e se afastam novamente. Os cartagineses então desembarcam e dão uma olhada no ouro – se acharem que representa um preço justo por suas mercadorias, eles o recolhem e vão embora. Se, por outro lado, parecer muito pouco, eles voltam a bordo e esperam, e os nativos vêm e aumentam o ouro até que fiquem satisfeitos. Há perfeita honestidade de ambos os lados...[1]

Isso é interessante por si só como uma forma de negociação que, sem dúvida, se reflete em algo como o eBay ou o Facebook Marketplace hoje (embora com a possível intervenção de um corretor honesto se as coisas derem errado). De fato, o comércio silencioso continuou a ser praticado ocasionalmente durante séculos em diversas culturas. Mas, do nosso ponto de vista, há dois aspectos de publicidade aqui: como os habitantes locais sabiam que poderiam participar do comércio em primeiro lugar e os sinais de fumaça, que efetivamente anunciavam um horário para o comércio.

Não está claro como isso foi estabelecido originalmente, mas na época em que Platão estava escrevendo, cerca de 50 anos depois de Heródoto, na primeira metade do século IV a.C., ele conseguiu apontar a necessidade de alguma forma de marketing no comércio e observar o afastamento do escambo: "É ineficiente se um fazendeiro ou artesão levar parte de sua produção a um mercado em um momento em que não há ninguém que queira trocar com ele. Será que ele deve ficar sentado aqui ocioso, quando poderia estar trabalhando? Não! Há pessoas que viram aqui uma oportunidade para seus serviços... elas precisam ficar onde estão no mercado."[2]

Por serem uma presença constante, felizes em comprar ou vender, os comerciantes ou varejistas do mercado fazem a ponte entre o comprador e a

---

1 Descrição do comércio silencioso por Heródoto relatada no *The Routledge companion to marketing history* (*O guia Routledge da história do marketing* - consulte "Mais descobertas").

2 Descrição de Platão sobre o mercado relatada no *The Routledge companion to marketing history*.

mercadoria. E a possibilidade de descobrir sua localização e quando estão abertos proporciona o que pode ser considerado sensatamente como o primeiro esforço de publicidade e marketing verdadeiros. Inicialmente, isso combinava principalmente o uso de um local central e conhecido e a utilização de gritos de rua. Pense na cena de rua "Quem vai comprar?" no musical *Oliver*, em que várias frases são repetidas para informar aos clientes em potencial sobre a disponibilidade de rosas, leite, morangos e serviço de amolação de facas.[3]

A realidade de um mercado antigo teria sido nitidamente menos refinada do que a retratada no musical – uma variedade muito maior de bordões, desde trechos musicais até pouco mais do que gritos (algo como o tradicional pregoeiro em ação). Mas isso ainda era publicidade, direcionando os possíveis compradores para a seção relevante do mercado, e era uma abordagem encontrada em várias civilizações antigas, do Egito à Grécia.

ANÚNCIOS COM RIMAS

Sabemos que a forma mais visual de um anúncio escrito já estava em uso há cerca de 2.000 anos, pois foi descoberto um em Pompéia, datando de aproximadamente 79 d.C. – um anúncio em forma de versos que também poderia ter sido usado como bordão:

> For eyes that are shining, cheeks like the dawn,
> For beauty that lasts until girlhood is gone,
> For prices in reason the woman who knows,
> Will buy her cosmetics at Aescalyptos.

> Em tradução lvre:
> Para olhos que brilham, faces como o amanhecer,
> Para uma beleza que dura até a juventude desaparecer,
> Por preços justos, a mulher que entende,
> Compra seus cosméticos na Aescalyptos.

---

3 Você pode ver a cena de *Oliver* "Who will buy" em bit.ly/brainjacking13.

Presumivelmente, é uma coincidência que a forma dessa rima publicitária (obviamente, o original estava em latim, não em inglês, mas presumivelmente ainda rimava) tenha semelhanças distintas com uma campanha publicitária de beira de estrada dos EUA, de meados do século XX, da empresa de produtos de barbear Burma-Shave. Com o objetivo de quebrar o tédio de longas viagens em estradas aborrecidas, essas rimas eram exibidas no acostamento em uma série de placas, uma linha de cada vez, para que o motorista e os passageiros pudessem lê-las à medida que avançavam. Elas eram muito mais breves do que o original romano (e tinham a intenção de serem engraçadas), mas, ainda assim, há um eco. As sequências de sinais às vezes eram explicitamente vinculadas aos produtos da empresa, como

O DEMÔNIO BARBUDO
É FORÇADO A MORAR
NO ÚNICO LUGAR
ONDE NÃO VENDEM TUDO
(BURMA-SHAVE)

Ou:

O SABÃO PODE SERVIR
PARA QUEM TEM CABELEIRA
MAS SENHOR, VOCÊ NÃO É
O GAROTO QUE VOCÊ ERA

Enquanto outras simplesmente tinham o objetivo de divertir, com o formato tão conhecido que a associação com o produto ainda existia, como

NÃO PONHA SEU BRAÇO
MUITO PARA FORA
OU EM OUTRO CARRO
ELE PODE IR EMBORA

E:

A PRIMAVERA CHEGOU

A GRAMA CRESCEU
BEM ONDE O MOTORISTA
DESCUIDADO MORREU

Ou até mesmo a meta-piada de:

DEVAGAR, PAI
FIQUEM VIVOS NA ESTRADA
A MÃE JÁ PERDEU
QUASE TODA A PIADA

As placas do Burma-Shave refletem algo importante que sempre foi verdade em relação à publicidade, como explicou o crítico gastronômico Matthew Fort, que conheceremos em mais detalhes quando analisarmos a influência das críticas no *brainjacking*: "A publicidade foi onde realmente aprendi meu ofício de escrever – ninguém se levanta de manhã e diz: 'Não vou ler as notícias, vou olhar os anúncios ou avançar *Downton Abbey* para chegar aos comerciais'. O que a publicidade ensina é que você provavelmente está tentando fazer com que as pessoas façam algo que não querem fazer, então você tem meio nanossegundo para fisgar alguém e atraí-lo." As placas do Burma-Shave conseguiram isso por serem simplesmente divertidas.

MERCADOS FÍSICOS E LETREIROS TANGÍVEIS

Os mercados, é claro, existem até hoje, mas historicamente, nas grandes cidades, muitos comerciantes começaram a abrir lojas mais permanentes. Uma das primeiras maneiras de comercializá-las foi por meio da localização. Em vez de ter o conjunto aleatório de fachadas de lojas que normalmente vemos hoje, era comum que os lojistas que vendiam o mesmo tipo de mercadoria ficassem próximos uns dos outros, facilitando a identificação do local certo para comprar, por exemplo, seu pão ou sua carne. Podemos ver isso em alguns nomes de ruas medievais, como a Colliergate de York, onde se vendia carvão e carvão vegetal, os açougueiros de Chester na Fleshmonger's

Lane (atual Newgate Street) ou os comerciantes de prata da Silver Street em Cambridge.[4]

O estabelecimento de lojas dedicadas já havia começado na época do anúncio de Pompéia, mas tornou-se fortemente organizado na época medieval. Na Europa, isso geralmente era acompanhado pela formação de guildas, que normalmente eram grupos de homens com a mesma ocupação. Embora as guildas reforçassem a proximidade de lojas que vendiam o mesmo tipo de mercadoria, elas desaprovavam ativamente a publicidade competitiva. As guildas eram órgãos para os comerciantes cooperarem, não para competirem. Elas fixavam preços e padrões de qualidade e proibiam a publicidade ou a autopromoção (uma abordagem que foi mantida até o século XX, por exemplo, na profissão de advogado no Reino Unido).

Como muitas populações primitivas eram em grande parte analfabetas, a sinalização geralmente se limitava a pistas visuais simples, às vezes obscuras. Essa abordagem remonta à época romana, quando, por exemplo, a imagem de um arbusto (ou uma planta real) era usada para indicar uma loja de vinhos. Outras influências visuais foram introduzidas na Europa medieval. As duas que ainda podem ser vistas com mais frequência hoje são as três bolas douradas do penhorista e o poste listrado vermelho e branco do barbeiro.

O símbolo do penhorista parece estar ligado à heráldica da região da Lombardia, na Itália, que era tão fortemente associada a bancos e casas de penhores que os penhoristas europeus eram frequentemente chamados de lombardos. O bastão de barbeiro com a faixa vermelha helicoidal em um fundo branco está relacionado ao fato de que os primeiros cirurgiões eram barbeiros: a faixa vermelha representava o fluxo de sangue na prática comum de sangrar um paciente e a parte branca era para a atividade mais convencional do barbeiro. Esse auxílio visual remonta à Barber's Guild inglesa, que mais tarde se tornou a Company of Barbers and Surgeons.

A outra forma de publicidade de localização baseada em uma imagem que floresceu na Grã-Bretanha foi o uso de placas de pousada. Até hoje, é normal que um pub tenha uma placa que identifique visualmente o nome do local (ou forneça uma referência indireta a ele), seja o brasão de armas da

4 A Grape Lane de York é outro exemplo, mas esse não era um local para vendedores de frutas. O nome é uma contração de Gropecunt Lane, um nome medieval comum para uma rua em que as prostitutas negociavam.

nobreza local ou nacional quando o pub é, digamos, The King's Arms, ou uma árvore para The Royal Oak, ou uma representação da atividade de contrabando de Wiltshire que nos dá The Moonrakers.[5]

Há controvérsias quanto ao momento exato em que a publicidade passou do mero fornecimento de informações para os modos de influência ou manipulação mais fortes de *brainjacking*. Sugeriu-se, por exemplo, que algumas placas romanas para circos e combates de gladiadores tentavam persuadir o cliente em potencial sobre os benefícios positivos da experiência, em vez de simplesmente identificar quando e onde ela ocorria – e uma tentativa de influência fica clara no anúncio de Pompéia.

A REVOLUÇÃO DA IMPRENSA

Dois requisitos precisavam ser atendidos para que a publicidade medieval alcançasse Pompéia em uma forma com maior potencial de persuasão: alfabetização e impressão. Os dois andavam de mãos dadas, pois foi somente com a introdução da prensa tipográfica que a capacidade de leitura em larga escala passou a ter algum sentido. A prensa tipográfica também trouxe consigo os primeiros exemplos claros de publicidade com a intenção de influenciar. Assim, por exemplo, acredita-se que William Caxton, que introduziu a impressão na Inglaterra, tenha produzido o primeiro anúncio conhecido em língua inglesa, que (é claro) ele imprimiu.[6] Ele diz (em sua maior parte traduzido para a ortografia moderna):

> Se um homem, espiritual ou temporal, quiser comprar quaisquer pyes de dois e três commemoraios[7] de Salisbury usados, impressos segundo a forma desta

---

5 O termo "moonraker" foi aplicado a pessoas do condado de Wiltshire que supostamente escondiam barris de conhaque contrabandeados em lagoas. Quando eram pegos tentando retirar os barris pelos fiscais, os habitantes locais diziam que estavam tentando extrair o queijo da Lua refletida, apresentando-se como simplórios. O autor Ian Fleming morou em Wiltshire por um tempo, daí o nome de uma das histórias de James Bond.

6 Veja uma cópia do anúncio original na Biblioteca Bodleian: bit.ly/brainjacking5.

7 Seu palpite é tão bom quanto o meu sobre o significado de "commemoraios" – a única referência a ele parece ser esse anúncio. Parece que deveria ser *commemorations*, o que poderia simplesmente significar que os *pyes* ajudam a tornar a liturgia mais memorável.

carta, que estão bem e verdadeiramente corretos, que ele venha a Westminster para o almonry no red pale e ele os terá bem baratos.

O texto refere-se, de forma obscura, ao livro que anuncia: o *Sarum Ordinal*, um guia para a liturgia da igreja. O ordinal também era conhecido como *pie* ou *pye*, talvez por causa da aparência *pied* (desordenada) de suas páginas, pois os blocos de texto usados eram espaçados de forma irregular. Os anúncios eram o que hoje chamamos de panfletos, colados em paredes e portas. Após o anúncio em inglês há, estranhamente, uma frase em latim que significa "Por favor, não remova este aviso". Existem apenas oito cópias do anúncio, pois eles foram usados na encadernação de um dos livros de Caxton.

O anúncio de Caxton data da década de 1470 ou 80, mas a palavra "anúncio" não era usada na época no sentido atual. Ela foi registrada já em 1426 como uma palavra para a ação de informar ou notificar, mas foi somente no século XVII que o uso moderno da palavra surgiu. Esses folhetos colados tornaram-se cada vez mais comuns, mas a publicidade decolou na década de 1620 ou 1630, quando apareceu pela primeira vez nos jornais. Em 100 anos, o fornecimento desse tipo de publicidade tornou-se o principal modelo de negócios dos jornais, a ponto de somente em meados do século XX as primeiras páginas de alguns jornais começarem a apresentar algo de destaque além de publicidade.

Nesse período, a informação ainda dominava o anúncio, seja sobre um fornecedor específico ou para conscientizar o público sobre novos produtos, mas um elemento de persuasão gradualmente se tornou mais forte. O primeiro anúncio inglês conhecido sobre chá, de 1658, por exemplo, exaltava suas virtudes, chamando-o de: "Aquela bebida chinesa excelente e aprovada por todos os médicos".

A impressão não apenas ajudou os anúncios a deixarem de ser pintados; à medida que os processos de impressão se tornaram mais sofisticados, os veículos disponíveis para publicidade multiplicaram-se. É possível que as revistas tenham sido originalmente produzidas principalmente como veículos de publicidade, que prosperaram com o surgimento das vendas por correspondência, acompanhando o serviço postal confiável e barato, recém-disponível.

UM COMPOSTO EFICAZ

Influenciados em parte pela publicidade de medicamentos patenteados[8] e impulsionados pela primeira vez por tendências dos EUA, os anunciantes começaram a usar meios de chamar a atenção e fazer manipulação emocional na época vitoriana, por volta da década de 1860, muitas vezes tentando incluir um senso de urgência de que uma compra não era apenas boa para você, mas que era necessária *agora*.

É fácil pensar que a publicidade dos primeiros tempos era a província dos vendedores de óleo de cobra, enquanto as empresas mais estabelecidas a consideravam inferior. Mas parece mais provável que, onde não havia vestígios de restrições de guildas sobre a publicidade, ela foi aplicada pela primeira vez a produtos em que havia concorrência distinta. No século XIX, por exemplo, enquanto a medicina patenteada estava entre os dois principais segmentos de mercado que usavam publicidade, o outro grande usuário era a venda de livros, que consideramos um comércio muito mais refinado.

No entanto, não há dúvida sobre a importância da medicina patenteada para impulsionar o uso da publicidade – nada melhor que os muitos anúncios do Composto Vegetal de Lydia Pinkham. Conhecida indiretamente pelos leitores britânicos pela música *Lily the Pink*, de 1968, da banda Scaffold, a história de Pinkham reflete a mudança de visão do papel da publicidade.

Pinkham nasceu Lydia Estes em 1819 em uma grande família Quaker em Lynn, Massachusetts. Junto com suas irmãs, ela fez campanha pela abolição da escravidão e apoiou os direitos das mulheres. Pinkham casou-se em 1843, encerrando uma breve ocupação como professora. Permanecer em um emprego remunerado depois de casada era incomum na época, mas, como parte de suas tarefas domésticas, Pinkham produzia um tônico caseiro à base de vegetais. Naquela época, essa era uma atividade comum: a assistência médica era cara e, muitas vezes, com benefícios limitados. Desde que as misturas caseiras não fossem positivamente prejudiciais, elas teriam, no mínimo, o benefício de agir como um placebo.

O conteúdo do remédio de Pinkham era a exótica raiz de unicórnio (também conhecida como capim-estrela branco), a raiz da vida (senécio-dou-

8 Medicina patenteada refere-se a medicamentos comerciais, geralmente baseados na medicina popular, que eram vendidos sem qualquer base médica.

rado ou erva-se-são-tiago), cohosh-preto (parte da família ranúnculo, com outros nomes, incluindo vela-de-fada – uma planta que, estranhamente, não é preta), raiz de pleurisia (uma erva-leiteira também conhecida como erva--das-borboletas), sementes de feno-grego e álcool. A importância desse último constituinte não deve ser subestimada: o composto vegetal de Pinkham tinha 18% de álcool, comparável a um vinho fortificado.

O cohosh-preto já era usado há algum tempo na medicina tradicional para os sintomas da menopausa, enquanto o feno-grego (que agora sabemos que não é seguro para uso em níveis medicinais durante a gravidez) era considerado útil quando as mulheres não tinham um bom suprimento de leite durante a amamentação. Nenhum desses usos foi comprovado pela medicina moderna, mas provavelmente é por isso que Pinkham acreditava que seu composto vegetal era especialmente eficaz para o que era conhecido como "queixas femininas".

Inicialmente, o composto era usado apenas pela família e distribuído a amigos e vizinhos. Mas em 1875 (quando Pinkham tinha 54 anos), quando um dos muitos empreendimentos comerciais de seu marido fracassou, Pinkham aventurou-se a oferecer comercialmente sua bebida vegetal. De acordo com a lenda, um casal de estranhos chegou à casa de Pinkham e lhe ofereceu US$ 5[9] por seis garrafas do composto, depois de ouvir falar de seus poderes. Por sugestão do filho de Pinkham, Dan, eles começaram a comercializar o composto vegetal com o que se tornaria uma das campanhas publicitárias mais impressionantes da época.

A campanha bem-sucedida ocorreu depois que Dan Pinkham tentou uma série de medidas imaginativas, mas não necessariamente eficazes, para promover o composto. Além de distribuir folhetos de porta em porta, ele espalhou cartões falsos escritos à mão pelos parques de Nova York, que deveriam se parecer com um bilhete acidentalmente descartado a um amigo, recomendando o composto vegetal. (Encontrar o mesmo bilhete várias vezes pode ter levantado uma certa suspeita de que algo estranho estava acontecendo.)

9 O aumento dos custos desde então faria com que US$ 5 fossem equivalentes a US$ 145 atualmente, enquanto o aumento dos salários faria com que fossem equivalentes a US$ 1.540 atualmente.

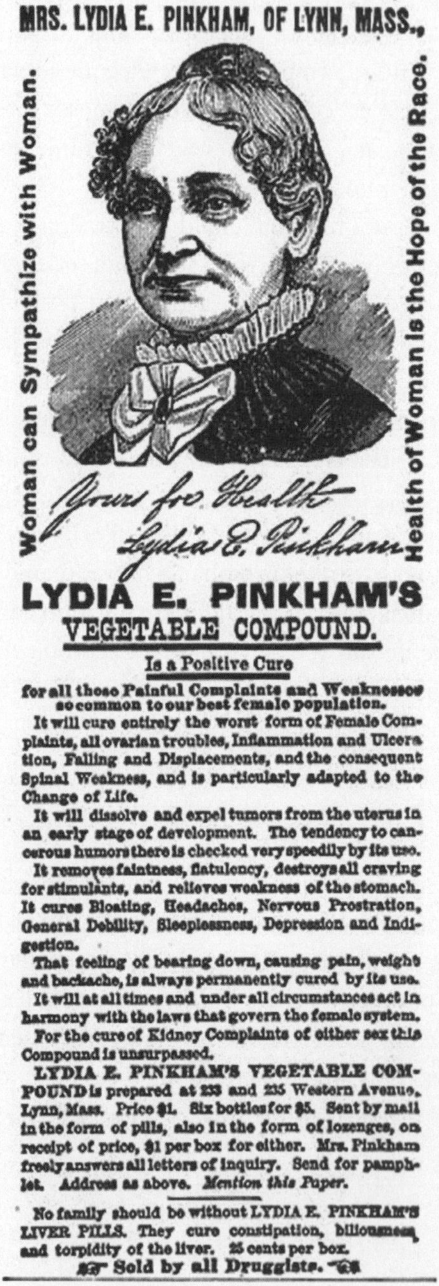

Frank Leslie's Popular Monthly Magazine, Vol. XIII, No. 4, Abril de 1882, p. 514. Nova York: Frank Leslie (Editor) "The Cooper Collections".

O irmão mais novo de Dan, Will, foi menos imaginativo, mas encontrou uma abordagem muito mais eficaz de publicidade em jornais, começando pela primeira página do *Boston Herald*. Com o retrato de uma "Sra. Lydia E. Pinkham, de Lynn, Massachusetts", de aparência severa, um anúncio típico enfatizava que o composto era uma "cura positiva" para a "pior forma de queixas femininas, todos os problemas ovarianos, inflamação e ulceração, quedas e deslocamentos e a consequente fraqueza da coluna vertebral, e é particularmente adaptado à mudança de vida". A lista continuava, incluindo praticamente todos os sintomas imagináveis.

A própria Lydia duvidava dos benefícios da publicidade no jornal, mas a campanha fez as vendas decuplicarem. Parte de seu sucesso estava no tipo de toque pessoal que a publicidade do século XXI às vezes tenta oferecer. Além de vincular o produto a uma pessoa real, a campanha convidava as clientes a escreverem para a Sra. Pinkham para obter conselhos sobre os problemas das mulheres. Em uma época em que as doenças femininas eram marginalizadas por médicos machistas, isso tinha um grande apelo. Apesar de incluir uma clara mensagem de vendas em suas respostas, as sugestões da Sra. Pinkham faziam mais sentido do que as tentativas de muitos médicos (homens) de lidar com essas "queixas femininas".

Vamos ser claros – não havia nenhum benefício médico a ser obtido com o composto medicinal. Testes realizados no século XXI com remédios semelhantes revelaram que eles não eram melhores do que placebos. Produtos como o composto vegetal faziam com que as mulheres se sentissem melhor graças ao seu impacto psicológico (e possivelmente ao teor alcoólico) e não a qualquer benefício médico verdadeiro. Na verdade, o conselho obtido quando se escrevia para Pinkham foi o que mais contribuiu para o sucesso da marca.

Os anúncios do composto vegetal, com a mistura especial de *brainjacking* resultante da combinação de promessas e do toque pessoal, funcionaram por décadas, mas a abordagem foi prejudicada por um artigo de ataque de 1905 no popular *Ladies' Home Journal*, escrito por seu editor Edward Bok. Seu artigo apresentava um par de fotos condenatórias lado a lado. Uma delas era um anúncio sugerindo que as mulheres escrevessem para a Sra. Pinkham para pedir conselhos. A outra era uma foto do monumento funerário de Pinkham. Ela havia morrido há 22 anos.

A resposta da família Pinkham foi dizer que não havia fraude, pois o conselho não vinha de Lydia, mas de outra Sra. Pinkham, a nora original. No entanto, o anúncio ainda usava o nome de Lydia em letras grandes. Isso certamente causou algum dano, embora o composto vegetal tenha sofrido um ataque mais razoável (juntamente com outros remédios do gênero) por ser uma forma de as pessoas consumirem álcool acidentalmente (e darem-no aos filhos) ou intencionalmente usá-lo como bebida secreta.

TORNANDO PESSOAL

Se pensarmos no que a publicidade da Pinkham estava tentando fazer, desde as primeiras "notas escritas à mão" até suas campanhas em jornais, há um paralelo moderno fascinante na publicidade publicada em 2009 para uma empresa que estava oferecendo orientação de marketing para outras empresas. Não vou citar o nome do anunciante – a empresa estava muito focada em um indivíduo, que chamarei de Sr. X por motivos que ficarão claros.

Naquela época, recebi uma carta pelo correio contendo um recorte de jornal rasgado com um post-it anexado, no qual alguém com a inicial J me disse, pelo nome, que ele (ou ela) achava que eu acharia o recorte interessante. O recorte me falava sobre o grande sucesso que o Sr. X havia alcançado em marketing e como ele e sua empresa poderiam me ajudar também. Hmm. Meu primeiro pensamento foi: Quem é J? Nenhum de meus amigos e colegas de trabalho próximos tinha a inicial J.

Isso foi o suficiente para me fazer dar uma olhada mais de perto. A escrita no envelope e na nota adesiva não era manuscrita, mas em uma fonte manuscrita impressa. O recorte do "jornal", apesar de sua borda elegantemente "rasgada", era falso. Tudo era uma peça de publicidade sorrateira, mas inteligente. Escrevi isso em meu blog,[10] e, com o passar do tempo, a postagem do blog recebeu página após página de comentários, o maior número que já recebi. Muitos deles eram de pessoas que haviam considerado o anúncio pelo seu valor nominal, pelo menos à primeira vista. Então as coisas ficaram interessantes. Houve uma decisão da ASA[11] contra os anúncios, mas parece que

---

10 Meu blog é Now Appearing, disponível com outros textos on-line clicando no link Blog/articles em www.brianclegg.net.

11 A ASA é a Advertising Standards Authority (Autoridade de Padrões de Publicidade), o órgão regulador de publicidade do Reino Unido - infelizmente, eles só mantêm as decisões por cinco anos, portanto não puderam fornecer detalhes sobre isso.

isso não teve efeito sobre sua veiculação. Alguns dos comentários eram de pessoas chateadas que sentiam que haviam sido enganadas.

Nesse momento, recebi uma notificação de cessação e desistência de um escritório de advocacia dos EUA, com 20 páginas impressas de comentários, que ainda guardo com carinho. De acordo com o escritório de advocacia, eu era culpado de difamação de caráter, fraude, conduta maliciosa, assédio, inflição intencional de angústia emocional, violação de marca registrada, violação de direitos autorais, interferência tortuosa nas práticas comerciais do Sr. X, interferência em vantagem comercial prospectiva, solicitação de clientes e clientes potenciais do Sr. X e concorrência e práticas comerciais desleais.

Há dois aspectos de interesse nessa história. Um deles é o quanto você pode irritar os clientes em potencial se fizer uma anúncio errado, por mais inteligente que ele seja. Assim como quando a falecida Sra. Pinkham continuou a se oferecer para responder às cartas, se a publicidade parecer uma tentativa de enganar, ela causará um impacto no cérebro nitidamente diferente do pretendido. O outro ponto é como aqueles que tentam realizar o *brainjacking* podem ser muito sensíveis quando é apontado que a forma como estão fazendo negócios é potencialmente manipuladora.

Observe como o toque pessoal foi fundamental para ambas as campanhas, por mais falso que tenha sido de fato. Se estivermos tentando influenciar a mente de outra pessoa, será útil se o sujeito sentir que a influência está vindo de um indivíduo, não de uma empresa sem rosto. Isso possibilita o contato emocional que o programa de TV *Mr. Bates vs. The Post Office*, no capítulo sobre propaganda, produziu. Assim como nossa experiência de compra moderna está repleta de "resenhas" de outros compradores, que nos dão uma ideia de como o produto realmente é para alguém parecido conosco, qualquer coisa que crie um grau aparente de proximidade entre o anunciante e o comprador em potencial é valiosa. A Sra. Pinkham, assim como a pessoa por trás do produto para o qual recebi um anúncio, fez com que seus possíveis compradores sentissem que uma pessoa real estava interessada neles e responderia às suas preocupações.

Levando em conta a proeminência dos medicamentos patenteados no desenvolvimento da publicidade nos EUA, é interessante que pelo menos dois grandes usuários de publicidade tenham deixado de tentar associar seus produtos a cuidados com a saúde para simplesmente afirmar que eles tinham um sabor agradável. Em uma frase digna dos produtos da Sra. Pinkham, o primeiro anúncio da Coca-Cola afirmava que ela era um "valioso tônico para o cérebro e cura para todas as afecções nervosas – dor de cabeça, neuralgia, histeria, melancolia etc.". Mas como os medicamentos patenteados perderam seu apelo, a empresa mudou seu posicionamento mental para uma simples bebida. Da mesma forma, os produtos da Kellogg's, como o Corn Flakes, eram originalmente vendidos como auxiliares digestivos, antes de passar a impressionar os clientes em potencial com seu papel de "café da manhã ensolarado".

Voltando à era Pinkham, do outro lado do Atlântico, no Reino Unido, um dos anúncios mais famosos do período ilustra a tentativa de gerar uma resposta emocional usando uma arte diferenciada. Na época, Thomas J. Barratt era presidente da A & F Pears, uma importante empresa de sabonetes.[12] Atribui-se a Barratt a frase "Qualquer tolo pode fazer sabão. É preciso um homem inteligente para vendê-lo". Foi Barratt, às vezes descrito como "o pai da publicidade moderna", que incorporou a pintura "Bubbles", de 1886, em sua publicidade. Uma obra do artista pré-rafaelita John Millais, a imagem evocativa mostra um menino com roupas de época soprando bolhas de sabão com um cachimbo de barro.

Os anúncios da Pears coincidiram com o surgimento das agências de publicidade e com as primeiras tentativas de fazer algo parecido com uma ciência a partir da tentativa de manipular o comprador em potencial. Esse é um bom ponto para expandir o conceito de publicidade pura para incluir o marketing (no sentido moderno) e as marcas, que analisaremos no próximo capítulo.

---

12 O sabonete Pears, que foi vendido pela primeira vez em 1807, ainda é produzido como uma marca da Unilever.

CAPÍTULO 7

Marketing e marcas

Para conhecer um pouco mais sobre a maneira como a conscientização de outras pessoas sobre a existência de um produto ou serviço transformou-se em formas mais sutis de *brainjacking*, perguntei à ex-profissional de comunicação Helen Carasso sobre a distinção entre marketing, publicidade e relações públicas.

MARKETING COMO SEDUÇÃO

Helen me disse: "A definição clássica de marketing é que você identifica uma necessidade e a preenche: o caso clássico seria o Walkman da Sony. As pessoas não sabiam que queriam sair por aí ouvindo música e a Sony disse: 'A-ha, as pessoas realmente gostariam disso, então vamos produzir essa caixinha na qual você pode colocar suas fitas cassete e ter sua música com você onde quer que vá'.[1] Esse é o caso extremo do marketing: algo novo e diferente que as pessoas não necessariamente sabiam que queriam. Ou, por exemplo, uma chaleira com desligamento automático, as primeiras Forgettles da Russell Hobbs,[2] coisas desse tipo. Essa é a definição clássica de marketing, embora as pessoas nem sempre a usem dessa forma."

---

1 Diz a lenda empresarial que o Walkman foi desenvolvido quando um executivo foi ao departamento de P&D com um bloco de madeira do tamanho de um Walkman e disse: "Construa algo deste tamanho que eu possa usar para ouvir música".

2 A chaleira britânica Russell Hobbs K2 foi a primeira a se desligar automaticamente quando a água estava fervendo. "É por isso que ela é conhecida como Forgettle" (algo como "esque-

Isso certamente faz parte do marketing, embora eu tenha ficado mais impressionado com a definição de marketing feita por Wally Olins[3] em uma única palavra em seu livro *A ma®ca*: sedução. O bom marketing não se limita a informar as pessoas sobre algo que elas não sabiam que queriam: ele é perfeitamente capaz de persuadir as pessoas a comprar algo que elas não querem. Descobrir uma necessidade não atendida que já existe é certamente uma função do marketing, embora a concepção de um produto para atendê-la seja, sem dúvida, pesquisa e desenvolvimento. Olins prosseguiu dizendo: "Devemos deixar bem claro que o marketing, a marca e tudo o mais se trata de persuadir, seduzir e tentar manipular as pessoas para que comprem produtos e serviços". Em outras palavras, é um *brainjacking* comercial.

Helen continuou: "Além disso, pensemos em campanhas governamentais clássicas, como a campanha do cinto de segurança, que tratava de mudar comportamentos, mudar normas sociais – esse é um aspecto clássico da informação governamental quando se tenta mudar comportamentos, gastando muito tempo criando um entendimento dessa responsabilidade social maior, um pouco como a Unidade Nudge" (veja no Capítulo 12 o que a Unidade Nudge fez).

Mencionei a pós-verdade, em parte pensando na política norte-americana, mas também do meu ponto de vista como escritor de ciência; os comunicados de imprensa das universidades muitas vezes exageram drasticamente a realidade, como no exemplo do sabre de luz mencionado no Capítulo 4. Perguntei se as RPs de hoje em dia estavam mais distantes da verdade do que antigamente. "Acho que sim... Entendo por que as pessoas tentam fazer isso, mas a questão é até onde você vai. Acho que não adianta nada se você exagerar. O clássico das RPs é construir relacionamentos com jornalistas, e você precisa ser confiável. Você precisa ter credibilidade, caso contrário, as pessoas simplesmente o ignoram. E a outra coisa é que você deve se certificar de que, ao publicar um comunicado, ele realmente seja digno de notícia. Você deve direcioná-lo para as pessoas certas, não apenas para todo mundo, para que as pessoas saibam: 'Recebi um comunicado de imprensa da assessoria de

ceira"), dizia o anúncio da empresa. Meus pais tiveram uma na década de 1960, assim como muitas famílias britânicas. Mas ninguém em sã consciência *jamais* a conheceu como Forgettle.

3 Wally Olins foi um consultor de marcas inglês que prestou consultoria a muitas empresas de primeira linha, da 3i à Volkswagen, sobre identidade, marca e comunicação.

imprensa da Universidade de Oxford: há pelo menos uma chance razoável de que valha a pena eu lê-lo'. Eles me entendem e entendem meu público e sabem que não vou escrever bobagens."

UMA MANIFESTAÇÃO ÚNICA DE NOSSOS TEMPOS

Em *A ma®ca*, Olins aponta uma novidade na maneira como a marca e nossas vidas se cruzaram desde a segunda metade do século XX, proclamando-a como uma "manifestação única de nosso tempo". Trata-se do uso consciente de produtos de marcas visíveis para toda uma gama de produtos, organizações e "qualquer outra coisa à qual se sintam afiliados". Há um certo grau de hipérbole nessa sugestão, que Olins ameniza ao apontar que sempre houve uniformes e maneiras de se vestir que refletiam afiliações de classe ou religiosas, mas sugere que essa não era uma abordagem aplicável à população em geral.

É interessante especular o que está acontecendo aqui, quer estejamos falando de um moletom com a marca da universidade ou de uma réplica de camisa de time de futebol. Parece que fomos influenciados a apoiar uma marca (a menos que a marca esteja sendo usada ironicamente) e a achar que é apropriado agir como um outdoor móvel. É claro que a justificativa pessoal provavelmente tem a ver com, digamos, torcer por um time, mas o resultado da tentativa de influenciar outras pessoas é o mesmo.

Olins sugere que o mecanismo de *brainjacking* aqui é a simpatia. Como ele comenta: "Algumas marcas são bem-sucedidas porque as pessoas as adoram e não se cansam delas... Outras marcas fracassam porque as pessoas simplesmente não as querem. Elas não significam nada para ninguém. As únicas pessoas que você vê vestindo uma camiseta do Barclays Bank são algumas pessoas infelizes que trabalham para o Barclays e parecem não gostar muito disso."

Não estou totalmente convencido de que esse argumento seja válido (pelo menos em termos da importância das marcas para o sucesso ou fracasso de uma organização) porque, apesar de qualquer falta de amor, o lucro anual do grupo Barclays PLC no ano até setembro de 2023 foi de US$ 7,9 bilhões. No entanto, as marcas podem conquistar nosso afeto porque parecem refletir nossos valores – ou porque fornecem um meio de nos conectarmos a outras pessoas, um exemplo clássico de *brainjacking* manipulativo. Elas nos fazem sentir que fazemos parte de um time ou tribo. Isso pode acontecer até mesmo com produtos improváveis. Há muitos anos, tínhamos um pequeno carro Fiat relativamente incomum e muito característico. Sempre que passávamos por alguém dirigindo o mesmo modelo, havia muitos acenos e sorrisos mútuos.

Podemos ver o quanto uma marca está incorporada em nossos cérebros com a eficácia da "extensão da marca", em que a marca é aplicada a produtos não relacionados ao seu contexto original. A Virgin atingiu o ápice dessa abordagem – na verdade, tudo o que é rotulado como Virgin é uma extensão da marca de uma gravadora, sendo que a empresa original já se foi há muito tempo.[4] A Virgin tinha a ver com uma sensação de independência de rockstar atrevido, uma vibração que eles usaram para proporcionar uma sensação semelhante de contracultura a tudo, desde uma companhia aérea até um provedor de internet a cabo. Mas a abordagem de extensão de marca pode ir longe demais, como demonstrado pela aplicação malsucedida da marca Virgin a uma empresa de trens britânica falida que permaneceu totalmente impopular até sua extinção em 2019.

Muitas extensões de marca foram triviais – veja, por exemplo, os relógios Porsche, que só interessam aos aspirantes a proprietários de Porsche. Mas algumas extensões assumiram uma vida própria que transcende o original. Ninguém fica muito entusiasmado com as marcas de pneus. Pode ser verdade que os pneus Michelin sejam de alta qualidade, mas, na prática, há pouco que os diferencie de outros grandes nomes. Entretanto, aparecer nos guias de restaurantes Michelin e ter a cobiçada classificação de estrela Michelin tornou-se um indicador importante para restaurantes de alto padrão.

Do ponto de vista da influência e da manipulação, as marcas fornecem um mecanismo para que produtos e serviços assumam algumas das características de uma pessoa. Reconhecemos uma marca familiar como se fosse um conhecido humano. Em um local desconhecido, uma marca pode ser um rosto amigável. Ela pode nos dar uma leve sensação de relacionamento, de fazer parte de algo maior, como acontece quando participamos de uma reunião ou evento humano. Essa, sem dúvida, é a fonte de seu poder de *brainjacking*. Até mesmo uma marca que muitas vezes é desprezada pela classe média, como

---

4 A marca Virgin Records ainda é usada pelo Universal Music Group em alguns mercados, mas a própria empresa foi vendida para a Thorn EMI em 1992.

o McDonald's, pode proporcionar um refúgio bem-vindo em um país desconhecido quando não há tempo para investigar a cultura local.[5]

Com as marcas estabelecidas, Olins enumera uma série de abordagens padronizadas que são usadas para gerar uma "USP" (*unique selling point* ou proposição de venda exclusiva) para uma empresa, marca ou produto, geralmente uma ferramenta importante para o *brainjacking* de marketing. O conceito de USP foi introduzido pelo publicitário norte-americano Rosser Reeves, que o aplicou pela primeira vez ao creme dental Colgate. A USP inicial era "supera o mau hálito", com a publicidade mostrando, por exemplo, como alguém tinha sido bem-sucedido em uma entrevista de emprego graças ao seu ótimo hálito. Mais tarde, com a maior conscientização dos clientes sobre a higiene bucal, a USP foi alterada para "previne a cárie dentária".

A USP é um conceito que Olins menospreza, dizendo: "Curiosamente, ainda hoje, entre os membros mais crédulos e ingênuos da fraternidade do marketing, as iniciais USP aparentemente ainda possuem algum tipo de credibilidade". Certamente é verdade que, atualmente, temos menos foco na USP na publicidade. É difícil imaginar a readoção, por exemplo, de "elimina o odor corporal", que era usado em muitos dos primeiros anúncios de desodorantes. Mesmo assim, esse é um mecanismo de *brainjacking* em que muitos anunciantes continuam a confiar em suas promoções.

CONQUISTANDO-NOS

Às vezes, porém, a publicidade tenta ir direto ao cérebro, não para vender um produto, mas um ponto de vista específico, da maneira que já vimos ao falar de propaganda. Pode ser a propaganda política ou o tópico que deu início a esse aspecto muito direto do negócio de *brainjacking* da publicidade: tentativas de fazer com que as pessoas se alistem para o serviço militar durante a Primeira Guerra Mundial. A guerra de influência começou em 1914 com o

---

5 Quando eu dava treinamento sobre criatividade, um dos exercícios mais eficazes era perguntar como o participante achava que o McDonald's lidaria com seu problema. Quando usei essa técnica com um grupo de comerciantes de classe média muito corretos, alguns se recusaram a participar de qualquer coisa que envolvesse o McDonald's.

pôster do Reino Unido mostrando Lord Kitchener olhando para fora, apontando para o espectador com o texto:

> Os britânicos [Lord Kitchener] "querem você". Junte-se ao exército de seu país! Deus salve o Rei.

Quase exatamente a mesma abordagem, com figuras diferentes apontando, foi adotada pela Alemanha em 1915 ("Você também deve se alistar no exército do Reich"), pela Itália ("Todos devem cumprir seu dever") e pelos EUA, com o Tio Sam ("Quero *você* no exército dos EUA") em 1917. A Rússia chegou à abordagem um pouco mais tarde, em 1920 (quando a guerra interna estava em andamento), com "Você, já é voluntário?". Em todos os casos, os elementos manipuladores eram fortes: a implicação era de que "estou fazendo isso, então você também deveria", combinada com o impacto visceral do rosto fixo e do dedo acusador apontando.

Outro exemplo desse tipo de *brainjacking* conceitual é, muitas vezes, a ligação entre o Papai Noel e a Coca-Cola. A mitologia diz que a aparência do Papai Noel, que agora substituiu em grande parte a figura britânica visualmente diferente do Pai Natal, foi inventada para a publicidade da Coca-Cola (já que ele usa as cores corporativas da empresa, vermelho e branco, e tem sido usado em sua publicidade desde a década de 1930). No entanto, isso não é verdade – a fusão do Papai Noel com o Pai Natal já havia começado no final do século XIX –, mas não há dúvida de que a onipresente publicidade da Coca-Cola fixou firmemente a aparência visual norte-americana do Papai Noel na mente até mesmo daqueles que ainda se referem ao personagem como Pai Natal.

O século XX viu a publicidade expandir-se para canais que teriam um impacto mais poderoso, capazes de manipular emoções muito mais do que a mídia impressa. O cinema foi a primeira porta de entrada, mas foi a capacidade do rádio e depois da TV de invadir residências e outros espaços privados que realmente deu aos anunciantes um poder de influência mais significativo, uma capacidade que só foi ampliada pela publicidade na internet. As populares novelas da TV ainda são conhecidos como *soap operas* ("óperas de sabão") por suas origens no rádio dos EUA como seriados patrocinados por empresas de sabão, começando com o sabão em pó Oxydol da Procter and Gamble como o nome por trás do seriado *Ma Perkins*, de 1938, que não foi concebido por uma estação de rádio, mas pela agência de publicidade Blackett Sample Hummert.

IMPLEMENTAÇÃO DO PODER DE INTERFERÊNCIA

Nessa época, houve também um movimento para fazer mais uso do insidioso *brainjacking* na publicidade dirigida diretamente às crianças, na esperança (muitas vezes bem-sucedida) de que o poder de pressão influenciaria as escolhas de compra dos adultos. A empresa de fast-food McDonald's se tornaria mestra nisso, enquanto os fabricantes de brinquedos eram os exemplos mais óbvios e diretos dessa abordagem; mas até mesmo algo aparentemente utilitário como o cereal matinal levou o mercado infantil a sério, seguindo o exemplo da Kellogg's.

A Kellogg's anunciou pela primeira vez em 1906 (inicialmente para o Rice Krispies), mas foi na década de 1950 que seus novos produtos ricos em açúcar, como o Frosted Flakes, foram fortemente promovidos para o mercado jovem com publicidade que usava personagens de desenho animado como Tony, o Tigre, com seu rosnado: "They're gr-r-eat!" ("É demais!"). Até mesmo produtos mais voltados para adultos, como o Corn Flakes, receberam o tratamento de buscar a importunação infantil com grandes imagens de crianças na caixa (inicialmente pintadas pelo popular artista norte-americano Norman Rockwell).

A empresa chegou a fazer referência ao poder de importunação em um grande anúncio impresso em cores que mostrava um menino colocando pilhas de pacotes de Corn Flakes com rostos de crianças no carrinho de compras da mãe, enquanto ela olhava para o outro lado, conversando. O texto nos diz, com o estilo peculiarmente paternalista da época: "Se a senhora responsável não se virar logo, ela terá mais Corn Flakes do que a Kellogg's. Seu filho, seu orgulho, sua alegria, tem uma coisa boa aqui, e ele não sabe bem quando parar... É uma boa ideia ter muitos Corn Flakes da Kellogg's. Parece que sempre alguém acorda e os quer."

O HUMOR PODE SUPERAR O PRODUTO?

Até o surgimento da internet, a publicidade na TV era o veículo definitivo para atingir a mente do público. Algumas campanhas tornaram-se lendárias.

Pense, por exemplo, no comercial da Apple "1984", exibido no espaço publicitário mais cobiçado dos EUA, durante o Superbowl,[6] e dirigida por Ridley Scott, que recentemente havia se tornado famoso pelo filme *Alien*, de 1979. Retratando o novo computador Mac da Apple como um salvador que rompe a conformidade cinzenta da computação pessoal do Grande Irmão corporativo, é um filme impressionante de um minuto.

Dois aspectos são fascinantes sobre esse anúncio. Um deles é que ele quase nunca foi exibido, mas (pelo menos entre os aficionados por publicidade e computação) é muito conhecido. A outra é o que o anúncio estava tentando fazer com o público. Ele não vende o Mac como uma maneira de escrever documentos melhores, calcular planilhas melhores ou criar arte melhor. Trata-se de personalidade, dizendo ao público que o Mac é a maneira de sair da conformidade monótona. Ele permitirá que seus usuários nos rebelemos à nossa própria maneira e, ainda assim, alcancemos o sucesso. Esse tipo de publicidade, sem dúvida pura manipulação, pode funcionar muito bem se for feito de forma eficaz.

Outro grande exemplo de anúncio de "venda de humor" baseado em histórias foi um anúncio do Reino Unido exibido com muito mais frequência e ainda lembrado. Trata-se do anúncio da Hovis de 1973, que mostra um garoto andando de bicicleta pelos paralelepípedos íngremes de Gold Hill, em Shaftsbury, acompanhado por uma versão com banda de metais da *Sinfonia do Novo Mundo*, de Dvorak.[7] Embora já tenha mais de 50 anos, esse anúncio ainda é muito lembrado. É interessante notar que esse também foi um trabalho de Ridley Scott, o que deu um impulso inicial à sua carreira como cineasta. Mais uma vez, não trata realmente de pão, mas manipula o espectador com uma nostalgia agradável. Anúncios como esses permanecem na psique porque aprofundam-se no que nos torna as pessoas que somos.

Compare esses exemplos com outro setor que tenta fazer marketing usando sentimentos em vez de informações: a publicidade de automóveis. A Renault teve grande sucesso com sua longa série de anúncios "Papa - Nicole" para o Clio, que foi uma das poucas séries de publicidade em que um enredo contínuo atraiu os espectadores (outro exemplo foram os anúncios da Nescafé com Anthony Head e Sharon Maughan, que apresentavam um caso de

---

6 Veja o anúncio do Grande Irmão da Apple de 1984 aqui: bit.ly/brainjacking8.
7 Veja o anúncio da Hovis de 1973 aqui: bit.ly/brainjacking14.

amor em desenvolvimento entre o "casal Gold Blend"). Mas a maioria dos anúncios de carros não tem história, caracterizando o estilo em detrimento da substância. Eles falam muito pouco sobre o carro em si, mas tentam vender um sentimento puro, baseado apenas em imagens emocionantes ou exóticas.

Helen Carasso observou em nossa conversa: "Entenda para que você serve, para que você não serve, de onde você vem, o que você está tentando alcançar e por que [o cliente] deve se envolver com você. Pode-se dizer que a marca é a história da organização ou do produto... Durante muito tempo, quase todos os comerciais de televisão da BMW que você via eram para os carros topo de linha das séries 7 ou 8, que quase ninguém comprava. Mas eles faziam anúncios de televisão que eram todos muito bonitos e diziam 'olhe para esta engenharia alemã com um belo design' e as pessoas saíam e compravam um série 3 – elas compravam os valores que tinham visto naquele comercial de televisão. Eles tornaram-se parte dessa história de qualidade, design e excelência em engenharia."

Isso faz sentido se a engenharia for claramente destacada, mas muitos anúncios de carros não conseguem nem mesmo se envolver com esse aspecto fundamental do produto. Até mesmo o slogan de longa data da Audi, "Na vanguarda da tecnologia", raramente acompanhava uma exploração da capacidade técnica específica. E a onipresença dessa abordagem na promoção de carros significa que, atualmente, ela não é nem memorável nem eficaz para fazer qualquer diferença em como nós, os espectadores, nos sentimos em relação à marca ou ao produto.

Uma evolução interessante que mostra uma mudança de atitude entre os anunciantes em relação à abordagem de venda de humor ocorreu em 2023 na última de outra série de anúncios favoritos do Reino Unido – os anúncios de Natal da loja de departamentos John Lewis. A sofisticada John Lewis (e sua marca de supermercado, Waitrose) transformou com sucesso o lançamento de seu anúncio de Natal em um evento anual por mais de uma década. Eles iniciaram uma tendência que tem sido relativamente incomum no Reino Unido: a publicidade que se aprofunda ainda mais do que o normal para obter um impacto emocional.

Esse processo começou em 2011, com um anúncio em que um menino ignora seus presentes na manhã de Natal porque está muito animado para levar um presente que ele mesmo comprou para seus pais.[8] A abordagem manipuladora foi enfatizada com o uso de acompanhamentos musicais que apresentavam uma música de rock mais emocional, tornando-a mais lenta e organizando-a como um solo (geralmente feminino) com acompanhamento de piano. O destaque provavelmente foi a interpretação de Lily Allen de 2013 da música *Somewhere only we know*, do Keane, que alcançou o primeiro lugar nas paradas do Reino Unido, enquanto a original chegou apenas ao terceiro lugar.[9]

Essa abordagem melancólica e emocional, copiada por outras grandes lojas do Reino Unido, continuou por mais de uma década, mas, curiosamente, na década de 2020, houve um retorno a uma abordagem britânica mais tradicional de publicidade, em que o humor desempenha um papel mais importante do que a poderosa manipulação emocional.[10] Essa mudança foi acompanhada de um retorno a um tipo de objetivo publicitário que os vitorianos teriam reconhecido. A intenção não era apenas fazer com que gostássemos da marca, mas vender produtos – levar as pessoas às lojas para fazer compras.

Argumenta-se que o período em que as emoções predominaram se deveu, em parte, ao fato de haver menos individualidade no processo criativo e, em parte, porque o humor não se traduz tão facilmente de uma cultura para outra quanto as emoções. Mas o perigo é perder o poder de venda real, que, no final das contas, é o objetivo da publicidade. O executivo de publicidade norte-americano Dave Trott é citado por Sam Delaney[11] como tendo dito: "Se você não for o líder de mercado, esse tipo de anúncios não o ajudarão. Eles apenas lembram às pessoas que é Natal e que elas precisam comprar presentes. E, então, todas elas vão à Amazon para comprá-los." Ainda não está claro se a mudança da emoção para a diversão (e consideravelmente mais foco no produto) terá o efeito desejado em nossos cérebros.

---

8 O anúncio de 2011 da John Lewis pode ser visto aqui: bit.ly/brainjacking15.
9 O anúncio da John Lewis de 2013 pode ser visto aqui: bit.ly/brainjacking16.
10 O anúncio da John Lewis de 2023 pode ser visto aqui: bit.ly/brainjacking17.
11 No artigo *da Unherd* "A John Lewis matou o anúncio de Natal?"

O *PRODUCT PLACEMENT* FUNCIONA?

Seja qual for o estilo, todos sabemos como é um anúncio. Aquelas pequenas caixas ao lado da página da Web. Grandes pôsteres em pontos de ônibus e outdoors, meias páginas em um jornal ou os intervalos comerciais em programas de TV. Mas há um tipo de publicidade mais sutil que também tenta influenciar nossas atitudes em relação aos produtos. Qual franquia de filmes é instantaneamente lembrada pelo fabricante de automóveis Aston Martin? Quais computadores e smartphones estão sendo usados em um determinado programa de TV ou filme? No início, nos EUA, essa colocação de produtos podia ser hilária e pouco sutil, mas agora é comum e pode estar próxima de uma tentativa subconsciente de influência. (Será que sou o único que percebe que não se vê muitos PCs com Windows ou telefones Android nos programas da Apple TV?)

Como já foi mencionado, esse tipo de influência vai muito além do âmbito puramente publicitário e de marketing. Muitas das influências que recebemos visualmente vêm de filmes, séries e programas factuais, que não têm a intenção de nos persuadir a fazer compras específicas, mas têm um impacto de *brainjacking* porque toda narrativa tem uma influência e, como mostrou *Mr. Bates vs. The Post Office*, a narrativa visual na TV e no cinema quase sempre será particularmente persuasiva. Mas, às vezes, há uma inserção consciente de produtos – ou outdoors de produtos reais em uma cena de rua ao ar livre.

Esse tipo de publicidade em segundo plano estende-se ao mundo virtual dos jogos, onde é possível comprar painéis publicitários ou colocar produtos nos principais jogos. Essa não é uma preocupação menor quando se considera que o mercado mundial de jogos é maior do que o de filmes, o setor musical e a publicação de livros juntos. À medida que (e se) o metaverso e as tecnologias de RA/RV[12] decolarem, também aumentarão as oportunidades para que esse tipo de influência se espalhe da mídia para nossa vida cotidiana.

---

12 RA/RV são tecnologias em que somos expostos ou submersos em mundos virtuais. A RA (realidade aumentada) sobrepõe o aspecto virtual a uma visão do mundo real, como no jogo para celular *Pokémon Go*, enquanto na RV (realidade virtual) tudo o que vemos é criado artificialmente, como em *Matrix* ou no metaverso.

PERDIDO NO METAVERSO

A ascensão da internet certamente já apresentou uma enorme oportunidade para os anunciantes – clientes em potencial em qualquer lugar do mundo podem ver detalhes de seus produtos em seu site – mas também apresentou aos anunciantes uma grande dor de cabeça. No romance *Nevasca*, de Neal Stephenson, de 1992, publicado vários anos antes de a World Wide Web tornar a internet disponível para um grande público, os compradores do futuro passeavam por uma rua virtual no metaverso (imaginativamente chamada de "The Street") onde viam publicidade e fachadas de lojas exatamente como no mundo real. Como a internet é parte integrante da vida moderna, vale a pena entender o contexto desse mal-entendido sobre como seria a vida on-line real.

A internet evoluiu a partir da ARPANet, inicialmente uma rede dos EUA para conectar grandes computadores para usá-los remotamente. Embora recursos como o e-mail já estivessem se tornando interessantes no início da década de 1980, foi somente com a adição de uma camada extra na World Wide Web, com uma interface gráfica visual e a possibilidade de clicar em links, que a internet alcançou um público amplo e realmente decolou: mesmo isso demorou um pouco.[13] A Web foi disponibilizada para o mundo fora do CERN em 1991, alguns anos depois que Tim Berners-Lee a desenvolveu para a instalação internacional de física de partículas. O primeiro navegador gráfico para a Web, o Mosaic, só ficou disponível em 1993, um ano após a publicação de *Nevasca*.

Quando participei do lançamento da Microsoft de sua primeira versão do Windows com reconhecimento de rede, em 1995, a gigante do software praticamente descartou a internet. Naquela época, as principais redes usadas por pessoas comuns eram as comerciais – principalmente a AOL (America OnLine) por consumidores comuns e a CompuServe por um público mais experiente em tecnologia. A Microsoft queria aumentar a opção com sua

---

13 Embora a Web tenha sido a primeira aplicação amplamente utilizada de hiperlinks clicáveis para ir de um documento a outro, eles foram introduzidos conceitualmente por Ted Nelson na década de 1960 e foram amplamente utilizados nos sistemas de ajuda da Microsoft e no programa Mac Hypercard da década de 1980.

própria Microsoft Network (MSN), que tinha uma interface baseada no explorador de arquivos do Windows.

Enquanto isso, a AOL estava experimentando um shopping center on-line e a Apple tinha optado pelo que mais se aproximava da rua da *Nevasca* em sua rede eWorld, na qual os usuários navegavam por meio de um gráfico que usava imagens de ruas do mundo real onde, presumivelmente, o público deveria encontrar as lojas e os serviços de que necessitava. Da mesma forma, o ambiente on-line baseado na internet, o Second Life, que chegou a ser divulgado da mesma forma que o conceito de Metaverso da Meta na década de 2020, apresentava publicidade convencional e lojas hospedadas por empresas do mundo real em ruas virtuais.

Mas, embora a analogia de uma rua de lojas e um conjunto de outdoors funcione para, digamos, cem locais, se houver muitos, acabaremos em uma confusão. Com o desenvolvimento da internet, a escala do que estava sendo oferecido transcendeu a imaginação de todos que estavam pensando em tais possibilidades na década de 1990. Sinceramente, ninguém sabe quantas páginas existem na Web, mas estimativas de 2023 apontam para 50 bilhões. Essas páginas estão hospedadas em mais de um bilhão de sites, embora aparentemente "apenas" cerca de 200 milhões delas sejam ativamente usadas e atualizadas.

Imagine como seria navegar em um distrito comercial de realidade virtual com 200 milhões de locais que são outdoors ou lojas. A palavra "impossível" vem à mente. Para se ter uma ideia da escala, em uma noite clara e com boa visão, é possível ver cerca de 1.400 estrelas: esse número é mais de 100.000 vezes maior. É comparável à população do Brasil.

Como resultado, não tentamos mais aplicar a analogia de um mercado físico ou de outdoors de publicidade à internet. Em vez disso, a publicidade é conduzida de duas maneiras principais: por meio de pesquisa e com publicidade de aparência mais convencional nas páginas Web. Nos primórdios, os usuários da Web eram atendidos por guias com curadoria manual, como o Yahoo, mas logo ficou claro que era impossível mantê-los atualizados, de modo que foram rapidamente substituídos por mecanismos de busca:[14] índi-

---

14 Estamos tão familiarizados com o termo "mecanismo de busca" que pode ser fácil não perceber que se trata de uma referência steampunk aos projetos de protocomputadores do inventor vitoriano Charles Babbage – o mecanismo de diferença e o mecanismo analítico.

ces produzidos por 'spiders' ou 'bots', software que viaja constantemente pela Web em busca de novos locais.

Houve muitos mecanismos de busca: inicialmente, o AltaVista dominou o cenário até que os algoritmos de busca superiores do Google o substituíram. Embora, do ponto de vista do usuário, o Google forneça um índice prático para uma coleção incrivelmente grande de informações, ele é, no fundo, uma plataforma de publicidade – é daí que vem grande parte da vasta receita do Google, assim como a do gigante da mídia social Facebook, proveniente de sua própria publicidade.

A publicidade na internet tem vantagens naturais sobre tudo, desde a TV até os jornais e outdoors. Sua implantação é barata e um usuário pode ser exposto a muito mais publicidade do que em outros canais. Mais do que isso, porém, o conteúdo pode, em teoria, ser direcionado às necessidades de usuários individuais. Isso ocorre naturalmente quando a publicidade é associada a uma pesquisa na Web. O mecanismo de busca sabe o que o usuário está pesquisando e pode exibir a publicidade adequada, às vezes difícil de distinguir dos resultados de pesquisa "comuns". Mas também pode ser o caso de anúncios exibidos em qualquer página por meios mais desonestos. Voltaremos a esse assunto nos capítulos 8 e 9.

A CIÊNCIA AJUDA OS ANUNCIANTES?

Vimos a publicidade em muitas formas diferentes, conforme ela evoluiu ao longo dos séculos. Às vezes, há um fornecimento básico de informações. "Estamos aqui" ou "Há um novo produto" – embora até mesmo isso venha acompanhado de uma tentativa de influência. O anunciante não está fornecendo essas informações para aumentar o conhecimento geral. Isso é feito com a esperança de trazer clientes para a porta do vendedor – seja em um local físico ou virtual.

Outros tipos de anúncios, como vimos, vão além em sua tentativa de entrar em nossas mentes e nos manipular, e isso pode ser observado diretamente por meio da moderna tecnologia de escaneamento cerebral. Em um artigo de 2003,[15]

15 "Brands on the brain: neuro-images of advertising"("Marcas sobre o cérebro: neuroimagens da publicidade"), *Business Strategy Review.*

Tim Ambler, Andreas Ioannides e Steven Rose observaram: "Por mais assustador que possa parecer, se um anúncio não modifica o cérebro do público-alvo, então ele não funcionou. A resposta à publicidade (como codificamos a mensagem) é mais importante do que o estímulo (o anúncio em si) porque a resposta é o que o anúncio deixa para trás."

A sugestão do artigo é que se os gerentes soubessem como sua publicidade estava afetando o cérebro e como esse impacto poderia ser usado para alterar as escolhas de marca, eles poderiam melhorar a produtividade da publicidade – um mistério tão grande agora quanto quando Lord Leverhulme ou John Wanamaker fizeram pela primeira vez um comentário do tipo "Metade do dinheiro que gasto em publicidade é desperdiçado; o problema é que não sei qual metade" no final do século XIX.

O artigo sugere que, historicamente, os pesquisadores acadêmicos concentraram-se principalmente no aspecto racional da publicidade: como as informações são usadas para influenciar e mudar os processos de pensamento. É claro que o material tinha que ser apresentado de forma atraente, mas era a *informação* que levava à preferência por uma marca que tinha o principal impacto sobre o cérebro. Por outro lado, os executivos de publicidade dão mais importância ao impacto emocional da publicidade, que associamos ao aspecto manipulador do *brainjacking*. Em ambos os casos, o objetivo seria criar ou reforçar sinapses no cérebro que associassem determinadas memórias positivas à marca, incentivando futuras atividades comerciais.

Com base na pesquisa de Ambler et al. usando exames cerebrais, sugeriu-se que o material publicitário com impacto emocional tem mais probabilidade de ser lembrado do que o impacto cognitivo do raciocínio, resultando em uma maior probabilidade de escolha de um determinado produto ou serviço. No entanto, vale a pena observar que essa pesquisa foi originalmente realizada com apenas três indivíduos com imagens completas e não teve controles para fatores que poderiam ter confundido as conclusões.

Dito isso, talvez não seja de surpreender que o impacto emocional proporcione uma parte significativa da venda do tipo certo de produto. Como vimos na seção sobre propaganda, o exemplo moderno mais notório dessa manipulação é o uso de histórias pessoais de arrancar lágrimas, geralmente envolvendo um ente querido doente ou falecido, que aparecem em shows de talentos. Isso se tornou um clichê, mas há pouca dúvida de que essa manipulação ajuda a vender um indivíduo para os eleitores do show, mesmo que uma minoria seja desencorajada pelo que parece ser uma tentativa cínica de obter mais votos.

O estudo do cérebro para entender o impacto e o potencial de manipulação do marketing e da publicidade que surgiu desde o estudo de Ambler et al. é conhecido como neuromarketing ou neurociência do consumidor. Isso usa principalmente a varredura do cérebro por fMRI (ressonância magnética funcional) e eletroencefalogramas – ou monitora indicadores de respostas fisiológicas, como movimentos dos olhos e frequência cardíaca.

A abordagem tem recebido uma resposta negativa do setor de marketing, em parte devido à visão de que os acadêmicos geralmente não entendem realmente o campo, dizendo aos profissionais o que eles já sabem ou apresentando dados que não oferecem nenhum benefício prático para o marketing. Assim, por exemplo, há algumas evidências de que os mercados podem ser mais bem segmentados de acordo com as semelhanças cerebrais dos clientes em potencial, mas não é prático estudar a população como um todo, colocando-a em scanners de ressonância magnética. Sugeriu-se que essa abordagem poderia ser usada para, pelo menos, ter uma ideia do tamanho relativo dos diferentes segmentos, mas mesmo isso é duvidoso na prática, porque esses estudos têm um número relativamente pequeno de participantes, o que os torna pouco representativos da população em geral.

A PUBLICIDADE É MALÉFICA?

O impacto da publicidade e do marketing pode ser exagerado. Rory Sutherland, então presidente do Institute of Practitioners in Advertising, disse: "Se existe algo mais desonesto do que o marketing duvidoso, é a encenação de que o marketing não levanta preocupações éticas. A verdade é que o marketing levanta enormes questões éticas todos os dias – pelo menos se você estiver fazendo isso corretamente. Se não fosse assim, as únicas explicações possíveis seriam: ou você acredita que os profissionais de marketing são ineficazes demais para fazer qualquer diferença, ou acredita que as atividades de marketing afetam as pessoas apenas no nível da argumentação consciente."[16]

---

16 O comentário de Rory Sutherland sobre marketing foi extraído de "We can't run away from the ethical debates in marketing" ("Não podemos fugir de debates éticos no marketing"),

Contudo, Sutherland nos apresenta uma falsa dicotomia. Obviamente, o marketing e a publicidade fazem diferença, mas é apenas como parte de um conjunto mais amplo de influência e manipulação que ocorre como resultado de nossa experiência com a vasta gama de histórias às quais somos expostos o tempo todo. Em seu livro *Badvertising* (*Maus anúncios*), Andrew Simms e Leo Murray nos dizem que "o facilitador de [uma] grande mudança nas expectativas e atitudes tem sido os setores de publicidade e marketing. A publicidade nos vende um estilo de vida imaginário – a premissa é que só podemos sentir que estamos vivendo nossas melhores vidas voando ao redor do mundo, dirigindo SUVS [sic] cada vez maiores, comendo carne de gado criado em florestas tropicais desmatadas e desfrutando de uma vasta gama de bens de consumo como se não houvesse amanhã."

Não sou defensor do setor de publicidade, mas acho que isso concede aos profissionais de marketing muito mais poder do que eles realmente têm. É certo que vejo uma pequena quantidade de publicidade de voos (pessoalmente, como voei demais quando trabalhava na British Airways, não entro em um avião desde 1998), mas vejo muito mais glamourização indireta de voos e das experiências que podem ser obtidas com isso em programas factuais, desde os filmes de David Attenborough sobre a vida selvagem e Brian Cox falando sobre o universo enquanto está empoleirado no topo de uma montanha distante, até a série *Hotéis incríveis: a vida além do saguão* da BBC.

Simms e Murray, que estão preocupados principalmente com a publicidade como um mecanismo que reforça o consumismo que leva à mudança climática, estão certos sobre a crescente popularidade dos utilitários esportivos. Eles descrevem esses carros como "veículos utilitários esportivos (SUVs) gigantes e poluentes que, em ambientes urbanos, circulam como máquinas de matar antissociais" e citam os números de vendas que aumentaram em cerca de uma década "de apenas um em cada dez carros novos comprados para cerca de metade". Mas, além do fato de que muitos SUVs não são do estilo do enorme Range Rover, mas peruas familiares com um acabamento diferente, quanto disso se deve à publicidade? Eu quase nunca vi um anúncio de SUV. Em vez disso, o que vejo o tempo todo na TV é seu uso em filmes pelos ricos, bem-sucedidos e criminosos. Também os vejo nos noticiários,

---

uma coluna de 2010 na *Market Leader*, a revista da UK Marketing Society.

transportando presidentes e empresários (e criminosos). Presume-se que a publicidade tenha alguma influência, mas a mídia em geral tem um papel muito maior na formação de nossas atitudes.

Quanto à ideia de que a publicidade me faz comer carne de gado criado em florestas tropicais desmatadas, nunca vi publicidade de carne bovina em si e só compro carne britânica – o Reino Unido não é famoso por suas florestas tropicais.[17] É claro que esse pode ser o caso de outras pessoas, e já vi publicidade de empresas que vendem carne bovina, como redes de fast-food, embora, por exemplo, o McDonald's afirme usar apenas carne bovina britânica e irlandesa em seus hambúrgueres no Reino Unido. Mesmo assim, é uma generalização muito grande.

VENDO MILHARES DE ANÚNCIOS POR DIA

Uma das afirmações mais dramáticas de Simms e Murray é que "não está claro quantos anúncios estamos cientes de ver, mas o que está claro é que eles têm um efeito, independentemente de estarmos conscientes ou não da publicidade on-line, direcionada e de 'vigilância'".[18] A existência de um efeito "independentemente de estarmos ou não conscientes" dos anúncios é declarada como fato sem uma referência, portanto, não sei por que isso está claro. Também nos é dito que "estima-se que uma pessoa comum encontre entre 6.000 e 10.000 anúncios todos os dias".

O livro fornece uma fonte para essa afirmação: escrita em 2021 em um blog por Sam Carr, um "redator", em uma publicação estranhamente intitulada "How many ads do we see a day in 2023" ("Quantos anúncios vemos ao dia em 2023"). (Foi a estranheza de uma fonte datada de 2021 fornecer um número para 2023 que primeiro chamou minha atenção.) A própria postagem fala (não surpreendentemente) sobre 2021 e parece ter sido atualizada para

---

17 Surpreendentemente, o Reino Unido *abriga* uma pequena porção de floresta tropical temperada, conhecida como floresta tropical atlântica ou celta, que é encontrada principalmente em partes da Escócia, País de Gales, Devon e Cornwall. Essa floresta está, de fato, ameaçada, mas por espécies invasoras, como o rododendro, doenças como a morte das cinzas e o pastoreio de veados (selvagens) e nada disso está relacionado à publicidade de carne bovina.

18 Publicidade de vigilância é um termo um tanto carregado para publicidade direcionada que tenta corresponder ao interesse do público – consulte o Capítulo 8 para saber mais sobre isso.

2023 simplesmente mudando o ano no título. Mas de onde a postagem do blog tirou esse número? Ele não nos diz.

Destaquei esse número com aura improvável para o programa de rádio *More or Less* (consulte a página 51). Eles investigaram mais a fundo, descobrindo que há um conjunto de estatísticas diferentes na faixa de 3.000 a 10.000 circulando, mas todas parecem ter sido tiradas do ar. Quando há uma justificativa limitada, algumas incluem, por exemplo, ver uma xícara com o logotipo de uma rede de cafeterias como ser exposto à publicidade.

Os primeiros grandes números parecem remontar a uma tentativa de pesquisa na década de 1960, quando um profissional de marketing da General Foods tentou estimar o número de anúncios que eram vistos no tempo típico de envolvimento com a publicidade. Ele chegou a um número de 1.500, que pode ter sido o ponto de partida para os números maiores que se seguiram. Mas esse número de 1.500 era para uma família de quatro pessoas, não para um indivíduo, e era muito específico para os EUA.

Para o programa *More or Less*, Sam Anderson, editor da revista de marketing *The Drum*, contou os anúncios aos quais foi exposto em Londres em um dia e chegou a 93. Anderson pediu a outras pessoas que fizessem o mesmo, obtendo um intervalo entre 26 e 154. Mesmo pedindo a alguém que visse o maior número possível de anúncios em um dia, o resultado foi de pouco mais de 500. Pessoalmente, como nunca vejo anúncios na TV[19], não assino jornais e revistas e não moro em uma cidade, eu diria que minha própria contagem, principalmente a partir da navegação na internet, é bem inferior a 100. Esse número de 6.000 a 10.000 parece totalmente infundado.

PREPARANDO PARA A COMPRA

Vale a pena investigar detalhadamente um dos estudos de caso de Simms e Murray, pois eles certamente afirmam estar revelando um enorme *brainjacking* em andamento no setor. Infelizmente, é difícil obter qualquer certeza do livro, pois muitas afirmações são feitas com base em pesquisas que carecem de rigor científico. Como exemplo do poder da publicidade de subverter os cé-

19 Evito anúncios na TV gravando o programa e pulando os anúncios ou pagando por um serviço de streaming sem anúncios.

rebros, *Badvertising* descreve um "experimento" realizado pela Bite Back, um "movimento ativista de jovens que desafia um sistema alimentar que foi criado para enganar a todos nós".

No experimento, um grupo de adolescentes foi aparentemente exposto aos efeitos do *priming*, ou preparação (consulte o Capítulo 12 sobre *brainjacking* subliminar para obter uma visão detalhada do fenômeno do *priming*), encontrando publicidade de "frango com molho triplo" durante todo o dia, tanto em anúncios físicos quanto on-line, onde foram plantadas publicações falsas de influenciadores comendo esse prato de frango. Em seguida, os adolescentes foram convidados a ir a um restaurante, onde lhes foi pedido que fizessem um pedido em um cardápio de mais de 50 itens. De acordo com o livro, todos os jovens pediram frango com molho triplo.

Simms e Murray nos dizem que os jovens tinham sofrido "anúncios subconscientes" e que as mensagens sobre o frango tinham sido "automaticamente absorvidas por seus cérebros, mesmo quando não estavam conscientes do marketing". Como você descobrirá no capítulo sobre subliminares, o efeito agora é considerado relativamente ineficaz. Não há evidências de que o experimento tenha sido adequadamente controlado ou que tenha tido um tamanho de amostra eficaz, nem que a publicidade tenha sido absorvida de outra forma que não conscientemente.

A mensagem que *o Badvertising* nos dá como resposta é definida em uma linguagem apavorante – um bom marcador para o próprio *brainjacking* manipulativo. Somos informados de que "Por meio de uma combinação de experiência e exposição à publicidade, ligada à resposta emocional, as marcas e seus logotipos tornam-se mais 'mentalmente disponíveis'. Isso acontece por meio do desenvolvimento de novos caminhos neurais que são reforçados pela exposição repetida." Isso soa como uma interferência assustadora em nossos cérebros. Certamente, não queremos que nossas vias neurais sejam invadidas pelas marcas. Contudo, todas essas palavras se resumem a uma descrição da maneira como formamos memórias. As memórias são novos caminhos neurais que são reforçados pela exposição repetida. É surpreendente ou assustador que eu consiga me lembrar da Coca-Cola, da Amazon ou da British Airways,[20] para escolher algumas marcas aleatoriamente?

---

20 Como trabalhei lá há muitos anos, seria preocupante se eu não me lembrasse da British Airways, mas você sabe o que quero dizer.

Esse tipo de dramatização e exagero da capacidade dos anunciantes não ajuda em nada na compreensão do impacto do *brainjacking*. Mesmo quando há alguma base científica para um argumento, ela pode ser fraca. Por exemplo, um dos estudos citados indiretamente pelo livro mostrou como a publicidade afetou o consumo de carne bovina no Reino Unido. Quando você analisa o estudo real, porém, em vez de artigos baseados nele, a resposta das ações de vendas de carne bovina à publicidade foi um aumento de 0,5%.

Isso demonstra o perigo de se usar o termo "estatisticamente significativo", que tem um significado muito específico no mundo científico. Esse valor foi estatisticamente significativo no sentido de que, se a publicidade não tivesse nenhuma influência sobre a participação no mercado de carne bovina, haveria apenas uma chance em 20 de ocorrer um aumento no consumo de carne bovina, mas esse pequeno aumento de 0,5% não mostra o que consideraríamos um impacto significativo da publicidade em nossos cérebros.

O CORAÇÃO E O INTESTINO

Um aspecto interessante do exemplo do frango com molho triplo, no entanto, é que o alimento (e particularmente esse tipo de alimento) foi escolhido para o experimento. Não há dúvida de que há certos sinais de baixo nível aos quais a maioria dos seres humanos responde. Eles se baseiam nos elementos essenciais para a manutenção da vida humana – comida, sexo, preservação do perigo e, talvez em menor grau, um ambiente quente e confortável.

A publicidade de alimentos, principalmente se for focada em gêneros alimentícios ricos em conteúdos que são desejados quando há falta de nutrição, como gordura e sal, pode ser particularmente visceral. Quase nunca noto outdoors ou anúncios em pontos de ônibus quando estou de carro, mas uma imagem que acho difícil de ignorar é a de um hambúrguer grande e suculento, cheio de queijo. Admito que tenho uma queda por hambúrgueres, mas acho que há algo mais primitivo na maneira como esse tipo de publicidade pode produzir um desejo – parece entrar em contato direto com áreas do cérebro responsáveis pela sobrevivência, da mesma maneira que um movimento repentino no escuro pode desencadear uma resposta de medo de um predador, mesmo que estejamos longe de um possível ataque animal.

Da mesma maneira, não é novidade sugerir que o sexo vende. Em um determinado momento, esse era um mantra dos anunciantes que foi levado ao ridículo. Acho difícil acreditar que alguém tenha comprado um carro só porque aquele produto em particular foi fotografado com uma mulher atraente e com pouca roupa sobre o capô – e, no entanto, em algum momento, essa foi uma técnica de marketing cotidiana. Sem dúvida, essa abordagem era profundamente sexista – para um pequeno elemento de equilíbrio, também destacaria os comerciais de TV da Diet Coke, que durante anos apresentavam homens bonitões sem camisa.

No entanto, esse é apenas um aspecto do uso do sexo na publicidade. É provável que seja mais explícito agora em anúncios que promovem cosméticos e perfumes, mas ainda é comumente usado – e tem sido assim há pelo menos cem anos. Veja, por exemplo, um anúncio da década de 1920 da empresa norte-americana Arrow, que fabricava golas e camisas (na época, os dois itens eram geralmente separados). Apresentando uma pintura do artista norte-americano Joseph Leyendecker, o anúncio mostra, apropriadamente, um homem usando camisa social e gravata borboleta. Mas ele está dançando com uma jovem extremamente atraente, vestida de uma forma que pareceria claramente provocativa na época.

PADRÕES E AUTOPRESERVAÇÃO

Também é perfeitamente possível – e mais comum do que se imagina – usar nossa reação para tentar nos preservar do perigo como um mecanismo para influenciar os outros. Não é preciso estar em uma situação real de ameaça à vida para que a resposta de medo seja acionada. Isso se deve à importância que os padrões têm em nossa compreensão e interação com o mundo ao nosso redor. Os padrões são uma maneira essencial de simplificar a complexa enxurrada de informações que nosso cérebro recebe constantemente e de nos permitir fazer qualquer coisa prática. Em outro livro, usei[21] o exemplo da simples ação de ligar um interruptor de luz.

---

21 O exemplo do interruptor de luz sobre o uso de padrões é de meu livro *Dice World* (*Mundo dado*) (Icon Books, 2014).

Não há nada de natural nos interruptores de luz – não estamos de alguma forma geneticamente programados para lidar com eles. No entanto, podemos entrar em uma sala desconhecida e, se conseguirmos encontrar o interruptor, poderemos acender a luz com facilidade e confiança. (Até que façamos uma viagem transatlântica e descubramos que as pessoas do outro lado do Atlântico montam seus interruptores de luz do lado errado.)

Compare isso com um robô que você programou cuidadosamente com a localização de um interruptor de luz em sua cozinha, além da direção exata e da quantidade de força necessária para pressionar o interruptor e acender a luz. Agora coloque esse mesmo robô na sala de estar e peça a ele para acender a luz. É quase certo que ele falhará.

Podemos ter sucesso onde o robô imaginado não consegue porque nosso uso de padrões permite absorver o princípio geral de um interruptor de luz e como usá-lo. É claro que esse recurso não foi desenvolvido para lidar com a iluminação doméstica. Em vez disso, nosso uso de padrões nos permite pegar informações incompletas e fazer um julgamento rápido do resultado mais provável ou da resposta desejada o mais rápido possível. É uma abordagem muito valiosa, por exemplo, em uma situação de perigo físico em que precisamos evitar um predador.

A desvantagem, porém, é que essa resposta é relativamente fácil de enganar. É melhor imaginar ocasionalmente um predador inexistente e se preparar para o ataque em vez de esperar por evidências definitivas, que podem chegar tarde demais quando as presas se afundam. É por isso que podemos nos precipitar diante de qualquer coisa ou ver bichos-papões embaixo da cama. A falha no reconhecimento de padrões não se trata apenas de medo, é claro. É também por isso que achamos que vemos fantasmas ou rostos em fatias de pão torradas de forma irregular. Mas a prevenção do perigo está no centro de um sistema de reconhecimento de padrões muito forte.

Quando ativado, o reconhecimento do padrão de uma ameaça em potencial aciona uma série de respostas no cérebro. Se você realmente gosta de detalhes sobre essas partes, uma parte do cérebro chamada amígdala recebe uma resposta a estímulos do tálamo. Em seguida, ela sinaliza outras partes, inclusive o hipocampo, o córtex pré-frontal e as glândulas suprarrenais, usando vários neurotransmissores químicos, principalmente o glutamato. Enquanto o hipocampo e o córtex pré-frontal lidam principalmente com o que fazer, as glândulas suprarrenais nos preparam para a luta ou fuga liberando hormônios do estresse, como a adrenalina e a noradrenalina. Quando presentes, essas substâncias químicas resultam no aumento da frequência cardíaca, da pressão arterial e da frequência respiratória.[22] Chegou o medo.

Embora a publicidade raramente acione o reflexo completo de luta ou fuga, ela certamente pode usar medos mais sutis como parte de sua influência sobre o cérebro. No próximo capítulo, veremos um anúncio da Rimmel que foi proibido pela Advertising Standards Authority do Reino Unido porque parecia estar brincando com as inseguranças das crianças – quando elas sofriam com o medo de não se encaixar ou de não se sentirem tão atraentes quanto lhes era dito que deveriam ser. Embora FOMO – *fear of missing out* (medo de ficar de fora) – seja um acrônimo moderno, o conceito por trás dele existe desde que as circunstâncias sociais passaram a existir, e é um conceito que os publicitários exploram há muito tempo.

Como vimos, a publicidade e o marketing vão muito além de simplesmente colocar um outdoor ou colocar textos e imagens em um jornal ou entre programas de TV. Mas aqueles que desejam influenciar nossos gastos – ou talvez até mesmo algo tão fundamental quanto nossos padrões de votação – agora têm um veículo poderoso para sua influência, no qual muitos de nós mergulhamos todos os dias. A mídia social.

---

22 É esse tipo de detalhe de partes do cérebro que realmente me faz dormir. Tentarei não fazer isso novamente.

CAPÍTULO 8

Mundo social

Houve uma época em que o nome Cambridge Analytica era infame. Talvez já tenha desaparecido – parece uma empresa acadêmica inócua de análise matemática –, mas a Cambridge Analytica gerou alvoroço quando se alegou que seu trabalho havia sido responsável (pelo menos em parte) pela vitória de Donald Trump nas eleições de 2016 nos EUA.

Não se tratava de usar números, por exemplo, para fazer uma análise inteligente dos distritos eleitorais ou para produzir uma pesquisa melhor; a sugestão era de que a Cambridge Analytica tinha uma análise tão detalhada dos destinatários da publicidade no Facebook que foi capaz de direcionar a publicidade com precisão suficiente para influenciar a votação. Em alguns casos, isso poderia envolver o apelo aos interesses pessoais de um determinado eleitor. Em outras ocasiões, os algoritmos da empresa podiam fazer uso de publicidade que enfatizava as teorias de conspiração favoritas. A publicidade sempre sugeria que Donald Trump apoiaria a visão de mundo do eleitor individual.

ANÚNCIOS QUE VOCÊ QUER VER?

Vamos dar um passo atrás antes de mergulhar nas profundezas obscuras do trabalho da Cambridge Analytica. Há algo de errado com a publicidade personalizada que tem como alvo indivíduos? Como veremos mais detalhadamente no próximo capítulo, sem dúvida ela pode ser considerada totalmente assustadora. Você faz uma pesquisa on-line para encontrar um bom preço em um anel de diamante. De repente, é bombardeado com anúncios de organizadores e locais de casamento. Há uma sensação desagradável de que um espião virtual está olhando por cima do seu ombro enquanto você navega.

Por outro lado, muitos de nós usamos produtos "gratuitos" que são apoiados por publicidade. Tradicionalmente, isso provavelmente seria um canal de TV ou rádio, mas agora a plataforma mais difundida é a mídia social. Temos o Facebook, o Twitter/X ou o TikTok gratuitamente e, em troca, aceitamos ser expostos à publicidade. Estamos firmando um contrato tácito com a plataforma – você me dá os recursos que eu gosto de usar e eu tolerarei (mesmo que ocasionalmente fique irritado) seu fornecimento regular de anúncios.

Sendo assim, é razoável perguntar: "Você prefere ter publicidade totalmente irrelevante para você ou gostaria de ver produtos e serviços que provavelmente deseja?" Se você for assistir a um filme no cinema, prefere que o local escolha um filme aleatório ou quer saber o que está passando e escolher você mesmo? Embora possa ser divertido assistir a algo totalmente aleatório – e, ocasionalmente, isso pode levar à descoberta de um novo favorito –, a maioria de nós, na maior parte do tempo, prefere assistir a um filme que sabe que quer ver. Por que não ver, então, um anúncio que você provavelmente apreciará?

Infelizmente, não é tão simples assim. Se pudéssemos literalmente especificar os tipos de anúncios que nos seriam apresentados – e fosse isso que recebêssemos –, a publicidade direcionada poderia ser aceitável para a maioria de nós. Mas, na realidade, há dois problemas. Em primeiro lugar, as empresas de mídia social não se restringem às suas preferências declaradas. Isso foi demonstrado em um experimento de 2015.

Os pesquisadores, liderados por Amit Datta, criaram agentes de software que intencionalmente buscavam determinados tópicos no Facebook.[1] Isso deveria ter feito com que esses tópicos ficassem visíveis nas configurações de anúncios disponíveis na época para os usuários do Facebook, que deveriam listar os interesses pessoais que estavam sendo usados para selecionar a publicidade – efetivamente uma versão automática da declaração de preferências.

1 O experimento com agentes de mídia social é "Automated experiments on ad privacy settings" ("Experimentos automatizados em ambientes de privacidade de anúncios"), publicado em *Proceedings on Privacy Enhancing Technologies.*

Mas quando os pesquisadores verificaram esses interesses, eles não refletiam os anúncios que estavam sendo enviados aos agentes. Assim, por exemplo, quando eles pesquisaram sobre abuso de substâncias, receberam anúncios relacionados a clínicas de reabilitação. Quando pesquisavam páginas relacionadas a deficiências, recebiam anúncios de cadeiras de rodas. Contudo, nenhuma dessas áreas temáticas aparecia nos interesses pessoais dos agentes.

Esse é um grau de falta de transparência, mas os problemas são mais profundos. As tentativas de maximizar a influência da publicidade não se limitam à própria plataforma. É fácil perceber que a pesquisa de um tópico no Facebook, ou a leitura de artigos e a exibição de vídeos sobre um determinado tópico podem influenciar a publicidade no Facebook. Mas os sites têm compartilhado informações (por um preço), o que significa que uma ação realizada no Facebook pode ser refletida na publicidade de um site totalmente diferente. Saberemos mais sobre isso no próximo capítulo.

INFLUENCIANDO AS ELEIÇÕES

Apesar dos possíveis benefícios da publicidade personalizada, muitos de nós preferimos bloquear o fluxo de informações o máximo possível e aceitar anúncios mais genéricos. Mas o que a Cambridge Analytica alegou ter feito com seu microdirecionamento foi muito mais do que tornar a publicidade relevante para o usuário. Em vez disso, a empresa se vangloriava de ter influenciado o resultado de uma eleição para tornar Donald Trump a pessoa mais poderosa do mundo.

Tudo começou com o trabalho de um acadêmico da Universidade de Cambridge, Alex Kogan. Na época, ele utilizou uma falha na maneira como o Facebook permitia o acesso aos dados. Se a pessoa X concedesse a um terceiro acesso aos seus dados, também seria possível obter informações sobre a localização física e as curtidas de todos os amigos da pessoa X. Kogan havia usado essa brecha para pesquisas acadêmicas legítimas, mas depois começou a trabalhar com uma empresa chamada SCL em um projeto maior para estudar as personalidades e as curtidas dos usuários do Facebook com objetivos políticos em mente.

Como Kogan disse ao matemático David Sumpter: "Muito do que eu estudo são emoções e acho que se tivéssemos pensado se as pessoas poderiam se sentir estranhas ou incomodadas com o fato de fazermos previsões de personalidade sobre elas, teríamos tomado uma decisão diferente". Kogan e sua nova equipe usaram uma grande pesquisa com clientes para obter acesso aos perfis do Facebook, aparentemente como uma simples parte do processo do questionário. Como resultado, eles obtiveram acesso direto a cerca de 200.000 perfis dos EUA, o que, com o fornecimento do Facebook de acesso às informações dos amigos, lhes forneceu dados sobre cerca de 30 milhões de indivíduos.

É claro que as mensagens políticas sempre foram adaptadas às plataformas em que foram divulgadas. Um anúncio, por exemplo, na Fox News, de direita, seria muito diferente de um anúncio na MSNBC, de esquerda. Porém, até a formação da Cambridge Analytica como parte da SCL, a segmentação era grosseira, baseada na autosseleção do canal de TV que você assiste ou em diferenciais sociopolíticos básicos, como status socioeconômico, idade e sexo. Porém, com o acesso aos dados mais detalhados do Facebook, havia a possibilidade de ser muito mais sutil, selecionando aspectos políticos detalhados ou preocupações que pudessem atrair um tipo de personalidade selecionado. Não haveria mais uma mensagem ampla, de acerto ou erro. Esses anúncios diriam a cada indivíduo exatamente o que ele gostaria de ouvir.

Pelo menos essa era a teoria. Mas quando Sumpter recriou a abordagem usada pela Cambridge Analytica, ele descobriu que a capacidade real desse algoritmo estava muito aquém do que se havia alardeado.[2] Sumpter aponta que há várias falhas. Em primeiro lugar, é fácil presumir que as correlações funcionam nas duas direções, mas não funcionam. Um exemplo que ele dá é o fato de que os democratas tinham mais probabilidade do que os republicanos de dar um like no Facebook em uma página do Harry Potter. Mas isso não significa que você pode deduzir que alguém que gosta de Harry Potter será um apoiador dos democratas. Em segundo lugar, um modelo só pode fazer previsões eficazes se houver pontos de dados suficientes, mas muitas pessoas no Facebook limitam-se a interagir com amigos e não curtem um número suficiente de páginas para se tirar conclusões.

Talvez o mais grave seja o fato de que, para ser útil da maneira como a Cambridge Analytica supostamente seria capaz de prover, o algoritmo deve-

---

2 Para obter detalhes sobre o trabalho de Sumpter, consulte a entrada Cambridge Analytica em "Mais descobertas".

ria ser capaz de posicionar os indivíduos nas principais escalas usadas em testes de personalidade, geralmente amabilidade, conscienciosidade, extroversão, abertura e neuroticismo. Era ao posicionar um usuário nessas escalas que o algoritmo da Cambridge Analytica deveria selecionar a mensagem individual apropriada para ele. Quando Sumpter testou seu modelo em todas as escalas, exceto uma, descobriu que ele era apenas ligeiramente melhor na avaliação de valores relativos do que na escolha aleatória. (A única escala que foi melhor foi a de abertura, em que o algoritmo acertou cerca de dois terços das vezes.)

Obviamente, Sumpter não tinha os detalhes do algoritmo proprietário da Cambridge Analytica, mas conhecia as limitações dos dados disponíveis e o tipo de abordagem que poderia ter sido adotada. E suas conclusões foram confirmadas por Alex Kogan a partir de sua própria análise, usando diferentes conjuntos de dados.

A história tem uma reviravolta. Depois de alegar ter influenciado a eleição bem-sucedida de Donald Trump em 2016 usando informações de personalidade coletadas do Facebook para direcionar a publicidade, a Cambridge Analytica abandonou qualquer menção a esse fato. Descobriu-se que o Facebook havia dito a eles para excluir seus dados *antes da* campanha eleitoral. Posteriormente, a empresa disse que não havia usado os dados de Kogan nem havia sido implantada essa publicidade direcionada à personalidade. Em vez disso, eles recorreram aos fundamentos testados e comprovados de localização, idade e gênero. Em meados de 2018, a Cambridge Analytica enfrentou uma enxurrada de alegações e a empresa fechou. No entanto, muitos dos que se lembram da existência da empresa provavelmente ainda acreditam em seu papel exagerado.

CONHEÇA O INFLUENCIADOR

Por mais forte que seja o impacto da publicidade personalizada, a mídia social nos trouxe um tipo particularmente insidioso de endosso pago no trabalho do influenciador on-line. Esses indivíduos recebem brindes e são pagos para transmitir recomendações de produtos específicos. Seus vídeos são projetados para criar um falso senso de relacionamento com seus espectadores. Os seguidores têm a impressão de que não estão recebendo recomendações de um completo estranho, mas de um amigo. Infelizmente, muitas dessas recomendações não se baseiam na qualidade do produto, mas em uma resposta ao recebimento de um pagamento.

Nesse sentido, os influenciadores agem como celebridades endossantes na publicidade convencional. Nunca entendi o valor aparente dessas recomendações, talvez porque eu não adore estrelas do esporte ou atores de Hollywood. A maioria de nós certamente sabe muito bem que George Clooney provavelmente não é um fã particular do café Nespresso e que as estrelas do esporte endossariam qualquer tênis que recebessem o suficiente para dizer que era ótimo. Mesmo assim, os anunciantes adoram usar esses rostos de celebridades.

O relacionamento de um seguidor com um influenciador, no entanto, está muito mais próximo de uma amizade substituta do que o de um espectador com um endossante superstar em um anúncio de TV. Isso torna os influenciadores particularmente perigosos. Ranvir Singh observa que até recentemente esse relacionamento era passível de uso indevido: "No Instagram, não faz muito tempo, criaram a política de colocar #Ad [#Anúncio] porque muitas vezes o que acontecia era que as pessoas diziam: 'Meu Deus, acabei de tomar este novo chá e perdi uma pedra, não posso acreditar!' Pessoas famosas estavam fazendo isso. Então houve um grande impulso para rotulá-lo com #Ad – isso foi uma mudança radical no modo como as pessoas viam a influência on-line."

Helen Carasso concordou com isso: "A publicidade deve ser clara: tivemos toda essa história de influenciadores de mídia social em que agora eles têm que deixar claro: 'Esta publicação é apoiada por... o que quer que eu esteja usando, ou o que quer que seja' – essa publicidade é um link aberto absolutamente direto do produto para o consumidor em potencial, ou a pessoa que você quer que receba a mensagem."

Apesar de esses avisos serem frequentes, os departamentos de marketing consideram os influenciadores uma parte significativa de seu arsenal. Pat Fallon, presidente da agência Fallon Worldwide, comentou há alguns anos:[3] "Ao permitir que as pessoas participem da personalidade pública de uma marca, o profissional de marketing pode desencadear uma boa vontade contagiante no boca a boca... É hora de acolher o público como co-vendedores

---

3 Em *A history of advertising* (*Uma história da publicidade*) – consulte "Mais descobertas".

das marcas. A marca, como David Ogilvy apontou certa vez, existe dentro da mente dos consumidores, mas agora eles têm os meios para mostrar e contar ao mundo a sua versão dela." Não há dúvida de que as marcas veem os influenciadores como uma ferramenta primordial nesse tipo de exercício de *brainjacking*.

ALCANÇANDO OS JOVENS

Talvez a maior preocupação levantada pelos influenciadores de mídia social seja sua capacidade de causar impacto sobre os jovens, que são mais suscetíveis à manipulação e mais propensos do que a população em geral a obter informações na mídia social. Um exemplo claro é a maneira como os produtos de beleza estão sendo comercializados para um público jovem. Em 2023, a ASA do Reino Unido proibiu um anúncio da Rimmel London que trazia o slogan "Prepare-se para arrasar nessa época de volta às aulas".

O anúncio do Facebook incluía um vídeo de uma influenciadora de 25 anos, Lana Jenkins, aplicando a maquiagem da Rimmel London. De acordo com a Coty UK, a empresa por trás da Rimmel, não se tratava de "comunicar a necessidade de usar maquiagem", mas sim de "fazer uma referência mais geral ao período que começa em setembro para qualquer pessoa que volte ao trabalho, incluindo, por exemplo, estudantes universitários, mães e professores". De acordo com o fabricante, a intenção era "motivar e criar confiança, em vez de se aproveitar das inseguranças das meninas".

Em resposta, a ASA disse que "as palavras 'época de volta às aulas' nesse anúncio, em conjunto com o esquema de cores rosa vibrante, os emojis de livros e estrelas e a caneta rosa fofa segurada pela Sra. Jenkins no vídeo, seriam entendidas pelos telespectadores como uma referência à época do ano em que os alunos retornam à escola ou à faculdade após as férias de verão e seriam percebidas como se estivessem falando com essa faixa etária, e teria sido atraente para ela", e que "o uso da palavra 'arrasar' na alegação 'Prepare-se para arrasar nessa época de volta às aulas' implicava que as meninas ou mulheres jovens teriam mais chances de sucesso ou de se saírem bem quando voltassem para a escola se usassem maquiagem". Em conclusão, a ASA determinou que o anúncio "tinha o efeito de brincar com as inseguranças das meninas em relação à sua aparência e, portanto, concluímos que era irresponsável".

A jornalista Kristina Murkett observou:[4]

> Em todo o país, crianças e pré-adolescentes não estão pedindo Barbies e bicicletas para o Natal deste ano; em vez disso, estão pedindo tônicos, soros, produtos de limpeza e hidratantes... Influenciadores "empreendedores mirins" como Haven Garza (que tem 7 anos de idade e quase 5 milhões de seguidores no TikTok) estão analisando produtos de cuidados com a pele para vender a outras crianças da mesma idade. Penelope Disick, a filha de 11 anos de Kourtney Kardashian, publicou um vídeo sobre sua rotina de cuidados com a pele e maquiagem que tem mais de 8 milhões de visualizações no TikTok. Uma linha de produtos para a pele da atriz Millie Bobby Brown, de 19 anos, é particularmente popular entre os adolescentes, enquanto empresas de produtos para a pele, como a Drunk Elephant, estão sendo endossadas e seguidas por crianças de apenas oito anos de idade.

ELES ESTÃO ROUBANDO NOSSO FOCO?

Uma outra influência em nossos cérebros que frequentemente se sugere ser devida à mídia social é a redução da capacidade de atenção humana. Essa preocupação foi trazida à tona no início de 2022, quando o jornalista escocês-suíço Johann Hari, anteriormente desonrado, publicou seu livro *Foco roubado: Os ladrões de atenção da vida moderna*. Essa foi uma afirmação clara do mais obscuro *brainjacking* – não apenas, sugeriu-se, a mídia social estava reduzindo nossa capacidade de nos concentrarmos em um tópico por qualquer período, mas empresas como a Meta estavam fazendo isso intencionalmente: elas estavam *roubando* nosso foco.

Em um artigo do jornal *Observer* baseado em seu livro,[5] Hari relata uma visita a Graceland, em Memphis, Tennessee, com seu afilhado de 19 anos, "Adam" (o nome foi alterado). Hari descreve Adam como "perdido", tendo abandonado a escola aos 15 anos e passando "quase todas as suas horas de

---

4 Kristina Murkett: "Rimmel: the latest brand to prey on children's insecurities" ("Rimmel, a última marca a se aproveitar das inseguranças das crianças"), unherd.com.

5 "Your attention didn't collapse. It was stolen" ("Sua atenção não caiu. Foi roubada" – 2 de janeiro de 2022).

vigília alternando entre telas – um borrão de YouTube, WhatsApp e pornografia". Além de Adam quebrar a promessa de manter o telefone desligado durante o dia, Hari fica chocado quando os visitantes de Graceland passam o tempo percorrendo as características do edifício em um iPad que recebem, em vez de olhar diretamente para elas.

Horrorizado, Hari continua entrevistando especialistas e conta sobre um pequeno estudo com estudantes universitários que descobriu que "agora eles só se concentram em qualquer tarefa por 65 segundos". Outro estudo com trabalhadores de escritório descobriu que "eles só se concentram, em média, por três minutos". Hari afirma que isso não está acontecendo porque todos nós, individualmente, perdemos força de vontade: "Seu foco não caiu. Ele foi roubado". Ele prossegue descrevendo o "efeito do custo da mudança", em que a tendência de alternar entre as tarefas, incentivada pelas mídias sociais, resulta em perda de tempo para reorientar o foco.

Para demonstrar isso, somos informados sobre um estudo realizado no laboratório de interação humano-computador da Universidade Carnegie Mellon, no qual 136 alunos fazem um teste. Eles são divididos entre ter seus telefones desligados ou ligados com mensagens de texto intermitentes. Em média, os alunos que receberam as mensagens tiveram um desempenho 20% pior. Hari reflete: "Parece-me que quase todos nós estamos perdendo esses 20% de nossa capacidade cerebral". Ele nos diz que precisamos lutar, que precisamos reivindicar nossas mentes "assim como o movimento feminista reivindicou o direito das mulheres a seus próprios corpos".

Um discurso forte. Mas há algumas dúvidas significativas sobre a ciência por trás dessas afirmações. Em seu excelente podcast *The Studies Show*, Tom Chivers e Stuart Ritchie apontam que, por exemplo, há problemas com a descrição do estudo da Carnegie Mellon. Esse não foi um estudo publicado que passou por revisão por pares – ele foi encomendado para outro livro, *The plateau effect* (*O efeito platô*), de Bob Sullivan e Hugh Thompson. E mesmo a descrição do estudo não é precisa. Na realidade, os alunos foram divididos de três maneiras. Alguns estavam com os telefones desligados, outros com os telefones ligados, mas não recebiam mensagens de texto, e outros com os telefones ligados e recebiam mensagens de texto.

O mais importante é que os alunos que receberam mensagens de texto foram informados de que o conteúdo das mensagens era importante para o teste, o que enfraqueceu qualquer sugestão de que havia um problema inerente ao uso de telefones celulares. Não é de surpreender que os participantes tenham se saído pior em um teste se parte do tempo alocado para o teste foi ocupada por uma atividade que, segundo eles, fazia parte do processo. Quando a necessidade de ler essas mensagens de texto faz parte do teste, não se pode dizer que eles tenham se saído pior no geral. E, para piorar a situação, aparentemente o teste foi realizado duas vezes e somente em uma delas houve uma deterioração no resultado.

De modo geral, a falta de lógica demonstrada é notável. Hari passa de um estudo pequeno e de baixa qualidade que afirmava que as pessoas se saíam 20% pior em um teste específico quando interrompidas repetidamente para a afirmação generalizada de que "quase todos nós estamos perdendo esses 20% de nossa capacidade cerebral". Mesmo que o estudo tivesse sido um exemplo de alta qualidade, revisado por pares, em que os textos fossem pura distração, dificilmente poderíamos deduzir de seus resultados que a maioria de nós está perdendo um quinto de nossa capacidade cerebral. Simplesmente não há conexão.

EM MÉDIA...

As empresas de mídia social estão realmente empenhadas intencionalmente em destruir nossa capacidade de atenção? A afirmação parece se basear na ideia até razoável de que, ao fazer isso, elas garantirão que sejamos expostos a mais publicidade, o que, no final das contas, é a razão de sua existência. Elas querem que continuemos rolando a tela. Mas, além da preocupação com alguns dos estudos mencionados acima, há problemas maiores com a forma como isso é apresentado.

O estudo sobre funcionários de escritório mencionado por Hari afirma que, em média, os participantes se concentraram por apenas três minutos. Mas essa é uma afirmação altamente enganosa. As médias são métodos matemáticos muito úteis, mas, como todas as ferramentas estatísticas, elas precisam ser utilizadas com cuidado, caso contrário, podem induzir a erros graves.

Um problema aqui é que "média" significa o valor produzido pela soma de um conjunto de números e a divisão pela quantidade de números. Assim, por exemplo, a média de 2, 3, 4 e 5 é 14/4 = 3,5. Essa medida geralmente é eficaz, mas pode ser altamente enganosa. Se Elon Musk estiver em uma sala com outras nove pessoas que têm o patrimônio líquido típico do Reino Unido de cerca de £125.000, o patrimônio líquido médio das pessoas na sala (em 2023) é de mais de £19,2 bilhões. Isso não nos ajuda de modo algum a entender a população que está sendo estudada.

Devido a essa limitação, os estatísticos costumam usar um tipo alternativo de média chamado mediana. Isso classifica os indivíduos em ordem e escolhe o valor médio. Portanto, o patrimônio líquido médio desse grupo é de 125.000 libras esterlinas, muito mais representativo, embora agora seja como se o Sr. Musk tivesse desaparecido. A falta de clareza sobre qual tipo de média está sendo usada pode causar confusão. Vemos com frequência, por exemplo, um número apresentado na imprensa sobre o preço "médio" de uma casa no Reino Unido. Se esse valor se referisse à média, seria altamente enganoso, porque a grande maioria das casas no Reino Unido vale menos do que a média, devido a um pequeno número de casas muito caras (o equivalente a Elon Musk no exemplo acima).

Há algum tempo, conversei com Robert Gardner, na época economista-chefe da Nationwide Building Society, que é uma das organizações que fornecem esses números. Ele gentilmente me mostrou o que eles chamam de média. Isso acabou se revelando muito mais complexo do que uma média ou uma mediana. Era o resultado da estratificação dos dados de preço de acordo com a região, o tipo de casa e vários outros fatores, produzindo, então, um valor ponderado que eles talvez pudessem chamar de valor *típico*, mas que não era uma média em nenhum sentido tradicional.

Quando se trata de calcular a média da capacidade de atenção, estamos lidando com um conceito extremamente difuso que não é suscetível a uma média significativa. Nossa capacidade de atenção é altamente dependente da atividade realizada. A atenção é uma coisa totalmente diferente quando se folheiam publicações nas mídias sociais e quando se assiste a um filme envolvente ou se dirige um carro. Há pouca dúvida de que a mídia social foi criada para reduzir o tempo que passamos com publicações individuais, mas não podemos deduzir que não somos capazes de aplicar a atenção por períodos mais longos quando apropriado. Provavelmente, não damos muita atenção às publicações na mídia social porque elas não merecem ser vistas por mais tempo.

ATENÇÃO X MEMÓRIA

O ponto mais baixo da pseudociência do tempo de atenção veio com um "artigo" frequentemente citado da Microsoft, publicado em 2015[6], que afirmava que a mídia digital tinha um impacto tão grande em nosso tempo de atenção que, em média, ele havia caído de 12 segundos em 2000 para 8 segundos em 2013. Esses dados não foram derivados de um artigo publicado, mas de um site chamado Statistic Brain, que não forneceu nenhuma fonte para as informações.

Um dos aspectos mais improváveis do documento sobre a capacidade de atenção da Microsoft foi o fato de ele afirmar que, ao cair para oito segundos em 2013, os seres humanos passaram a ter menos do que a "capacidade de atenção média de um peixe dourado", que foi dada como nove segundos. Há uma verdadeira estranheza aqui. O que parecia ser referenciado como se fosse fato era a velha máxima de que os peixes dourados têm uma memória muito limitada (o número não é consistente: pode ser dado como três, cinco ou nove segundos). Essa afirmação não tem base científica e é facilmente refutada.

Qualquer pessoa que tenha mantido um peixe dourado em um lago sabe que ele pode se lembrar de uma atividade à beira do lago que precede a alimentação, dia após dia, dirigindo-se ao local apropriado quando ela ocorre. Além disso, em 2003, o programa de TV *Mythbusters: Os Caçadores de Mitos* demonstrou que os peixes dourados se lembravam de rotas através de labirintos por pelo menos um mês, acrescentando a uma série de artigos que demonstraram a natureza incorreta da memória de três, cinco ou nove segundos que remonta pelo menos a 1908. No entanto, mesmo que a afirmação fosse verdadeira (e não é), a alegação sobre o peixe dourado refere-se a uma medida de retenção de memória, não de capacidade de atenção. Elas não são a mesma coisa. Ninguém jamais sugeriu que os seres humanos foram reduzidos a ter uma memória de oito segundos.

---

6 "Attention spans – consumer insights" ("Tempos de atenção – precepções do consumidor"), Microsoft Canada (2015).

VÍCIO EM MÍDIA SOCIAL

Se a mídia social realmente foi projetada para diminuir nossa capacidade de atenção geral apenas para aumentar nossa exposição a anúncios mais lucrativos, embora tenha pouco impacto sobre nossa atenção em outras áreas, isso ainda é um nível claramente maligno de *brainjacking* – mas alguns afirmam que há algo ainda pior acontecendo. De acordo com um artigo da BBC de 2023,[7] "centenas de famílias estão processando algumas das maiores empresas de tecnologia do mundo – que, segundo elas, expõem conscientemente as crianças a produtos nocivos". Especificamente, as empresas de mídia social estão sendo acusadas de criar dependência em seus usuários.

O artigo cita uma mulher norte-americana chamada Taylor Little, que diz: "Eu literalmente fui aprisionada pelo vício aos 12 anos de idade. E não consegui recuperar minha vida durante toda a minha adolescência." O artigo considera a existência desse vício como um fato consumado. A alegação de Little e de seus colegas queixosos é que as plataformas de mídia social são projetadas para promover o vício.

Parte do caso legal é clara e já foi reconhecida por um juiz dos EUA – que plataformas como o Facebook e o TikTok não têm verificação de idade útil ou controles parentais eficazes. A afirmação específica de vício, contudo, é difícil de justificar. O podcast *Studies Show* aponta para um artigo da *Behavior Research Methods* de 2020[8] que lança dúvidas sobre os métodos usados para demonstrar que a mídia social fornece um mecanismo perigoso de dependência.

O artigo aponta que as medidas usadas para detectar o vício em mídia social se concentram nas motivações para absorver informações sociais on-line, que são exatamente as mesmas motivações para buscar informações sociais em circunstâncias off-line tradicionais. Os autores do artigo usam escalas de uso de mídia social e as reformulam para que se apliquem a "passar tempo com os amigos": eles descobrem que 69% das pessoas testadas são viciadas em passar tempo com os amigos.

---

7 https://www.bbc.co.uk/news/technology-67443705.

8 "Development of an Offline-Friend Addiction Questionnaire (O-FAQ): Are most people really social addicts?" ("Desenvolvimento de um Questionário de Vício em Amigos Presenciais (O-FAQ): Será que a maioria das pessoas é realmente viciada em socialização?") de Liam Satchell et al.

Como diz o resumo do artigo: "Questionamos até que ponto a conexão com outras pessoas pode ser considerada um 'vício' e discutimos questões relativas à validação de novas medidas de 'vício' sem construtos médicos relevantes. Os leitores devem abordar nossa medida com o nível de ceticismo que deve ser concedido às medidas atuais de dependência de mídia social." É claro que, como seres humanos, temos hábitos e gostamos de fazer coisas de que gostamos, mas certamente é um insulto aos viciados que estão lutando contra uma doença descrever a atividade de mídia social como vício.

Sem dúvida, a mídia social teve um impacto em nossos círculos pessoais de contadores de histórias. Tradicionalmente, pedíamos a amigos e parentes para, por exemplo, recomendar um bom encanador, e podemos ser influenciados em tudo, desde a comida que comemos até nossos pensamentos sobre questões políticas, como resultado da interação com essas redes sociais do mundo real. Essas redes físicas geralmente incluem cerca de dez indivíduos em um círculo interno, sendo que cada um deles dá acesso a cerca de outros dez, o que significa que nossa esfera social contém cerca de cem pessoas. Na mídia social, contudo, o equivalente aparente, se considerarmos amigos ou influenciadores, pode chegar a muitas centenas ou até milhares.

Novamente, em uma rede social física tradicional, escolheríamos o grau de exposição que teríamos a qualquer indivíduo em particular. Na mídia social, porém, são algoritmos invisíveis que decidem a quantidade de informações que recebemos de quem. Essa configuração artificial e orientada por dados pode resultar na fácil formação de câmaras de eco, onde ficamos presos a pontos de vista polarizados, além de permitir que as empresas apliquem influência como se fizessem parte de nossas redes do mundo real.

Independentemente de concordar ou não, por exemplo, com os pontos de vista de J.K. Rowling sobre a necessidade de espaços seguros para as mulheres, os mecanismos das plataformas de mídia social facilitam o desenvolvimento de uma bifurcação de opiniões, com milhões de pessoas apoiando-a em voz alta e milhões de outras insultando-a veementemente. Essa parece ser a influência da mídia social na maneira como abordamos as questões: ela vai muito além do debate racional, chegando ao ódio e às ameaças de morte contra qualquer pessoa que discorde. Nesse sentido, a mídia social certamente fornece um veículo para o *brainjacking* sombrio.

Também é verdade que não carregamos nossas redes sociais do mundo real em nossos bolsos – se você não desativar os alertas (e deveria), a mídia social pode ser muito mais intrusiva na vida cotidiana. Eu diria que é por isso que ela pode ser tão perniciosa para as crianças, e não por vício. Qualquer problema que elas possam enfrentar pessoalmente, como *bullying*, é amplificado enormemente pelo *ping* constante de alertas de mídia social. No Reino Unido, enquanto escrevo, alguns estão defendendo a proibição de smartphones ou mídia social até, digamos, a idade de 16 anos. Embora os aspectos práticos tornem isso improvável, vale a pena explorar alguma forma de atenuar a pressão da mídia social sobre os jovens.

As empresas de mídia social estão no negócio de dados em grande escala e tentam obter maior influência e capacidade de manipulação dando a impressão de estarem próximas de seus usuários. Mas essa é apenas uma pequena parte do modo como os dados sobre nós são usados e compartilhados para obter capacidade de *brainjacking*. Os sistemas que nos conhecem, ou que usam o que acham que gostamos ou como nos comportamos, proliferaram à medida que o uso da internet se tornou onipresente. Há uma batalha sobre o que compartilhamos, quem pode acessá-lo e o que pode ser feito conosco.

CAPÍTULO 9

Conhecendo-me, conhecendo você

Quando a narração de histórias verbais era a única fonte de *brainjacking*, era uma via de mão única. As informações vinham do contador de histórias e, ao ouvi-las ou vivenciá-las, o receptor pensava de forma diferente. Em seguida, poderia evoluir para uma discussão, mas a narração básica de histórias tem uma clara direção de fluxo. Agora, porém, como vimos com a mídia social e a publicidade personalizada, o compartilhamento de histórias pode ser muito mais uma interação. A capacidade de influenciar nossos pensamentos e ações pode ser impulsionada por dados, e nunca houve uma época em que houvesse tantos dados disponíveis, não apenas sobre o mundo em geral, mas sobre nós como indivíduos.

MANTER A PRIVACIDADE ON-LINE

A influência orientada por dados é o motivo pelo qual algumas das principais empresas de TI, como a Apple, têm dado tanta importância ao grau em que seus sistemas proporcionam maior privacidade aos usuários. Como usuário da Apple, quando me inscrevo em um serviço, não preciso usar meu próprio endereço de e-mail – posso pedir à Apple que forneça um endereço falso que não tenha nenhuma conexão externa comigo. Quando estou na Web, o navegador impede que as informações sejam transmitidas de um site para outro (algo que, enquanto escrevo, o Google também acabou de adicionar ao navegador Chrome).

Se eu abrir o "relatório de privacidade" no meu navegador, poderei ver que, nos últimos 30 dias, 28 rastreadores diferentes foram impedidos de traçar meu perfil e mais da metade dos sites que visitei contataram esses rastreadores. Surpreendentemente, dada sua reputação de ser amigável ao cliente, o site mais invasivo que usei para tentar envolver rastreadores foi o da loja de departamentos John Lewis, que contatou 19 rastreadores. Além do quase inevitável Google e seus descendentes (de acordo com o relatório, o google.com foi impedido de traçar meu perfil em 98 sites), os sites de rastreamento para os quais a John Lewis tentou passar informações incluíam o mecanismo de busca Bing da Microsoft, Facebook, Snapchat, Twitter, Yahoo e vários sites de monetização.

Da mesma forma, a Apple agora oferece aos usuários do iPhone a opção de impedir que os aplicativos compartilhem informações. É claro que os provedores de publicidade me diriam que esse compartilhamento de dados é feito para meu benefício, para que eu possa receber os anúncios mais adequados. Por que eu gostaria de receber anúncios de ração para gatos se não tenho um gato? Isso custa dinheiro desnecessário ao anunciante e também me irrita. No entanto, como vimos no capítulo anterior, o modo como essas informações são obtidas e usadas parece manipulador. Não é só uma questão de publicidade adequada, mas da maneira como os anúncios podem tentar insidiosamente entrar na minha mente e agir de modo a maximizar a chance de eu fazer uma compra.

Os sistemas de *big data*, que trabalham de forma invisível por trás dos sites que visito, permitem que esse perfil e esse rastreamento disseminem informações em segundo plano, sem meu conhecimento. E não há dúvida de que a intenção – mais uma vez, muitas vezes usando a defesa de fazer algo útil para mim – é maximizar a influência. Se você não tiver esse tipo de rastreamento sob controle – o que não era possível até relativamente pouco tempo atrás –, o resultado pode ser bastante enervante.

Em 2016, ao escrever meu livro *Big Data*, observei que estava conversando com minha esposa sobre um presente de Natal para uma de nossas filhas. Alguns dias depois, entrei no Facebook e o primeiro anúncio que vi foi o da marca específica de perfume que havíamos discutido. Foi um choque – eu não havia procurado por ele on-line. Na época, tínhamos os alto-falantes inteligentes Echo, da Amazon, baseados no Alexa, que estão sempre ouvindo o que está sendo dito. Será que, de alguma forma, eles poderiam ter informado o Facebook sobre nossa discussão?

Na realidade, essas possibilidades do tipo Grande Irmão não eram necessárias, embora a natureza sempre ativa dos alto-falantes Echo tenha sido usada no passado (depois de algumas disputas legais) para coletar evidências de cenas de crimes. Acontece que, após nossa conversa, minha esposa usou meu computador para procurar o perfume, portanto, houve uma oportunidade de rastreamento mais convencional.

Embora meu navegador agora impeça a passagem de informações de um site para outro, ele não pode impedir que o rastreamento ocorra em um site como o Facebook. E isso fornece um exemplo de um dos aspectos mais frustrantes da publicidade direcionada para o usuário. Se você clicar em um anúncio no Facebook, é provável que seja bombardeado com anúncios subsequentes do mesmo produto. Isso ocorre até mesmo se você comprar o produto, mas é particularmente frustrante se você olhar para ele e decidir não comprar.

Mesmo com a proteção oferecida por empresas como a Apple e o Google, enquanto escrevo esse processo ainda estava sendo expandido. Em janeiro de 2024, a Meta, a empresa por trás do Facebook e do Instagram, anunciou o que foi descrito como uma melhoria na experiência do usuário. Seus aplicativos agora armazenariam o histórico de links por 30 dias, para que os usuários pudessem voltar às páginas que visitaram no navegador integrado dos aplicativos no último mês. O problema é que, como a Meta admitiu: "Podemos usar as informações do histórico de links do nosso navegador para melhor++ar seus anúncios nas tecnologias da Meta". Esse "aprimoramento da experiência" era, na verdade, para permitir uma publicidade mais direcionada.

Há também exemplos em que a publicidade direcionada não funciona muito bem. Em seu livro sobre *Big Data*,[1] Timandra Harkness menciona uma mulher que viajou para a Flórida para cuidar de sua mãe idosa, que estava doente. Depois de algumas pesquisas on-line relevantes para as necessidades de sua mãe, no dia seguinte ela começou a receber anúncios de serviços funerários locais. Com uma falha tão trágica, o único *brainjacking* que ocorre é voltar o comprador contra o site que veiculou a publicidade ofensiva. Contudo, quando a segmentação é eficaz, parece muito provável que as decisões de compra possam ser influenciadas.

1 Consulte *Big Data* em "Mais descobertas" para obter detalhes sobre o livro de Timandra Harkness.

NÓS LHE DIREMOS O QUE VOCÊ QUER

Um processo um pouco mais benéfico é a maneira como a Netflix ou a Amazon fazem recomendações, com base no que você já viu, assistiu ou comprou e avaliou. Essa é uma tentativa de entrar em sua cabeça, entender suas preferências e influenciar suas escolhas. Novamente, você pode ver isso como um problema ou uma oportunidade. Empresas como a Netflix e a Amazon têm um vasto banco de dados de produtos para escolher. Pode haver oferta demais para que se possa fazer uma seleção sensata. Às vezes, suas sugestões podem ser benéficas, mas também podem fornecer informações inúteis.

É claro que, em pequena escala, as recomendações sempre foram um dos recursos das compras em lojas convencionais. Uma grande livraria, por exemplo, tem dezenas de milhares de títulos diferentes. Se você tivesse que olhar cada livro individualmente para encontrar algo que quisesse comprar, ficaria rapidamente sobrecarregado. Em resposta, a livraria oferece dois veículos para ajudar. Em primeiro lugar, há seções temáticas que separam, por exemplo, biografia de ficção científica ou livros infantis de culinária. Se você souber em que *tipo* de livro está interessado, poderá reduzir a escolha a algumas centenas de títulos.

Em segundo lugar, como as livrarias tradicionais tentam superar seus rivais on-line, elas têm maneiras de destacar determinados produtos. Pode haver prateleiras para novos lançamentos em diferentes categorias. Haverá tabelas, destacando uma pequena proporção de títulos, alguns com ofertas especiais. E os "bilhetinhos", etiquetas nas prateleiras com recomendações pessoais, serão usados para escolher determinados livros. Além disso, você sempre pode perguntar a um livreiro humano.

Essas abordagens dão à loja a chance de manipular a tomada de decisão dos clientes. Até mesmo as categorias influenciam nossos padrões de compra. A maior cadeia de livrarias do Reino Unido, a Waterstones, por exemplo, mudou (pelo menos em muitas lojas) o crime de uma categoria separada para ficção geral e incluiu a ciência popular em uma categoria mais ampla de "pensamento inteligente", o que presumivelmente tem a intenção de aumentar as vendas, embora aqueles de nós que procuram especificamente títulos de crime e ciência popular achem isso frustrante. Mais ainda, o que vai para as gôndolas ou para a vitrine, o que ganha sua própria vitrine e os que têm bilhetinhos influenciam a mente dos clientes.

Tive a oportunidade de ver um pequeno exemplo do poder dessa abordagem de influência quando conheci um gerente sênior da WH Smith, a maior cadeia de lojas de artigos de papelaria do Reino Unido, que também é uma importante livraria. A Smith's ofereceu às editoras a possibilidade de pagar para ter um novo livro em destaque em suas lojas. Em um período de vendas, ninguém havia comprado o espaço. Em resposta, como um experimento, a gerência simplesmente escolheu um livro que não era particularmente promissor para ver o que aconteceria com ele. Ele acabou entrando na lista nacional de best-sellers. É claro que ele poderia ter conseguido isso de qualquer maneira, mas essa não era a expectativa dos experientes livreiros da empresa.

On-line na Amazon, o estoque potencial a ser examinado é muito maior. O mesmo se aplica a uma empresa de streaming como a Netflix, com um vasto catálogo para escolher. E assim, além de usar categorias, esses sites fazem recomendações personalizadas. Os algoritmos por trás dessas recomendações são opacos. Não sabemos por que eles tomaram suas decisões. Como no caso do livro em destaque da WH Smith, pode ser que, em alguns casos, não se trate realmente de uma questão do que funcionaria para o comprador, mas sim do que seria financeiramente vantajoso para o site. E uma vez que o *big data* esteja envolvido, as empresas podem ir além da recomendação e encomendar produtos com base na preferência do usuário.

A Netflix, por exemplo, é conhecida por encomendar séries com base nas preferências dos espectadores. Em vez de adotar a abordagem das emissoras tradicionais de encomendar um piloto e usar a resposta obtida para decidir se deve ou não optar por uma série inteira, a Netflix usou os dados de seus assinantes para decidir se valia a pena arriscar em uma nova série e, como resultado, encomendou várias séries do zero. E esses dados também permitem que eles forneçam vários trailers diferentes, dependendo da preferência do usuário.

O *big data* também tem outra maneira de influenciar nossa tomada de decisão: o site de comparação. O benefício pessoal de sites como esse é fácil de reconhecer quando o comprador tem um produto específico em vista. O primeiro site de comparação no Reino Unido pesquisava as livrarias on-line e encontrava o local mais barato para comprar um determinado título. Esse site, o BookBrain, teve um breve sucesso, mas as comissões envolvidas na venda de livros são pequenas e esses sites agora são relativamente raros.

A comissão é, afinal, a única fonte de receita de um site de comparação e, por isso, eles prosperaram onde as oportunidades de comissão sempre foram muito maiores, principalmente no setor de seguros. Os sites de comparação que lidam com seguros ainda oferecem ao usuário algo positivo – há um número excessivo de seguradoras individuais para verificar todas elas, e a quantidade de informações que você precisa fornecer a cada empresa é grande. Contudo, os sites de comparação podem manipular a decisão do usuário em relação aos fornecedores que maximizam sua renda, principalmente fazendo com que cada oferta seja sutilmente diferente no que oferece, dificultando uma comparação realista. Os usuários mais espertos também verificarão algumas seguradoras que não estão nos sites de comparação.

Uma empresa como a Amazon está tentando diretamente manipular os clientes para que gastem dinheiro. Ela não está lá para educar ou informar. Mas a Amazon também é pioneira em outra maneira pela qual o *big data* pode influenciar os clientes: fornecendo avaliações de clientes. E as avaliações proporcionam uma camada extra de oportunidade de *brainjacking*.

O CRÍTICO EM AÇÃO

As avaliações têm uma história longa e, em sua maioria, útil. Mesmo antes da grande quantidade de produtos que agora temos que escolher, há séculos existe a necessidade de ajudar aqueles que têm dinheiro para gastar a fazer escolhas inteligentes. Se houver 20 peças em cartaz na sua cidade, qual seria a melhor para você assistir? Que livro você deve comprar ou em que restaurante você deve comer? Se você assina um jornal, uma revista ou um site de avaliação como o *Which?* do Reino Unido, pode se beneficiar da orientação de profissionais.

Para explorar o que as avaliações profissionais estão tentando fazer, conversei com o último dos meus colegas de equipe *do University Challenge*, Matthew Fort. Matthew começou na área de publicidade, mas ficou famoso ao avaliar restaurantes para o jornal *Guardian* e como jurado do programa de TV da BBC *Great British Menu*. Ele enfatizou a necessidade de um crítico construir um relacionamento com seus leitores: “Se você está escrevendo para um jornal e quer que as pessoas recorram a você todas as semanas, é preciso criar um relacionamento – em primeiro lugar, que as pessoas se interessem o suficiente pelo que você quer escrever e, em segundo lugar, que confiem em você depois de lerem o que você faz. O tom de voz é absolutamente essencial: quem é você, por que abrir o *Guardian* e ler Matthew Fort resenhando o Fat Duck? É como criar um relacionamento, sentar-se à mesa e conversar, e essa é a história que tenho para contar."

Isso parece particularmente verdadeiro quando uma crítica é autônoma. Provavelmente não é o caso quando um jornal publica uma lista completa de resenhas de livros ou filmes reunidas por diferentes pessoas, mas se aplica quando envolve algo como as resenhas de restaurantes de Matthew, o podcast de resenhas de filmes e TV de Mark Kermode e Simon Mayo, *Kermode & Mayo's Take*, ou até mesmo, de certa forma, minhas próprias resenhas de livros de ciência popular e ficção científica.[2]

De certa forma, embora os resenhistas profissionais provavelmente não gostem de pensar nisso, há uma semelhança com o influenciador de mídia social: eles também constroem um relacionamento com os espectadores, embora, sem dúvida, mesmo que ambos incluam um elemento de entretenimento, o bom resenhista profissional incorpora conhecimento e experiência, enquanto os influenciadores geralmente dependem inteiramente da personalidade.

Como Matthew observou, o estilo de alguns resenhistas concentra-se no entretenimento – ele destacou o falecido A.A. Gill entre os críticos gastronômicos, e o mesmo poderia ser dito, por exemplo, das resenhas de carros de Jeremy Clarkson –, mas Matthew tinha como objetivo principal ser visto como um amigo informado e um contador de histórias. Ele destacou uma carta que recebeu e que dizia: "Sou idoso e estou praticamente preso em casa, e o auge da minha semana é quando chega o Saturday *Guardian* e leio a seção de viagens, porque posso ir para a Antártica ou para a América ou para a Argentina ou para qualquer outro lugar, e depois vou para a página de gastronomia: nunca irei a esses restaurantes, mas graças a você posso ir e ver como é."

Seja para se sentir como um amigo ou como um artista, o *brainjacking* envolvido muitas vezes se desvia para a manipulação social, boa ou ruim. Mas para quem está procurando uma recomendação de restaurante para reservar, a situação é bem diferente. Matthew repete: "Obviamente, você quer influenciar as pessoas, mas, antes de tudo, precisa entretê-las até certo ponto: elas

---

2 Minhas resenhas de ciência popular e ficção científica podem ser encontradas em www.popularscience.co.uk.

precisam querer ler... se vão ao restaurante ou não, depende delas. Suponho que existam graus [de influência]: se for um restaurante absolutamente fantástico, quero que as pessoas vão lá – eu provavelmente diria que todo mundo deveria ir lá."

Dito isso, Matthew duvida do poder das resenhas: "Perdi a conta do número de restaurantes que elogiei até os céus e que desapareceram um mês depois. E perdi a conta dos restaurantes que eu e muitos outros chutamos com todo o vigor, apenas para encontrá-los prósperos décadas depois. O caso clássico foi o Fat Duck. Eu o avaliei para o *Guardian* e dei a ele 19½/20, a única vez que fiz isso. Heston [Blumenthal] disse, "Por que apenas 19½?" Eu disse: "Porque quero mantê-lo com fome". Mas o fato é que todos que o avaliaram disseram que era fantástico, mas ele estava falindo! Até que recebeu sua terceira estrela Michelin, que o estabeleceu além do nível paroquial da culinária britânica, mostrando que era um lugar internacional para se visitar, o que o salvou da falência."

Entretanto, às vezes houve uma clara influência, mesmo que o resultado não tenha sido o esperado. Matthew disse novamente: "Emily Green escrevia para o *Independent* e, em uma semana, nós dois avaliamos o mesmo restaurante. Eu dei as boas-vindas ao restaurante e ela fez uma das críticas mais contundentes que já li em minha vida, absolutamente virulenta, e fiquei um pouco surpreso. De qualquer forma, liguei para eles alguns dias depois e disse isso, e espero que não tenha afetado os negócios. Eles disseram: 'Nunca estivemos tão ocupados' – as pessoas não conseguiam acreditar que fosse tão ruim ou, se acreditavam, queriam experimentar o quanto era ruim."

Comecei a escrever profissionalmente com análises de software para revistas. Meu primeiro grande artigo de avaliação, que ganhou a capa, foi sobre um novo pacote de planilhas chamado Excel. Embora não seja uma garantia de 100%, podemos presumir que a maioria das resenhas profissionais fornece uma avaliação honesta do produto ou serviço abordado e é escrita por alguém que sabe do que está falando. Não é uma garantia absoluta, é claro, pois pode haver parcialidade fraudulenta. Quando escrevia resenhas para revistas de computação, certa vez fui abordado por um representante de uma empresa de software dos EUA que perguntou quanto custaria para garantir que seu novo produto recebesse uma resenha efusivamente boa.

Isso pode parecer contraditório com a sugestão de que essas avaliações são honestas, mas já escrevi milhares de avaliações e isso só aconteceu comigo uma vez. É verdade que, ocasionalmente, pessoas ou empresas reclamaram que não gostaram de minha avaliação, mas isso é outra questão. A propósito, não aceitei a oferta de um suborno considerável, equivalente ao que ganhava em cerca de três meses, mas lembro-me de como me senti chocado após a ligação telefônica.

PERGUNTE AO CLIENTE

É provável que as avaliações profissionais exerçam influência sobre aqueles que as leem, mas a maioria dos compradores em potencial de um produto ou serviço nunca terá lido uma avaliação convencional. E essas avaliações só podem abranger uma pequena amostra do mercado geral. Hoje em dia, é muito mais provável que usemos algo como o Tripadvisor para obter orientação sobre restaurantes, mesmo que seja apenas porque ele oferece o que parece ser uma visão mais completa. As avaliações dos clientes tornaram-se a fonte de referência para muitos ao decidir por uma compra. A ideia é simples: facilitar o fornecimento de feedback sobre nossas compras, o que ajudará outras pessoas a escolher. É o equivalente em *big data* de pedir a amigos e parentes que recomendem algo. As avaliações dos clientes também podem ter um grande efeito, tanto que não demorou muito para que os fabricantes procurassem maneiras de manipular o resultado.

Inicialmente, essa manipulação era apenas uma extensão do que acontecia com as avaliações profissionais. Quando eu analisava um software antigamente, ou quando analiso um livro hoje em dia, na maioria das vezes não paguei por ele, recebi uma cópia para análise, mas ainda assim esperava-se que eu fizesse uma análise justa e imparcial (como, de fato, faço). Também avaliei hardware profissionalmente, como laptops e TVs, mas esses não ficam com você. No entanto, os fabricantes, principalmente da China, logo começaram a bombardear aqueles que escreviam regularmente avaliações de clientes com e-mails oferecendo produtos gratuitos ou com desconto em troca de avaliações.

Isso logo piorou. Os fabricantes não apenas pediam uma avaliação, mas exigiam uma avaliação cinco estrelas. Isso ultrapassa a linha do *brainjacking* benéfico para a variante maliciosa. Como vimos, não é que isso nunca aconteça com avaliações profissionais, mas é raro. Como as lojas on-line, como a Amazon, tentaram evitar que isso acontecesse, os fabricantes desonestos introduziram meios indiretos para tentar evitar a detecção – por exemplo, pedindo aos avaliadores pagos que comprassem o produto e depois reembolsando o preço, acrescido de um prêmio. Agora é mais uma questão de tentar detectar padrões de avaliações excessivamente entusiasmadas, muitas vezes curtas, do mesmo cliente.

Admito que quando faço uma avaliação profissional particularmente ruim, costumo enviar um e-mail de desculpas para o profissional de relações públicas que foi meu contato, mas até agora eles sempre foram muito positivos em relação a isso, enfatizando que as pessoas valorizam minhas avaliações porque estou preparado para fazer avaliações ruins. Se eu sempre desse cinco estrelas, minhas avaliações seriam desvalorizadas. Dito isso, uma revista parou de me usar como crítico literário porque às vezes eu fazia críticas negativas – curiosamente, às vezes a própria publicação quer sempre parecer positiva em relação aos produtos que cobre. A única vez que recebi uma resposta publicamente negativa a uma crítica ruim foi no Twitter do autor, não de uma assessoria de imprensa, e isso só aconteceu uma vez, quando fui bastante negativo em relação a um livro de colorir para adultos baseado em matemática.

Como acontece com todas as informações obtidas on-line, embora as avaliações de clientes continuem sendo muito úteis em sua capacidade de moldar nossas opiniões, precisamos abordá-las com cautela, observando os sinais de avaliações pagas ou desleixadas, como avaliações de cinco estrelas muito curtas ou aquelas que fornecem informações limitadas sobre o produto, geralmente com termos semelhantes aos usados pelo fabricante.

CLASSIFICAÇÃO POR ESTRELAS

Com a introdução dos sistemas de informações de *big data* e dos negócios criados em torno deles, a abordagem de classificação de produtos espalhou-se para pessoas e serviços. Assim como as avaliações de clientes, isso tem sua origem em recomendações pessoais ou referências de emprego. Mas a reviravolta moderna é a possibilidade de fazer uma avaliação rápida, muitas vezes baseada em estrelas, de um serviço, da mesma forma que você faria com um produto. Mais uma vez, há aqui a oportunidade de fazer um *brainjacking* bom e ruim.

Temos uma sensação de tranquilidade quando, por exemplo, o Tripadvisor nos diz que um restaurante ou hotel é excelente e podemos ler uma série de avaliações elogiosas. No entanto, há um perigo maior de avaliações mal-intencionadas feitas por concorrentes. É certo que isso já ocorreu com produtos, principalmente quando acadêmicos usaram perfis falsos para criticar os livros de outros acadêmicos. Em 2010, por exemplo, Orlando Figes, professor de história do Birkbeck College, admitiu ter usado perfis falsos para fazer avaliações positivas de seus próprios livros na Amazon e para atacar os livros escritos por outros historiadores. Mas há muito mais benefícios financeiros em potencial para um concorrente desleal que, por exemplo, é proprietário de um dos dois restaurantes de uma cidade pequena e quer ganhar os clientes de seu rival.

Organizações como o Tripadvisor afirmam que policiam esse tipo de abuso do sistema, mas há exemplos bem divulgados de empresas que foram arruinadas por uma campanha direcionada de avaliações falsas, quando os proprietários de empresas tiveram dificuldade para revisar ou remover comentários negativos falsos. Este é um exemplo[3] de reclamação enviada ao Google com o título "tenho uma empresa que está sendo destruída por um cliente insatisfeito que está usando avaliações falsas":

> Tenho um cliente insatisfeito que, apesar de violar o contrato que assinou, me deixou uma péssima avaliação do Google. Entendo que essa é uma prerrogativa dele, embora seja uma mentira descarada, o problema é que ele está usando seus amigos e familiares para publicar avaliações de uma estrela, muitas vezes sem comentários, há vários e ele faz isso há meses, minha receita caiu 90% em função dessa campanha de ódio (...) posso provar 100% que essas postagens são falsas, pois todas as minhas reservas são feitas por meio de um provedor de serviços de reservas e nenhuma das pessoas jamais usou minha empresa e várias delas nem mesmo estão nos Estados Unidos. POR FAVOR, ME AJUDE ANTES QUE EU TENHA QUE FECHAR MINHA EMPRESA.

Não tenho provas de que essa reclamação em particular seja genuína ou não, mas ela dá uma ideia da frustração que pode resultar desse tipo de *brainjacking* insidioso. Matthew Fort comentou: "Eles são manipulados de forma implacável: desde o Tripadvisor, desde o início, você não tinha controle (...) dava para perceber que metade das coisas era escrita por donos de restauran-

3 Exemplo de reclamação sobre críticas falsas on-line encontrado em bit.ly/ brainjacking10.

tes desiludidos com a concorrência ou elogiada por membros da própria família. Era ridículo. Mas talvez seja por isso que os críticos de restaurantes tenham se mantido nos jornais, porque no final o jornal se torna um garantidor da autenticidade do crítico. Na internet, qualquer pessoa pode escrever qualquer coisa e não há recurso (...) Mas por que as pessoas confiam nisso? Mesmo que sejam genuínas, as avaliações são escritas por pessoas que não sabem nada sobre comida, serviço ou qualquer outra coisa."

De acordo com um artigo publicado no jornal *Metro* em 2022[4] , que destacou os perigos das avaliações falsas, "a família média do Reino Unido gasta cerca de 900 libras por ano diretamente influenciada pelas avaliações on-line". Isso representa cerca de 25 bilhões de libras de gastos no total – muitas oportunidades para aqueles que conseguem manipular as avaliações on-line para ganhar dinheiro com isso.

O QUE SIGNIFICAM AS CLASSIFICAÇÕES?

Outro problema é que a maneira como um sistema de classificação funciona pode ser interpretada de forma diferente por quem faz a classificação e por quem faz uso das classificações, sejam eles clientes em potencial ou a empresa que estabeleceu o sistema em primeiro lugar. A Amazon, por exemplo, não fornece orientação sobre como escolher o número de estrelas que os clientes dão a um produto.

Em meu site de resenhas de livros de ciência popular, eu explicito as classificações por estrelas com um esquema de marcação publicado:

* - Simplesmente não funciona para nós.

** - Tem alguns pontos interessantes, mas não é para todos – verifique as ressalvas na resenha.

*** - Livro bom e sólido, vale a pena ler se você estiver interessado no assunto.

**** - Excelente livro que qualquer fã de ciência gostaria de ler.

***** - Um dos melhores livros de ciência popular/ficção científica do ano.

---

4 O artigo *do Metro* sobre críticas falsas pode ser encontrado em bit.ly/brainjacking11.

A confusão de classificações pode ser particularmente predominante quando as classificações afetam diretamente os resultados, como é o caso, por exemplo, do serviço Uber. Aqui, os clientes avaliam os motoristas e os motoristas avaliam seus passageiros. O mesmo ocorre no site de leilões on-line eBay, em que ambos os lados da transação avaliam um ao outro. Há uma sensação perigosa de circularidade nesse mecanismo que pode levar à atribuição de classificações falsas para evitar resultados negativos.

Também pode haver diferenças culturais significativas na maneira como as classificações com estrelas são vistas se não houver orientação disponível, especialmente quando quem projeta o sistema não entende as pessoas que darão as pontuações. As pessoas que preenchem os índices de satisfação no Reino Unido, por exemplo, têm menos probabilidade de usar as classificações mais extremas do que os clientes dos EUA, evitando tanto o pior quanto o melhor absoluto. Isso significa que, em circunstâncias normais, quatro estrelas devem representar um nível "bom" ou "muito bom" de satisfação do cliente. No entanto, a Uber declarou no passado que a classificação média mínima aceitável é 4,6.

Com pontuações mais baixas, os motoristas podem perder sua posição na rede da Uber. Cada classificação de quatro estrelas aparentemente "boa" os arrasta para baixo. Também é possível que o preconceito pessoal desempenhe um papel importante. Os dados da Uber não foram disponibilizados para estudo, mas quando empresas com um sistema de classificação semelhante, como a empresa de aluguel de acomodações Airbnb, abriram seus dados, descobriu-se que isso pode acontecer. Em um estudo realizado nos EUA em 2016, pessoas com nomes que soam como afro-americanos tinham 16% menos probabilidade de serem aceitas como hóspedes em propriedades do Airbnb do que clientes com nomes que soam como europeus-americanos.[5]

Na série de TV *Black Mirror*, de Charlie Brooker (exibida na Netflix, obcecada por avaliações), há um episódio chamado "Queda livre", que apresenta uma sociedade em um futuro próximo em que todos avaliam todos os outros em cada interação. A personagem central tem uma discussão que se transforma em um colapso de suas classificações, levando à descoberta da liberdade que vem de não ser classificado. Essa classificação de comporta-

5 'Racial discrimination in the sharing economy: evidence from a field experiment" ("Discriminação racial na economia do compartilhamento: evidências de um experimento de campo"), de Benjamin Edelman et al.

mento pode parecer pura ficção científica e, no entanto, algo não muito diferente está acontecendo de verdade na China, um país com uma atitude muito diferente em relação às liberdades pessoais do que em grande parte do Ocidente.

O sistema chinês é uma tentativa explícita de moldar as mentes usando um sistema de pontuação de "crédito social", baseado na "confiabilidade". Dependendo de sua classificação social e financeira, os cidadãos são recompensados com o acesso a benefícios e vantagens, como a possibilidade de fazer uma reserva em um restaurante ou reservar um voo, ou ter acesso a encontros on-line, ou punidos com a falta de acesso. Além dos dados pessoais mais conhecidos, como as pontuações de crédito financeiro, a entrada nesse sistema deve incluir tudo, desde ajudar os outros até tocar música muito alta, andar fora da calçada ou evitar o pagamento de tarifas no transporte público.

De acordo com o Estado chinês, esse sistema tem o objetivo de aumentar a liberdade, embora as pessoas de culturas diferentes provavelmente o vejam como o oposto. É um pouco como o antigo mantra do sistema de justiça criminal: "se você não fez nada de errado, não tem nada a temer". Se você agir de maneira confiável, o sistema o recompensará. Mas se agir de forma contrária à manutenção de uma "sociedade socialista harmoniosa", você sofrerá. Quebre a confiança em um lugar e você será restringido aonde quer que vá.

O Estado chinês acredita que esse sistema é necessário para controlar uma economia fora de controle em que a fraude e o suborno são comuns e, com muita frequência, as empresas vendem alimentos não comestíveis ou medicamentos falsificados perigosos. E não há dúvida de que o monitoramento adequado deve ser capaz de ajudar a resolver esses tipos de problemas, mas a escala desse sistema proposto e sua intenção de moldar atitudes e comportamentos por meio de *brainjacking* vai pegar muito mais do que os fraudadores.

Trata-se de uma tentativa de Grande Irmão em escala maciça – maciça demais para ser prática, mesmo com a tecnologia atual, dada a população da China de mais de 1,3 bilhão de pessoas. Revelado pela primeira vez como um conceito em 2014, em 2023 ele ainda estava sendo testado apenas de forma voluntária em algumas regiões e talvez nunca se concretize totalmente. Caso o sistema venha a ser totalmente implementado, é difícil imaginar que todos os possíveis problemas com dados incorretos e suposições inadequadas serão previstos e evitados. Aqui, simples erros de informação podem destruir a vida das pessoas. Aqueles que estão na lista de exclusão podem enfrentar a ruína.

Vimos como algo semelhante aconteceu com os agentes de correio britânicos, mas isso se aplicaria a todos os cidadãos. É uma perspectiva assustadora.

FORÇANDO UM RESULTADO

Às vezes, o aspecto manipulador não é tanto a maneira como os dados são usados, mas como somos orientados por sites e aplicativos a determinadas maneiras de pensar e interagir. Isso geralmente ocorre quando um serviço de assinatura está chegando ao fim de um período de pagamento e queremos encerrá-lo. No passado, assinei dois jornais diferentes por meio de seus serviços on-line: o *i* e o *The Times*. A assinatura foi muito simples em ambos os casos. Forneci os dados de meu cartão e recebi acesso imediato aos jornais on-line com apenas alguns cliques. Mas a experiência de encerrar a assinatura foi muito diferente.

Deixar a assinatura do *i* não foi mais difícil do que assinar. Tudo o que eu precisei fazer foi clicar em um botão dizendo que queria encerrar a assinatura e depois confirmar. Mas quando acessei a página da minha conta no site *do The Times*, não havia nenhuma maneira óbvia de encerrar a assinatura. Depois de passar algum tempo procurando um botão para cancelar a assinatura, descobri que a única maneira de fazê-lo era ligar para a empresa. Enquanto eu escrevia isto, o governo do Reino Unido estava estudando a possibilidade de exigir um processo mais fácil: fazer com que seja muito mais fácil entrar do que sair é mais o tipo de abordagem que se espera de um culto do que de um jornal respeitado.

Outro exemplo de tentativa de influenciar ao tornar algo desnecessariamente complicado foi o serviço de assinatura Prime da Amazon, que oferece vários benefícios, desde streaming de TV até entrega gratuita. A Comissão Federal de Comércio dos EUA (FTC) entrou com uma ação judicial contra a Amazon, alegando que o design de seu site era manipulador quando se tratava de sair do serviço Prime. É muito fácil se inscrever no Prime – a oferta de um teste gratuito é central ao finalizar uma compra. Mas para sair do serviço era necessário o que a FTC descreveu como uma sequência de "quatro páginas, seis cliques, quinze opções".

Isso foi alterado pela Amazon mais ou menos na época em que o processo foi instaurado, embora ainda fossem necessários cinco cliques no desktop ou seis se fosse feito em um telefone. O processo deveria ir a julgamento em fevereiro de 2025.

Muito do que foi abordado neste capítulo é resultado da coleta de grandes quantidades de dados. Uma vez que esses dados são coletados, eles oferecem oportunidades para um estreante no jogo do *brainjacking*: a inteligência artificial.

CAPÍTULO 10

Inteligência artificial

A inteligência artificial (IA) tem sido uma grande novidade desde a introdução da IA "generativa", como o ChatGPT, que escreve textos, ou o DALL-E, que produz imagens. Vimos manchetes, conferências internacionais e avisos terríveis dos criadores de IA sobre os perigos que a tecnologia representa para a humanidade. Para muitos de nós, essa reação gera ceticismo, no que diz respeito às previsões mais dramáticas. Mas não há dúvida de que a IA tem muito potencial para interferir no que pensamos – como uma ferramenta de *brainjacking*, ela é muito impressionante.

AS ORIGENS DA IA

Pelo burburinho que surgiu em torno da IA na década de 2020, você pode pensar que se trata de um novo conceito. Na verdade, a ideia (se não a praticabilidade) do pensamento artificial existe há muito mais tempo. Nos tempos antigos, por exemplo, a *Ilíada* e a *Odisseia* de Homero apresentavam vários dispositivos artificiais autônomos, alguns dos quais com inteligência. É claro que se tratava de ficção, como no caso das cabeças de bronze falantes atribuídas a clérigos medievais como Gerbert de Aurillac, Albertus Magnus e Roger Bacon – embora esses autômatos inteligentes tivessem, pelo menos, pessoas reais como seus criadores.

Os escritores de ficção científica criaram muitos robôs e outros dispositivos inteligentes, alguns amigáveis, outros mortais. E assim que a tecnologia de computação foi desenvolvida, houve especulações de que seria possível incorporar inteligência à máquina. As teorias nas quais se basearam as primeiras técnicas práticas de inteligência artificial, os sistemas especializados, já haviam sido desenvolvidas na década de 1930. No final da década de 1970, o Japão encomendou um estudo de três anos sobre sistemas especializados, conhecido como computação de quinta geração. Houve uma reação generalizada a isso. Na Grã-Bretanha, um órgão do governo e do setor chamado Alvey Directorate[1] foi criado para investigar os aplicativos de IA.

Em 1986, quando eu estava trabalhando na British Airways, fiz um curta-metragem sobre sistemas especializados, que a companhia aérea estava começando a investigar. Observe que isso foi apenas cinco anos após o lançamento do IBM PC, dois anos após o Mac e cinco anos *antes de* a tecnologia da World Wide Web ser adotada fora do CERN.

No filme, entrevistei James Alty, na época professor de ciência da computação no Instituto Turing da Universidade de Strathclyde. Ele disse: "Acho importante colocarmos a inteligência artificial em perspectiva. A palavra 'inteligência' tem conotações infelizes. Ela tende a elevar as expectativas muito além do que os profissionais da inteligência artificial pretendem. A IA está preocupada em automatizar os processos de pensamento, e esse é um processo gradual, assim como a ciência da computação ou a engenharia... Já fomos bem-sucedidos em algumas áreas limitadas. No entanto, se a British Airways ou outra organização achar que as técnicas de inteligência artificial podem resolver todos os seus problemas, estará equivocada."

A REVOLUÇÃO DA IA

A BA continuaria trabalhando com IA, mas os sistemas especializados não cumpriram sua promessa original. Parte do problema era que eles dependiam de humanos para codificar seus conhecimentos. Além de ser muito difícil fazer isso de forma eficaz, muitos especialistas relutavam em participar, pois poderiam facilmente acabar com seus próprios empregos no processo. Foram necessários três componentes para que a IA decolasse: computadores muito

1 O Alvey Directorate (que soa impressionantemente como o título de um *thriller*) recebeu o nome de seu presidente, John Alvey, um executivo da empresa britânica de telecomunicações BT.

mais rápidos, disponibilidade de grandes quantidades de dados (principalmente da internet) e algoritmos de aprendizado de máquina que pudessem melhorar a qualidade de seu desempenho com interação humana limitada.

Esse aprendizado de máquina também foi fundamental para que a inteligência artificial tivesse um papel significativo no *brainjacking*. Os sistemas especializados exigiam a extração manual da experiência e sua codificação meticulosa. Porém, com grandes quantidades de dados e o uso de redes neurais, tornou-se possível para um sistema de IA, pelo menos em parte, lidar com seu próprio aprendizado sem consumir o tempo dispendioso de um especialista.

As redes neurais foram originalmente projetadas para imitar a estrutura do cérebro, supondo que isso permitiria que os computadores produzissem pensamentos semelhantes aos humanos. Esse conceito fracassou, mas as redes neurais ressurgiram como os centros de processamento dos sistemas de aprendizado de máquina. Uma rede neural consiste em um conjunto de valores de entrada (chamados de nós) ligado a várias camadas de outros nós antes de produzir valores de saída. Cada vínculo entre os nós tem um peso, que determina o quanto uma determinada entrada influenciará o valor no próximo nó da cadeia.

O poder das redes neurais é que o peso em cada um dos links é modificado à medida que os dados são inseridos no sistema. Se um resultado estiver incorreto, o sistema ajusta os pesos para produzir um resultado melhor. Inicialmente, a maior parte desse processo de aprendizado era supervisionada manualmente. Entretanto, para dar o grande salto que viria no século XXI, o aprendizado de máquina beneficiou-se do fato de ser autoguiado. Foi assim que, por exemplo, foi possível produzir a IA AlphaGo, que conseguiu vencer todos os adversários em um jogo antigo.

O Go é um jogo ideal para a inteligência artificial jogar porque as regras são muito simples, mas a jogabilidade é extremamente complexa devido à explosão combinatória de possíveis disposições das pedras no tabuleiro. O AlphaGo triunfou não por aprender estratégias de Go como um ser humano, mas por um processo de dois estágios. Primeiro, ele analisou um grande número de jogos, procurando não por estratégias, mas por padrões nos dados que pudesse reproduzir. Em seguida, jogou aleatoriamente usando esses padrões e foi recompensado pela vitória. À medida que os pesos se acumulavam em sua rede, o software acabou se tornando bom o suficiente para jogar contra si mesmo, testando diferentes abordagens e aprendendo ainda mais no processo.

É importante ressaltar que isso não tornou o AlphaGo inteligente no sentido humano. Peça a ele para desenhar uma imagem ou jogar um jogo diferente e ele falhará miseravelmente. Ele estava totalmente concentrado nessa função e não sabia que estava jogando um jogo. Ele estava simplesmente procurando padrões nos dados. Embora o jogo em si não seja de grande valor, a abordagem adotada poderia ser reutilizada, começando do zero e treinando o software em um campo diferente. O maior sucesso até o momento foi, sem dúvida, o AlphaFold, que analisa as diferentes maneiras pelas quais as moléculas de proteínas complexas podem se dobrar em três dimensões. A forma resultante tem uma grande influência em muitos processos biológicos e o software tem o potencial de acelerar muitas investigações biológicas e farmacológicas, embora, até o momento, ele seja melhor como um filtro sobre o que deve ser analisado com mais detalhes do que em produzir resultados absolutos.

VAMOS BATER UM PAPO

O próximo passo foi o desenvolvimento da IA generativa. Os exemplos mais conhecidos são os chamados *chatbots*, como o ChatGPT e o Gemini. O termo *chatbot* origina-se de um software criado para emular respostas semelhantes às humanas ao conversar (*chat*) com elas (com base em texto). Essa pode parecer uma aplicação limitada, mas a quantidade de esforços dedicados a esse campo reflete o teste de Turing para inteligência de máquina. Esse teste, baseado em um artigo do pioneiro da computação Alan Turing, exige que os interlocutores humanos decidam se as respostas que recebem remotamente vêm de um ser humano ou de um computador.

Os *chatbots* existem desde a década de 1960, quando foi desenvolvido um software chamado ELIZA. Esse é um programa muito simples, projetado para agir como um psicanalista, dando a ele a oportunidade de retornar muito do que você diz a ele como perguntas. Você pode experimentar uma versão do ELIZA em bit.ly/brainjacking12 – ele tem apenas cerca de 400 linhas de código, mas ainda pode lidar com uma conversa simples, embora muitas vezes frustrante. Versões muito mais sofisticadas foram desenvolvidas desde então, mas nenhuma chegou perto dos recursos do ChatGPT e de seus concorrentes.

Na prática, os modernos *chatbots* de "grandes modelos de linguagem" (LLMs) fazem muito mais do que ter uma conversa convincente com o usuário final. Como eles têm toda a internet acessível para acessar – algo que levantou questões significativas de uso indevido de direitos autorais que, no momento em que escrevo, ainda não foram resolvidas –, os LLMs são capazes de responder de forma convincente a solicitações para escrever material, seja uma redação para a escola ou universidade, um artigo para uma revista ou uma seção de um livro (consulte a página 166). Eles também são capazes, por exemplo, de verificar códigos de software ou escrever poesia sobre um determinado tópico em qualquer estilo.

QUAL É A PROFUNDIDADE DE SUA FALSIFICAÇÃO?

Talvez a maior preocupação de *brainjacking* que a IA atual apresenta seja a capacidade de produzir material político falso, seja para ajudar a vencer uma eleição, seja para apoiar uma causa específica. Como vimos no capítulo sobre mídia social, há poucas evidências de que a publicidade hiperdirecionada tenha tido muito efeito real nos resultados das eleições. Mas será que o mesmo argumento poderia ser aplicado a um vídeo que mostra um candidato político cometendo um ato profundamente ofensivo? Ou gravações de estrelas de Hollywood apoiando uma política à qual, na realidade, elas se opõem totalmente?

A velocidade com que a IA progrediu na terceira década do século XXI significa que, pela primeira vez, é possível produzir esses vídeos ou áudios *deepfake* de forma barata, rápida e altamente convincente. E não há dúvida de que existem agentes mal-intencionados, sejam eles potências estrangeiras ou apoiadores de políticas radicais, que estariam preparados para usar esse material para influenciar a opinião dos eleitores.

Em 2023, o Centro Nacional de Segurança Cibernética do Reino Unido, parte do serviço de segurança eletrônica GCHQ, publicou sua análise anual.[2]

---

2 www.ncsc.gov.uk/files/Annual_Review_2023.pdf.

Um dos estudos de caso do relatório analisa as maneiras pelas quais a Rússia representa uma "ameaça cibernética aguda e crônica":

> Não é segredo que a Rússia busca enfraquecer e dividir seus adversários interferindo nas eleições por meio de informações falsas e desinformação, ataques cibernéticos e outros métodos. O governo do Reino Unido avalia que é quase certo que atores russos tentaram interferir nas eleições gerais de 2019. Nos próximos meses [de 2024], com as eleições no Reino Unido e nos EUA no horizonte, podemos esperar que a integridade de nossos sistemas seja testada novamente.

Um segundo estudo de caso no relatório é particularmente relevante aqui. Ele analisa a "Defesa da nossa democracia em uma nova era digital". Ele identifica várias ameaças potenciais da IA, observando que "em vez de apresentar riscos totalmente novos, é a capacidade da IA de possibilitar técnicas existentes que representa a maior ameaça". A IA torna trivial o que antes era uma tarefa difícil e muito cara, portanto usada apenas ocasionalmente.

Em parte, isso se refere aos produtos de grandes modelos de linguagem, como o ChatGPT. Sua capacidade de gerar textos realistas e persuasivos facilita muito a inundação das mídias sociais, o envio de e-mails e a geração de material de propaganda mais convincente. Da mesma forma, já vimos imagens falsas do PhotoShop no passado ou áudios falsos aparentemente de pessoas conhecidas fornecidos por imitadores. Mas a capacidade da IA de produzir vídeos e áudios *deepfake* extremamente convincentes não é apenas melhor do que o que existia antes – é também muito mais barata e fácil de produzir.

Exemplos em pequena escala de *deepfakes* de áudio ocorreram em 2023 – no Reino Unido, por exemplo, em setembro, circularam clipes em que o líder do Partido Trabalhista, Sir Keir Starmer, parecia estar distratando verbalmente seus funcionários, enquanto em novembro foi compartilhada uma gravação falsa do prefeito de Londres, Sadiq Khan, em que "ele" dizia que o Dia do Armistício (o aniversário do fim da Primeira Guerra Mundial, em 11 de novembro) deveria ser transferido para dar espaço a uma marcha pró-Palestina.

Esses dois clipes poderiam ter sido produzidos no passado com o uso de imitadores, mas as versões com IA soaram mais claramente reais e foram muito mais fáceis de produzir. Em ambos os casos, os clipes foram imediatamente denunciados como falsos, mas isso não impediu que milhões de pessoas os ouvissem – e para aqueles que recebem suas notícias apenas pela mídia social, é perfeitamente possível que nunca tenham percebido que estavam ouvindo falsificações, pois não teriam recebido nenhum contexto.

Perto de uma eleição, esse áudio ou vídeo falso pode ter muito mais influência, pois pode não haver tempo para que alguém registre que se trata de uma criação de IA em vez de algo real. Algo parecido com isso aconteceu em 2023, quando surgiu uma aparente gravação de Michal Šimečka, que esperava se tornar primeiro-ministro da Eslováquia, na qual ele parecia discutir a manipulação da eleição. Embora não seja certo que o partido de Šimečka teria vencido a eleição sem a gravação, não há dúvida de que ela teria prejudicado sua posição, pois foi divulgada imediatamente antes da votação, sem tempo para que a mídia a desacreditasse.

LEVANDO ISSO AO PRÓXIMO NÍVEL

Em seu livro *A próxima onda: inteligência artificial, poder e o maior dilema do século XXI*, Mustafa Suleyman, cofundador da DeepMind, a empresa por trás do AlphaGo e do AlphaFold, sugere que a desinformação baseada em *deepfake* de IA será uma ameaça significativa, tanto na política direta quanto na propaganda produzida por terroristas. Ele ressalta que os vídeos do pregador radical Anwar al-Awlaki "inspiraram os homens-bomba da Maratona de Boston, os atacantes do Charlie Hebdo em Paris e o atirador que matou 49 pessoas em uma boate de Orlando".

Al-Awlaki está morto, mas seus vídeos continuaram a inspirar possíveis terroristas após sua morte: Suleyman sugere que a IA poderia ser usada para "descobrir" novos vídeos *deepfake* que continuem a divulgar a mensagem de al-Awlaki e que, à medida que a IA se desenvolve, o potencial para essa manipulação obscura se torna muito pior. Suleyman observa:

> Em breve, esses vídeos serão totalmente interativos e críveis. Você está falando diretamente com ele. Ele o conhece e se adapta ao seu dialeto e estilo, brinca com sua história, suas queixas pessoais, seu *bullying* na escola, seus terríveis e

imorais pais ocidentalizados. Isso não é desinformação como bombardeio de saturação: é desinformação como ataque cirúrgico.

O cenário de pesadelo descrito por Suleyman é que, à medida que a IA se tornar mais eficaz, ela também será capaz de criar uma história completa para eventos e mensagens falsas, plantando informações on-line de forma a respaldar essas falsificações, tornando-as praticamente impossíveis de serem verificadas com precisão: "Os cidadãos não terão tempo nem ferramentas para verificar uma fração do conteúdo que chega até eles. As falsificações passarão facilmente por verificações sofisticadas, que dirá por um teste não científico de dois segundos." Sejam essas tentativas provenientes de terroristas, ataques maliciosos patrocinados pelo Estado ou políticos em busca de uma vantagem, a IA tem o potencial de, no futuro, tornar a verdade muito mais difícil de determinar.

COMBATENDO AS FALSIFICAÇÕES

No entanto, ainda não chegamos lá e, por enquanto, ainda há algumas possibilidades de defesa. O combate ao *deepfake* exige um grau de confiança por parte do público. Na década de 1960, um escândalo político abalou o Reino Unido, envolvendo o Secretário de Estado da Guerra John Profumo e Lord Astor. Em um julgamento posterior, Astor negou ter tido um caso com uma testemunha-chave, Mandy Rice-Davies. Ela fez a famosa observação: "Bem, ele diria isso, não diria?" Parece bastante natural concordar.

Se você é um membro do público que desconfia do governo (uma característica que é muito mais comum hoje do que era na década de 1960), é bem possível que tenha uma reação semelhante quando é feita a alegação de que um vídeo ou áudio embaraçoso é falso. No mínimo, porém, é importante que a conscientização sobre a capacidade da IA seja generalizada e que as verificações de falsificações venham de fontes mais confiáveis do que apenas os políticos.

Já vimos (consulte a página 43) o aumento de sites de verificação de fatos, mas eles só tendem a ser usados por aqueles que já suspeitam que algo está errado em uma matéria na mídia. Enquanto isso, os governos estão tentando combater o *brainjacking* do *deepfake* por meio de uma combinação de legislação e educação. Os esforços para regulamentar as informações on-line são muito difíceis de aplicar, mas, por exemplo, em outubro de 2023, os EUA apresentaram propostas que incluíam a necessidade de que o material gerado por IA tivesse indicadores, para que pudesse ser claramente identificado. Também foi proposta uma legislação para tornar ilegal a criação de uma "representação digital" de uma pessoa real (viva ou morta).

Tanto a UE quanto o Reino Unido também têm legislações em andamento que tentam controlar a produção de IA, mas, como no caso da mídia social, é muito mais fácil propor controles do que implantá-los. Não há dúvida de que esse tipo de legislação limitaria o uso de *deepfakes* amadores, produzidos com produtos comerciais, mas não faria diferença quando, por exemplo, nações desonestas usassem sua própria tecnologia.

Ao discutir o possível impacto de *deepfakes* nas próximas eleições, a BBC citou o diretor geral do MI5, Ken McCallum, que disse que a conscientização e a verificação de *deepfakes* podem fazer com que aqueles que tentam influenciar o resultado das eleições usem uma abordagem diferente: "Portanto, eu não gostaria de fazer algum tipo de previsão forte de que [*deepfakes*] aparecerão nas próximas eleições, mas não estaríamos fazendo nosso trabalho corretamente se não pensássemos na possibilidade".

O mesmo relatório[3] sugere que a IA poderia nos influenciar ao criar e-mails de *spear phishing* mais eficazes. Já vimos no Capítulo 5 como os fraudadores fazem uso de e-mails de *phishing* – *spear phishing* refere-se a uma versão particularmente sofisticada desse tipo de e-mail que é mais personalizada para o indivíduo, fazendo uso de dados roubados ou coletados da internet para incentivar uma resposta.

Essa forma cuidadosa de ataque pode parecer contrariar a ideia de que muitos e-mails de *phishing* são deliberadamente de baixa qualidade para pegar os ingênuos. Nesse caso, porém, a intenção costuma ser diferente. Um e-mail de *phishing* fraudulento que resulta em uma longa conversa com, digamos, um príncipe nigeriano, e exige transferências de dinheiro para liberar milhões bloqueados, pode muito bem se beneficiar de um destinatário crédulo. Já os e-mails de *spear phishing* geralmente exigem apenas alguns cliques para per-

---

3 O relatório da BBC sobre IA e interferência eleitoral é www.bbc.co.uk/news/ uk-politics-67518511.

mitir que o software malicioso infecte um computador. Por isso, é muito mais importante que o e-mail pareça autêntico.

O que a IA traz para esse caso é a capacidade de reunir informações sobre um indivíduo a partir de uma ampla gama de fontes, possibilitando a adaptação do ataque para que o destinatário tenha maior probabilidade de clicar em um link ou anexo. Esse tipo de ataque orientado por IA não pode ser evitado pela legislação. Tudo o que pode ser feito de forma sensata é uma combinação de um melhor software antiataque que monitore e-mails e educação para evitar que os usuários cliquem em links e anexos sem verificá-los (assim como a educação é essencial sobre a facilidade com que imagens, vídeos e áudios podem ser falsificados).

No entanto, essa educação só atingirá uma porcentagem da população. E, nas circunstâncias certas, até mesmo um indivíduo cuidadoso pode cometer um deslize. De modo geral, não clico em nenhum link em e-mails sem antes passar o cursor do mouse sobre eles e ver para onde o link aponta. (Isso significa nunca clicar em um link em um telefone, onde isso não é possível com segurança.) Da mesma forma, nos raros casos em que recebo um e-mail de uma fonte desconhecida com um anexo e ainda quero abri-lo, primeiro verifico-o com meu software antivírus.

Verificar o destino de um link reduz a ameaça de muitos e-mails duvidosos. Entretanto, certa vez recebi um e-mail logo após efetuar um pagamento no site de leilões on-line eBay. O e-mail questionava um pagamento que eu havia acabado de fazer, então cliquei no link e fiz o login, mas o login falhou. Agora desconfiado, verifiquei o link e, com uma sensação de desconforto, descobri que era falso. Eu tinha acabado de fornecer minha senha do eBay a outra pessoa. Em segundos, alterei a senha e não tive problemas. Mas foi por pouco, devido à coincidência entre o momento da minha ação e o e-mail que aparentemente veio em resposta a ela.[4]

A IA pode muito bem permitir que esse tipo de coincidência aparente aconteça com mais frequência – certamente nunca mais confiei em nenhum e-mail desse tipo.

4 A possibilidade de ter uma senha coletada, como aconteceu com minha senha do eBay, é o motivo pelo qual é essencial não usar a mesma senha para vários sites.

OPINIÃO DO CHATGPT

Pareceu-me apropriado perguntar à ferramenta de IA generativa ChatGPT sobre o perigo potencial da IA generativa para as eleições. A propósito, pedi referências, que não forneci aqui. A maioria das referências era legítima, mas pelo menos uma foi inventada pelo software, o que até agora é uma falha distinta das IAs generativas. Aqui está a resposta do ChatGPT:

Introdução

Nos últimos anos, o surgimento da inteligência artificial (IA) generativa trouxe inúmeros avanços em vários campos, mas também levantou preocupações sobre seu possível uso indevido, principalmente no contexto das eleições. A IA generativa, capaz de produzir conteúdo realista e convincente, representa uma ameaça significativa à integridade dos processos eleitorais em todo o mundo. Este artigo analisa os possíveis perigos associados ao uso da IA generativa nas eleições, explorando seu impacto sobre desinformação, *deepfakes*, manipulação política e a confiança geral nos sistemas democráticos.

Desinformação e manipulação

A IA generativa, equipada com algoritmos de aprendizagem profunda, tem a capacidade de gerar textos, imagens e até vídeos realistas que são indistinguíveis do conteúdo autêntico. Essa capacidade levanta o espectro de campanhas de desinformação generalizadas durante as eleições. Agentes políticos mal-intencionados poderiam usar a IA generativa para criar notícias falsas convincentes, publicações em mídia social e outros conteúdos criados para enganar os eleitores.

Essa desinformação pode influenciar a opinião pública, influenciar as preferências dos eleitores e, por fim, prejudicar o processo democrático. O desafio para as autoridades e plataformas eleitorais é diferenciar entre o conteúdo genuíno e o gerado por IA, pois o último pode ser criado para imitar o tom, o estilo e o contexto de fontes legítimas.

Deepfakes e manipulação de candidatos

Uma das aplicações mais preocupantes da IA generativa nas eleições é a criação de vídeos *deepfake*, em que o conteúdo gerado por IA substitui a aparência e a voz de indivíduos reais. Os candidatos podem ser alvo de vídeos manipulados que os retratam fazendo declarações falsas, envolvendo-se em comportamento inadequado ou expressando opiniões contrárias às suas crenças reais.

O possível impacto dos vídeos *deepfake* nas eleições é substancial, pois eles têm o potencial de manchar a reputação e a credibilidade de um candidato. Os eleitores podem ser enganados por essas manipulações sofisticadas, o que diminui a confiança no processo eleitoral e põe em dúvida a autenticidade do discurso político.

Amplificação da polarização política

A IA generativa pode ser programada para explorar as divisões políticas existentes, gerando conteúdo que atenda especificamente a determinados grupos ideológicos. Essa abordagem direcionada pode exacerbar a polarização política ao criar e disseminar conteúdo que reforça crenças preexistentes, amplificando câmaras de eco e aprofundando as divisões sociais.

A consequência dessa polarização é um eleitorado fragmentado e menos aberto ao diálogo e ao compromisso. Como a IA generativa contribui para a criação de conteúdo adaptado a dados demográficos políticos específicos, ela representa uma ameaça ao ideal democrático de promover uma cidadania informada e engajada, capaz de tomar decisões independentes e bem-informadas.

A erosão da confiança pode ter consequências de longo alcance, afetando o comparecimento dos eleitores, o engajamento político e a saúde geral das instituições democráticas. Para enfrentar esse desafio, as autoridades eleitorais devem investir em estratégias robustas para detectar e combater o conteúdo gerado por IA e, ao mesmo tempo, educar o público sobre os possíveis perigos e vulnerabilidades associados à IA generativa.

Conclusão

A IA generativa apresenta uma faca de dois gumes no campo das eleições. Embora suas possíveis aplicações para contribuições positivas sejam vastas,[5] seu uso indevido representa ameaças significativas à integridade dos processos democráticos. De campanhas de desinformação a vídeos *deepfake* e à amplificação da polarização política, os perigos associados à IA generativa nas eleições exigem atenção urgente.

O enfrentamento desses desafios exige uma abordagem multifacetada, envolvendo a colaboração entre desenvolvedores de tecnologia, autoridades eleitorais, legisladores e o público. Alcançar um equilíbrio entre inovação e regulamentação é fundamental para aproveitar os benefícios da IA generativa e, ao mesmo tempo, mitigar seus possíveis riscos.[6] À medida que o campo da IA continua a evoluir, a proteção da base democrática das eleições torna-se fundamental para garantir a confiança e a participação contínuas dos cidadãos no processo político.

---

5 É difícil não acreditar que a afirmação do ChatGPT de que as "possíveis aplicações da IA generativa para contribuições positivas [para as eleições] são vastas" parece um pouco defensiva. Perguntei quais eram e elas se resumiam a um melhor engajamento dos eleitores (fazendo a mesma coisa descrita acima como amplificação da polarização), aprimoramento dos sistemas eleitorais e melhores análises.

6 Como Mandy Rice-Davies poderia ter dito, é o que a IA diria, não é?

NÓS SABEMOS O QUE VOCÊ ESTÁ PENSANDO

Até agora, consideramos o potencial da IA para mudar nossas opiniões e pensamentos. Entretanto, também vale a pena considerar se a IA pode inverter a situação, não tanto nos dizendo o que pensar, mas dizendo a outras pessoas o que estamos pensando – o que tem um enorme potencial de ser revertido para fins de *brainjacking*. Já vimos a ameaça exagerada do neuromarketing (consulte a página 116), mas há possibilidades mais amplas.

Um artigo do *Times* de 2023, escrito por Rhys Blakely, tinha como título "A IA lerá sua mente mais cedo do que você pensa" e descrevia abordagens baseadas em IA para obter acesso direto às atividades de nossos cérebros. Há muito tempo, esse é um desejo, não tanto para o monitoramento do Grande Irmão (embora, se fosse possível fazer isso remotamente, é difícil imaginar que essa espionagem mental não seria a principal aplicação), mas para fornecer suporte médico a pessoas que perderam a capacidade de interagir com seu corpo ou com o mundo em geral, como resultado de danos no cérebro ou no sistema nervoso.

A manchete do jornal era sensacionalista, mas havia um pequeno núcleo factual na história. Pesquisadores da Universidade da Califórnia, em Berkeley, afirmam ter conseguido reproduzir uma música de rock que as pessoas estavam ouvindo, com um software de IA recriando a música a partir da atividade cerebral. Usando uma música muito característica do Pink Floyd, *Another brick in the wall*, a equipe liderada por Ludovic Bellier e Robert Knight afirmou que, em um teste com um único sujeito, seus modelos "forneceram um nível de detalhes espectrotemporais suficientemente alto para reconhecer a música".

Em outro exemplo, eles afirmaram que "recuperamos vocais parciais, por exemplo, em P15, 'all', 'was' e 'just a brick' foram as únicas sílabas reconhecíveis". Depois de verificar o estudo, isso parece preocupantemente um autoengano. Não é possível ouvir mais palavras em suas amostras que se ouviria em um solo de teclado. O áudio produzido por eles está disponível para ser ouvido on-line.[7] Sou um grande fã do Pink Floyd e posso dizer com certeza que é

7 O artigo é "Music can be reconstructed from human auditory cortex activity using nonlinear decoding models" ("Pode-se reconstruir música a partir da atividade do córtex auditivo humano usando modelos de decodificação não lineares"), de Ludovic Bellier et al. Você pode

totalmente impossível reconhecer a música a partir do ruído de sintetizador produzido. E lembre-se de que, para testar essa possibilidade, o ouvinte não deve saber qual é a música: eu não consegui reconhecê-la mesmo sabendo o que ela deveria ser. Vale a pena observar, no entanto, que em outro experimento, o software de IA conseguiu fazer uma aproximação visual (significativamente melhor) do que alguém estava olhando a partir de dados de exames de ressonância magnética,[8] embora não haja evidências suficientes para ter certeza de que a abordagem usada não foi ajustada para permitir a reprodução da imagem – e é provável que a ressonância magnética nunca esteja disponível como um acessório vestível ou para ser escaneada remotamente.

Isso reflete uma grande ressalva que faz com que a manchete de que a IA lerá sua mente em breve pareça muito menos provável. Nenhum dos exemplos acima envolveu algo tão discreto como um capacete ou um conjunto de sensores colocados na cabeça, muito menos algum meio de detecção remota da atividade cerebral. Um exame de ressonância magnética dificilmente é uma vigilância sutil. E para supostamente reproduzir partes da música era necessário inserir sondas no cérebro. Os entusiastas desse tipo de tecnologia geralmente subestimam as dificuldades de obter uma boa conexão com o que está acontecendo dentro do seu crânio.

As chances de que soquetes no estilo *Matrix* em sua cabeça se tornem comuns são baixas. Toda interação física com o cérebro envolve um risco para o participante – *é literalmente* uma cirurgia no cérebro. E o corpo humano não é muito amigo desse tipo de intrusão. A eficácia da maioria dos implantes se deteriora com o tempo, à medida que o corpo tenta rejeitá-los. Além disso, os benefícios obtidos com os implantes cirúrgicos, além da conexão externa por meio dos sentidos convencionais, teriam que ser imensos para que a conexão direta no cérebro fosse aceita pela população em geral.

No entanto, há iniciativas inspiradas por essas ideias de conexões entre humanos e computadores que exigem ações menos invasivas. Em 2023, o Information Commissioner's Office (ICO) do Reino Unido divulgou um relatório chamado *Tech Futures: Neurotechnology* sobre o potencial de uso e uso

---

acessar a amostra com a alegação de que a música é reconhecível em bit.ly/ brainjacking2 e a versão com as palavras reconhecíveis alegadas em bit.ly/ brainjacking3.

8 Você pode ver as imagens reconstruídas no site dos pesquisadores: sites.google.com/ view/stablediffusion-with-brain.

indevido de nossos dados cerebrais. O relatório sugeria que, dentro de alguns anos, capacetes com escaneamento cerebral ou outros equipamentos de segurança poderiam ser usados para medir o grau de atenção que um funcionário está dando a uma tarefa e qual é o seu foco.

O motivo para a implantação dessa tecnologia seria a segurança – o que significa que ela seria normalmente usada em ambientes de alto risco –, mas há uma preocupação inevitável de que ela possa levar a um nível distópico de monitoramento da atividade do trabalhador, aumentando a supervisão que já é considerada intrusiva em algumas centrais de atendimento e armazéns. O ICO é responsável pela proteção de dados pessoais no Reino Unido e ressalta que, como esses "neurodados" são gerados subconscientemente, as pessoas não sabem o que está sendo revelado e, portanto, não podem dar consentimento informado para que esses dados sejam divulgados.

Embora a IA esteja sendo superestimada como uma ferramenta de manipulação, não há dúvida de que ela leva os anunciantes e influenciadores a um nível totalmente novo de sofisticação e continuará a ser cada vez mais poderosa. Contudo, algumas pesquisas sugerem que essa abordagem pode ser desnecessariamente pesada. Por que fazer todo esse esforço se podemos simplesmente mudar a mente das pessoas, manipulando suas intenções e ideias com um sutil empurrãozinho?

CAPÍTULO 11

Teoria do deslocamento incremental

Em 8 de abril de 2008, foi publicado um dos livros mais influentes do início do século XXI. Se fosse um trabalho acadêmico, poderia ter sido intitulado *Teoria do deslocamento incremental*, mas como se tratava de psicologia popular, foi chamado de *nudge* (algo como "empurrãozinho"). Na íntegra, o título é *Nudge: Como tomar melhores decisões*, de uma dupla de escritores norte-americanos, o economista Richard Thaler e o professor de direito Cass Sunstein.

Se isso soa como mais um livro de autoajuda, provavelmente esse era o mercado que os autores tinham em mente, mas foi tratado como um manual de instruções para um sutil *brainjacking* em larga escala. Em 2010, o governo do Reino Unido criou a Behavioural Insights Team (Equipe de Insights Comportamentais) com base no conceito, amplamente conhecida como a "Unidade Nudge". Eles não estavam sozinhos – a noção de *nudges* tornou-se um fenômeno internacional após a publicação do livro. A tese apresentada pelos autores era a de que é possível planejar a maneira como fornecemos informações para evitar que o destinatário cometa erros e orientá-lo para as escolhas certas. Para fazer um sutil *brainjacking.*

DESIGN PARA A VIDA

Planejar para influenciar escolhas não é um conceito original (embora Thaler ganhasse o Prêmio Sveriges Riksbank de 2017 em Ciências Econômicas em Memória de Alfred Nobel pelo trabalho no qual *Nudge* se baseia). Por exemplo, em seu livro clássico de 1988, O *design do dia a dia*, o engenheiro de design norte-americano Don Norman apontou vários casos em que o design foi orientado pela estética, sem considerar a usabilidade. Em seu livro, Norman observou que alguns designs totalmente impraticáveis "provavelmente ganharam um prêmio". Em outras palavras, o design é avaliado com muita frequência com base em sua atratividade, em vez de se pensar em como o design nos ajuda a evitar erros, orientando-nos para as escolhas certas.

Vejamos dois exemplos simples dados por Norman. Um deles é o design dos fogões. A maioria dos fogões tem quatro anéis, cada um com um controle. Muitas vezes, o projetista coloca os controles dos anéis em linha reta, porque isso torna o design mais elegante. Entretanto, não é óbvio qual controle é responsável por qual anel. Como resultado, os controles têm de ser rotulados para mostrar sua função, o que significa perda de tempo e esforço ao olhar para esses pequenos ícones, tentando descobrir o que significam.

Por outro lado, quando o (raro) designer atencioso coloca os quatro controles na mesma orientação dos anéis, não há dúvida: não há necessidade dos ícones. É totalmente óbvio, por exemplo, que o anel superior esquerdo é ligado e desligado pelo controle superior esquerdo. A simples reorganização do modo como os controles são exibidos torna o fogão mais fácil de usar. Acabei de dar uma olhada no site de um grande varejista: a maioria dos fogões ainda tem seus controles em linha reta. (Em alguns aparelhos sofisticados de última geração, os controles de toque estavam marcados de forma tão sutil que nem era possível vê-los, o que é um problema de design.)

Um segundo problema para Norman foi o uso de portas de vidro com dobradiças ocultas. Muitas vezes, no design comercial moderno, uma porta é um dos vários painéis de vidro na frente de um edifício. Do ponto de vista estético, a porta parece particularmente inteligente se for visualmente idêntica aos painéis ao redor. Felizmente, ela costuma ser mais estreita do que os painéis das janelas, o que facilita sua localização. Então, qual é o problema? Qual lado da porta empurrar para abri-la. Como Norman apontou, ao deixar as dobradiças visíveis, é óbvio qual lado empurrar, mas quando o projetista esconde as dobradiças (como geralmente é o caso), os usuários do edifício precisam recorrer à sinalização no lado relevante da porta para evitar confusão.

Uma falha de projeto muito mais comum, na mesma linha, ocorre quando uma porta precisa ser empurrada de um lado e puxada do outro. Há uma maneira muito simples de indicar o que fazer. Você coloca uma maçaneta de puxar em um lado e uma placa de empurrar no outro. O usuário da porta sempre acerta sem nenhum esforço. Mas, com muita frequência, um designer obcecado por simetria coloca uma maçaneta em ambos os lados.[1]

Eu trabalhava na British Airways quando nos mudamos para um novo prédio da sede e percebi que os designers haviam feito exatamente isso na entrada de cada um dos banheiros. Passei uma tarde feliz monitorando um desses banheiros. Da maneira como as portas foram construídas, para entrar na área do banheiro era preciso empurrar a porta, mas havia uma maçaneta do lado de fora e também do lado de dentro. Como resultado, vez após vez, alguém se aproximava da porta, puxava a maçaneta, percebia que isso não funcionava e a empurrava. Dificilmente alguém empurrava a maçaneta quando chegava à porta pela primeira vez.

Isso foi há muitos anos, então você pode supor que a lição já foi aprendida há muito tempo. No meu bairro, contudo, uma nova e agradável cafeteria independente foi aberta recentemente. Percebi que eles tiveram que colocar placas na porta dizendo PUXE e EMPURRE porque eles também têm maçanetas em ambos os lados da porta. E mesmo com as placas, cerca de metade dos clientes tenta abrir a porta pelo lado de fora da maneira incorreta. Isso provavelmente ocorre porque eles veem uma maçaneta e (com razão) não acham que precisam ler as instruções para abrir uma porta.

Facilitar o manuseio de uma porta pode parecer algo trivial, mas o que uma placa de empurrar de um lado e uma maçaneta de puxar do outro faz é incentivar as pessoas a tomarem a atitude correta: elas evitariam perder tempo e cometer erros (o que as deixa irritadas) e seriam gentilmente estimuladas a fazer a escolha certa. Trata-se de uma influência sutil que é muito fácil de implementar, mas, a julgar por todas as portas com maçaneta dupla que ainda estão por aí, também muito fácil de errar.

---

1 O verdadeiro designer minimalista pode se sentir tentado a colocar uma placa de empurrar em ambos os lados de uma porta que só abre para um lado, mas nesse caso o problema causado se tornaria significativamente mais grave.

A INTERFACE INFLUENCIA A INTELIGÊNCIA

Norman estava destacando problemas com o que os profissionais de informática chamam de design de interface do usuário – a interface entre um objeto e a pessoa que o utiliza. Isso se tornou um setor importante com nossas interações com computadores e telefones. Se você tem idade suficiente para se lembrar de ter usado um dos primeiros PCs, trabalhar com o sistema operacional DOS envolvia saber o que fazer quando era apresentado um prompt semelhante a:

C:/>

Esse era o convite do computador para que você digitasse uma instrução (óbvio, não é?). Mas, diferentemente de digitar em um mecanismo de busca, usar o inglês simples não levaria a lugar algum com o DOS. Você precisava saber o texto exato a ser usado para, por exemplo, fazer uma cópia de um arquivo ou listar o conteúdo de um diretório (como as pastas eram chamadas na época). Passando para um computador moderno ou para uma interface de telefone com tela sensível ao toque, as coisas tornaram-se muito mais intuitivas. Se o usuário for confiante o suficiente, geralmente conseguirá se orientar sem instruções.

Às vezes, as interfaces visuais podem ser fáceis de entender graças a um certo grau de esqueumorfismo, o termo de design de interface de usuário para fazer com que os elementos de um programa de computador pareçam ou ajam como objetos do mundo real. Assim, por exemplo, no software Word que estou usando para digitar este texto, há um botão "home" que se parece com uma casa e um botão "print" que se parece com uma impressora.[2]

Em determinado momento, o esqueumorfismo foi levado a extremos ridículos por algumas empresas – por exemplo, fazer com que uma lista de contatos se parecesse com um catálogo de endereços físico, até com a encadernação em couro sintético. Felizmente, nos distanciamos desse tipo de dedicação excessiva aos paralelos do mundo real, mas ainda há muitas dicas

---

2 Um perigo de projetar controles de software para representar objetos do mundo real é que o objeto pode se tornar obsoleto. O botão "Salvar" no Word se parece com um disquete de 3,5 polegadas. Esses disquetes deixaram de ser usados há algumas décadas.

esqueumórficas que nos permitem realizar uma ação sem cometer erros ou precisar que nos digam como fazê-la.

Se, por exemplo, eu tiver um arquivo na área de trabalho do Windows ou do Mac, posso arrastá-lo para a lixeira ou para o cesto de lixo e ele desaparecerá. O equivalente no DOS exigiria que eu digitasse algo como:

DEL C:/desktop/filename.ext

E isso só funcionaria se eu tivesse digitado exatamente a ortografia e a pontuação corretas. Outro exemplo em que fazer o que vem naturalmente é derivado do mundo real é lidar com guias em um navegador Web. Com base nas guias das pastas de arquivos, a maioria dos usuários sabe que pode clicar em uma guia para ver o site que ela "contém". Contudo, há algum tempo eu tinha várias guias abertas em um navegador e queria que um dos sites fosse aberto em uma janela separada. Ninguém nunca me disse ou mostrou como fazer isso, mas parecia natural arrastar a guia para fora da janela do navegador, o que abria outra janela com apenas aquela guia. O designer da interface previu o que fazia sentido para um usuário, possibilitando o uso intuitivo e correto. Eu fui empurrado na direção certa.

USANDO A ARQUITETURA DE ESCOLHA

Foi daí que surgiram os *nudges* e seu apelo logo se tornou evidente. De acordo com Thaler e Sunstein, esse tipo de empurrão é o resultado de uma "arquitetura de escolha" – a criação de uma situação para que as pessoas tenham maior probabilidade de fazer a escolha que você quer que elas façam, sem forçá-las. É o que os autores chamam (de forma um pouco grosseira) de "paternalismo libertário" – libertário porque não estamos limitando a escolha, mas paternalista porque estamos incentivando as pessoas (na verdade, fazendo um *brainjacking* nelas) a terem maior probabilidade de fazer a escolha que decidimos ser a melhor. Os autores sugerem que a abordagem envolve estimular as pessoas a fazerem escolhas que tornem suas vidas "mais longas, mais saudáveis e melhores".

Thaler e Sunstein acrescentam alguns requisitos extras (sem justificá-los) para que sua tentativa de *brainjacking* seja um *nudge*. Ela deve "alterar o comportamento das pessoas de forma previsível sem proibir nenhuma opção nem alterar significativamente seus incentivos econômicos". Isso significa, segundo eles, que os *nudges* devem ser fáceis *e baratos* (grifo meu) para permanecerem libertários. Não é um "empurrãozinho" se envolver multas ou subsídios.

O maior exemplo de *nudge*, tanto por sua posição no livro quanto por seu aparente brilhantismo, envolve a doação de órgãos. Em todo o mundo, os países e os sistemas de saúde têm se esforçado para obter órgãos de doadores suficientes para atender às necessidades dos possíveis receptores de transplantes. De acordo com Thaler e Sunstein, um passo para melhorar o sistema foi um estímulo sutil, mas extremamente eficaz. Alguns sistemas são por adesão voluntária. Os indivíduos precisam marcar uma caixa se quiserem ser doadores de órgãos. Outros países optam pela exclusão voluntária. Presume-se que você seja um doador, a menos que especifique o contrário. E essa simples mudança de ação gerada pela caixa de seleção tem o potencial de fazer uma grande diferença na aceitação da doação de órgãos.

Para mérito de Thaler e Sunstein, eles disseram que, embora o empurrãozinho faça uma diferença significativa para aqueles que dizem que estão dispostos a doar, não é suficiente para melhorar as taxas de doação. Nos casos em que a mudança foi feita, não houve uma diferença significativa no número de transplantes. Para que isso aconteça, é necessária uma grande mudança no sistema de saúde para que os doadores em potencial sejam compatíveis com os receptores e para que o transplante possa ser realizado com sucesso. Geralmente, esses problemas do sistema são muito mais caros de resolver e representam o maior obstáculo – e certamente não são suscetíveis a *nudges*. Não há dúvida de que a exclusão voluntária resulta em mais doadores *em potencial*, mas é difícil acreditar na afirmação do livro de que a mudança salva milhares de vidas.

Há algumas ressalvas que devem ser levadas em conta ao passar do problema dos doadores de órgãos para políticas mais amplas de aplicação de *nudges* e ao decidir que o empurrãozinho é uma forma útil de *brainjacking*. Em primeiro lugar, a realidade é que a mudança para a exclusão voluntária de doadores de órgãos envolve uma forma incomum de decisão. A maioria das decisões que um governo, ou uma empresa, gostaria de influenciar não é tão simples quanto escolher entre marcar ou não uma caixa. Em segundo lugar, muitas das questões em que os *nudges* foram considerados podem não ser imediatamente atraentes para a população em geral. Os governos, por exemplo, podem querer influenciar os eleitores a aceitar uma política impopular. Contudo, pouquíssimas pessoas acham que a doação de órgãos é ruim. Elas podem decidir não fazer isso, mas ainda são capazes de ver os possíveis benefícios para a população em geral.

Para a doação de órgãos, a mudança para a exclusão voluntária não foi um *nudge* útil por si só. Uma demonstração melhor de como o conceito de passar da adesão para a exclusão pode ser eficaz foi a medida tomada pelo Reino Unido em 2012 (inspirada pela Unidade Nudge da Behavioural Insights Team) para exigir que os trabalhadores optassem por não participar das pensões no local de trabalho, em vez de optarem por participar. Assim como na situação da doação de órgãos, a maioria concorda que as pensões são uma coisa boa, mas um bom número de trabalhadores não conseguiu isso quando a opção era pela adesão. Como a infraestrutura para que isso acontecesse era muito mais simples, o *nudge* criado pela mudança para a exclusão foi muito mais bem-sucedido.

Outro exemplo usado por Thaler e Sunstein envolve uma diretora (imaginária) de serviços de alimentação de um grupo escolar. Com a orientação de um consultor que trabalha com supermercados, a diretora, Caroline, faz experimentos colocando, por exemplo, as sobremesas no primeiro ou no último lugar do serviço e escolhendo se coloca, por exemplo, batatas fritas ou palitos de cenoura na altura dos olhos. Os autores sugerem que Caroline é uma "arquiteta de escolhas" que tem um poder considerável. Ela pode praticar o *brainjacking* decidindo como colocar os itens e mudar o comportamento – seja para uma alimentação mais saudável ou para gerar mais lucro.

A lição importante que podemos tirar desse exemplo é que não existe neutralidade. Qualquer coisa que envolva design, por exemplo, tem um elemento de *brainjacking*, seja ele intencional ou acidental. Qualquer que seja a forma de apresentação e disposição dos alimentos em um supermercado ou cantina, haverá alguma influência na escolha. Embora pareça provável que os defensores do *nudge* exagerem a extensão dessa influência, certamente haverá alguma.

É REALMENTE UM *NUDGE*?

Talvez o exemplo mais bizarro que Thaler e Sunstein dão para enquadrar uma ação como um *nudge* venha na forma do horário de verão. Essa é a ideia de adiantar os relógios no verão e atrasá-los no inverno para melhor adequar o dia de trabalho às horas de luz do dia. De acordo com *Nudge*, "as pesquisas revelam que muitas pessoas (embora nem todas) acham que o horário de verão é uma ótima ideia". No entanto, nunca encontrei ninguém que gostasse dele e muitos países estão pensando em abandoná-lo. Os autores descrevem o horário de verão como algo que nos empurra a acordar uma hora mais cedo. Mas, de acordo com sua própria definição, isso não é um *nudge*, pois você não tem uma escolha realista. Não adiantar os relógios, por exemplo, não é uma opção quando isso significa que você chegará atrasado ao trabalho todos os dias, perderá todos os eventos programados e, em geral, fracassará na vida.

Os resultados dos *nudges* parecem muito impressionantes no livro, até que você os examine em mais detalhe. Já vimos que mudar a doação de órgãos para a opção de exclusão, em vez de inclusão, não teve praticamente nenhum efeito sobre a taxa de transplantes. Outro dos exemplos aparentemente impressionantes do livro apresenta uma campanha contra jogar lixo no Texas.

Diante de um problema sério de lixo, em vez de tentar convencer as pessoas de que era seu dever cívico não jogar lixo, os criadores da campanha optaram por uma combinação de um slogan atraente – "Não se meta com o Texas" – e uma campanha de TV em que os jogadores do time de futebol norte-americano Dallas Cowboys esmagavam latas e pronunciavam o slogan de forma ameaçadora. De acordo com Thaler e Sunstein, o resultado foi uma queda de 29% na quantidade de lixo, enquanto o lixo visível à beira da estrada caiu 72%. "Tudo isso aconteceu", eles nos dizem, "sem o uso de mandatos, ameaças ou coerção, mas sim por meio de um *nudge* criativo".

Exceto... o que foi omitido na história, mas destacado no podcast *If Books Could Kill,* de Michael Hobbes e Peter Shamshiri, é o estado ter colocado placas ao longo das rodovias dizendo que havia uma "multa de até US$ 2.000" por jogar lixo. Isso parece muito com coerção por ameaça. Também não foi mencionado que o Texas introduziu um programa em que voluntários faziam dias regulares de limpeza do lixo – contando exatamente com o tipo de dever cívico que, segundo nos disseram, não funcionaria sem o *nudge*. Quando já há menos lixo, há boas evidências de que as pessoas jogam menos. A campanha geral dificilmente pode ser vista como um *nudge*, de acordo com a definição do livro.

Outro exemplo em que os *nudges* parecem ter recebido muito mais peso do que mereciam foi em um experimento realizado no estado norte-americano de Minnesota para verificar se uma mudança na redação resultaria em maior conformidade com a cobrança de impostos. Eles testaram quatro mensagens diferentes, cada uma usada em um grupo separado de pessoas. Uma mensagem indicava como os impostos apoiavam a educação, os serviços de emergência e assim por diante. Uma segunda mensagem descrevia a punição que vinha com o não cumprimento. A terceira informava como obter ajuda para preencher o formulário corretamente, enquanto a quarta deixava claro que mais de 90% dos habitantes de Minnesota cumpriam integralmente suas obrigações fiscais.

Se você está familiarizado com a maneira como os *nudges* devem funcionar, não ficará surpreso ao saber que apenas a última abordagem teve um efeito significativo. Mas há problemas aqui. Um deles é que a definição de *nudge* é tão vaga que, desde que não seja uma escolha forçada ou resulte em uma grande penalidade (apesar de sua aversão a multas, os autores dão exemplos de *nudges* que envolvem perder ou ganhar dinheiro), praticamente qualquer coisa feita para provocar uma mudança de comportamento pode ser descrita como *nudge*. Apenas um dos quatro exemplos de impostos mencionou uma penalidade. No mínimo, três das abordagens poderiam ser chamadas de *nudges* – a única razão pela qual a quarta mensagem fez diferença parece ter sido o fato de que ela poderia ter tido um "efeito significativo" sobre a conformidade.

O outro problema é que os dados que sustentam isso não são bons. Lembre-se de que, na linguagem científica, um efeito "significativo" não precisa ser grande – pode ser minúsculo, desde que pareça estatisticamente provável. O que geralmente se entende por efeito significativo em estudos de psicologia é que, se assumirmos a hipótese nula – de que o efeito que estamos estudando não existe – há apenas uma chance em 20 de se obter o resultado registrado. Mas isso não diz nada sobre o tamanho do efeito.

A quarta mensagem fiscal dizendo que "90% cumpriram" produziu apenas uma pequena mudança no que era desejado: o tamanho das receitas fiscais. E em algumas partes da amostra experimental, a ameaça produziu receitas muito maiores do que o argumento de conformidade, enquanto em outras a abordagem "90% de conformidade" reduziu as receitas. Às vezes, os estímulos são retratados como soluções universais, mas claramente não o são e, dependendo da distribuição da população, podem ter um efeito geral negativo. Para ser justo com Thaler e Sunstein, eles realmente dizem que "as populações não são todas iguais", mas parece que, ao tentar retratar o poder dos *nudges*, eles ignoram sua própria declaração.

UMA TRADIÇÃO DE PERCEPÇÕES COMPORTAMENTAIS

Como vimos, como resultado do livro, o conceito de *nudges* foi adotado por governos de vários países – afinal, que governo teria problemas com a ideia de fazer um *brainjacking* em sua população de forma barata e não coercitiva? No Reino Unido, a Equipe de Insights Comportamentais do governo foi criada em 2010 para adotar uma abordagem no estilo *nudge*. Em seu livro *Inside the Nudge Unit (Por dentro da Unidade Nudge)*,[3] o cientista comportamental David Halpern, que chefiou a equipe, dá exemplos de *nudges* que ocorreram na história antes de o conceito ser rotulado como tal.

Halpern destaca, por exemplo, que nos primórdios do automobilismo muitos acidentes eram causados por carros que faziam curvas muito rapidamente, o que fazia com que eles atravessassem a estrada e entrassem no caminho de um veículo que vinha em sentido contrário. Pintar uma linha branca tracejada no meio da estrada reduzia essa tendência, orientando os motoristas sem qualquer fiscalização. Mais recentemente, essa ideia foi ampliada para proteger vilarejos em estradas rurais de alta velocidade. Para manter a velocidade baixa, a seção da estrada que atravessa o vilarejo é pintada de vermelho, com faixas brancas em cada lado da estrada, o que faz com que a estrada pareça mais estreita do que realmente é: isso parece incentivar os motoristas a tomarem mais cuidado.

Já vimos os benefícios de um empurrãozinho nas pensões trabalhistas, mas outras tentativas maiores de Halpern tiveram um resultado mais misto. Em seu livro, Halpern descreve a eficácia dos cigarros eletrônicos – que hoje chamamos de *vapes* – como forma de ajudar as pessoas a parar de fumar. Sem dúvida, os *vapes* poderiam ser considerados um *nudge*, pois não eram impostos aos fumantes de forma alguma, mas facilitavam o afastamento dos cigarros.

Entretanto, os *vapes* demonstram o perigo de aplicar estímulos a uma questão importante sem pensar nas possíveis consequências. O próprio fato

3 Consulte a seção "Mais descobertas".

de ser um empurrãozinho, em vez de, digamos, uma alternativa prescrita por um médico (com os controles e equilíbrios associados), tornou os cigarros eletrônicos uma questão espinhosa. Halpern comenta: "Uma das preocupações era que os cigarros eletrônicos pudessem atrair os não fumantes, mas, mais uma vez, os números não sugeriram isso".

Isso pode ter sido verdade quando o livro de Halpern foi publicado, em 2015, mas ele não contava com a percepção dos fabricantes de cigarros eletrônicos de que eles próprios poderiam dar um empurrãozinho. Como vimos na página 82, ao fabricar *vapes* com todos os tipos de sabores doces e embalá-los como brinquedos, descobriram sem surpresa que um grande mercado se abriu para os adolescentes começarem a usar cigarros eletrônicos. Enquanto escrevo, o governo do Reino Unido estava planejando tomar medidas para evitar isso, mas ainda não havia sido criada nenhuma legislação. Talvez seja melhor deixar os *nudges* para circunstâncias em que eles não tenham o potencial de causar danos.

BARATOS E ALEGRES, MAS EFICAZES?

Sem dúvida, exemplos como pintar linhas nas estradas são exemplos genuínos e eficazes de *nudges* (que não precisaram do livro para acontecer) – não há fiscalização, mas eles mudam o comportamento. Entretanto, parece provável que, como muitos dos exemplos do livro *Nudge*, os benefícios colhidos pela Unidade Nudge do governo do Reino Unido geralmente tiveram impactos pequenos, se é que tiveram algum. É indubitável que há um argumento de que, como pode ser muito barato, mesmo uma pequena mudança benéfica faz com que o *nudge* valha a pena, portanto não há motivo para não fazer isso – só que os *nudges* foram exagerados além de suas capacidades.

A teoria do *nudge* também se espalhou para alguns conselhos locais. Em *Nudge*, somos informados de que "no Royal Borough of Windsor and Maidenhead, um subúrbio de Londres,[4] os cidadãos podiam se inscrever em um programa de recompensas no qual ganhavam pontos dependendo do peso do material que reciclavam. Os pontos eram válidos para descontos em estabele-

---

4 Suspeito que a maioria dos residentes de Windsor ou Maidenhead ficaria mais do que um pouco afrontada se lhes dissessem que moram em um subúrbio de Londres.

cimentos comerciais da região. A reciclagem aumentou em 35%." O governo do Reino Unido ficou entusiasmado com isso e, em 2010, elogiou o esquema e disse que o governo de coalizão (então recém-eleito) estaria "incentivando os conselhos que quisessem se envolver em tais programas de recompensa".

Isso nunca aconteceu. Foram lançados alguns esquemas pouco convictos, mas nenhum grande lançamento. Uma análise de 2016 do site[5] constatou que "no geral, os programas não sofreram uma mudança radical na tonelagem de reciclagem, na participação ou no comportamento reivindicado". Em uma escala mais ampla, um estudo de programas nos EUA, no Reino Unido e no Canadá[6] concluiu que "a eficácia dos programas de recompensa ou incentivo na promoção da reciclagem de resíduos domésticos é duvidosa". O esquema não funciona em Windsor e Maidenhead há anos, o que por si só é sugestivo da maneira como esses esquemas podem ter um breve benefício quando testados, mas que evapora rapidamente se o incentivo for transformado em uma política.

TENHA EM MENTE A PARCIALIDADE

Toda a ideia de *nudges*, conforme apresentada por Thaler e Sunstein, é inspirada nos vieses que exibimos naturalmente. Ao longo dos anos, os campos da psicologia e da economia comportamental nos bombardearam com uma longa lista desses vieses. Ser tendencioso parece algo inerentemente ruim, mas essas tendências geralmente refletem os atalhos que usamos para lidar com o mundo ao nosso redor. Em um mundo perigoso, nem sempre há tempo para sentar e ponderar pacientemente os prós e os contras de como agir. Temos que avaliar rapidamente a situação, fazer a melhor estimativa do que fazer e agir rapidamente.

Isso é bom, mas significa aplicar uma série de suposições sobre o ambiente, nossa situação e nossas capacidades que podem estar incorretas. Nossa programação mental para tomar essas decisões rápidas significa que,

---

5 A análise de 2016 dos esquemas de recompensa de reciclagem feita por Brook Lyndhurst está disponível em randd.defra.gov.uk/ProjectDetails?ProjectId=18513.

6 O estudo de esquemas nos EUA, no Reino Unido e no Canadá, realizado por Yung Yau, pode ser consultado em www.circularonline.co.uk/opinions/recycling-rewards-scheme-chips/.

em algumas circunstâncias, podemos falhar. Por exemplo, o reconhecimento de rostos e objetos é tão importante para lidar com o mundo ao nosso redor que tendemos a ver padrões que não existem realmente, um fenômeno conhecido como pareidolia. Isso está por trás de muitos avistamentos de fantasmas e da descoberta do que parecia ser um rosto gigante na superfície de Marte, que desapareceu totalmente quando a imagem foi mais detalhada.

Da mesma forma, os psicólogos criaram muitos vieses cognitivos que aplicamos em aspectos da tomada de decisões. Por exemplo, há o viés de confirmação, em que prestamos mais atenção às informações que confirmam nossas opiniões existentes; o viés implícito, em que aplicamos estereótipos e generalizações, e o viés de excesso de confiança, em que superestimamos nossas próprias habilidades. Outro viés favorito é a aversão à perda – a ideia de que somos mais influenciados pela perda de algo de um determinado valor do que pelo ganho de algo do mesmo valor.

Entretanto, podemos exagerar a importância dos vieses. Por exemplo, um exemplo frequentemente usado de viés de excesso de confiança é que a maioria das pessoas acha que é melhor do que o motorista médio. Esse não é um ótimo exemplo, pois é muito provável que mais da metade das pessoas *seja* melhor do que o motorista médio, supondo que por "médio" se entenda a média. É muito mais provável que um subconjunto de motoristas seja realmente ruim do que um subconjunto seja excepcionalmente bom. Isso arrasta a média para bem abaixo da mediana, o que significa que, de fato, mais da metade dos motoristas é melhor do que a média.

Os *nudges* são projetados para fazer uso de vieses para produzir um toque de *brainjacking* sorrateiro. Se entendermos os vieses, poderemos apresentar informações e projetar ambientes de forma que os usuários sejam empurrados por esses vieses em direção aos resultados desejados. Há um problema aqui. Muitos resultados produzidos pela psicologia experimental no período citado por Thaler e Sunstein mostraram-se impossíveis de reproduzir no que foi chamado de crise de replicação. Um grande número de estudos envolveu uma amostra muito pequena de indivíduos, teve protocolos mal desenvolvidos ou manipulou os dados para produzir uma significância estatística inválida. E isso se aplica a grande parte das pesquisas que apoiam os vieses. Por exemplo, Thaler e Sunstein nos dizem que "a perspectiva de perder algo o deixa duas vezes mais infeliz do que a perspectiva de ganhar a mesma coisa o deixa feliz", mas isso não é confirmado por estudos confiáveis.

O outro problema com os *nudges*, como vimos, é que aqueles que os favorecem podem rotular qualquer ação que produza um resultado positivo como um *nudge*, enquanto qualquer coisa que não produza um resultado positivo é excluída da consideração, um não-não científico conhecido como *cherry picking*, um viés de seleção. No livro *Nudge*, é relatado um estudo da Universidade de Yale em que estudantes receberam informações sobre a importância de tomar uma vacina contra o tétano, mas apenas 3% tomaram a vacina. Outro grupo viu a mesma palestra, mas recebeu um mapa com a localização do posto de saúde, foi solicitado a verificar suas agendas semanais, fazer um planejamento de quando iriam (o que poderia tê-los incentivado a adicionar uma visita ao calendário) e a decidir a rota que tomariam.

Thaler e Sunstein nos dizem que a adesão desse grupo foi de 28% (ainda bastante baixa, na minha opinião). "Observe", dizem eles, "que essa manipulação foi muito sutil". Em essência, eles estão dizendo que isso foi um *nudge* em ação. É mesmo? Dizer a eles aonde ir, fazer com que verificassem a agenda para achar o melhor momento... isso não é um *nudge*, é como você marca uma reunião ou leva um aluno a uma palestra. Não há nada de sutil nisso. Da mesma maneira, os autores descrevem uma campainha de aviso que soa quando você não coloca o cinto de segurança como um *nudge* – mas será que os alarmes não são muito pesados para serem um empurrãozinho? Quando um alarme dispara, ele torna praticamente impossível prosseguir sem fazer nada. Isso não é arquitetura de escolha.

O conceito dos *nudges* não é inútil. Eles parecem ter algum efeito. Temos nossas tendências, e os empurrões podem nos influenciar de pequenas maneiras. Contudo, seu impacto é muito menor do que o setor de *nudges* vende – e isso se também aceitarmos que os *nudges* às vezes precisam ser complementados, seja por todo o sistema que está por trás da melhoria dos transplantes de órgãos, seja pelas penalidades financeiras que, na realidade, tornaram viáveis outros *nudges* aparentes.

Os *nudges* são pensados como tentativas sutis de influenciar, mas há alguns aspectos potenciais de *brainjacking* que são tão sutis que não devemos nem mesmo estar cientes de que algo está acontecendo. É hora de se tornar subliminar.

CAPÍTULO 12

Subliminar

O que as palavras "publicidade subliminar" trazem à mente? Talvez um vilão desonesto que persuade as pessoas a agirem contra sua vontade, exibindo mensagens secretas em uma tela de cinema. Ou, se ampliarmos essa ideia para a influência subliminar, o que dizer da capacidade do hipnotizador de persuadir as vítimas a realizar um ato ridículo sem que elas saibam, ou da técnica psicológica de *priming*, ou preparação, que se diz capaz de influenciar nossas decisões sem que tenhamos consciência do que está acontecendo?

Seria um bom começo desvendar a palavra vitoriana "subliminar". Ela remonta pelo menos à década de 1880 e se refere a algo, um estímulo ou influência sensorial, que está abaixo dos limites da percepção consciente (*limen* é a palavra latina para limiar). É, se preferir, um *brainjacking* imperceptível ou despercebido que, no entanto, muda a maneira como pensamos ou nos comportamos. Ao contrário de outros exemplos de *brainjacking*, é possível argumentar que as formas subliminares são sempre manipuladoras, embora algumas sejam autoinfligidas.

UM LAMPEJO NO FILME

Podemos colocar origem do termo "propaganda subliminar" com muita precisão em 1957, porque o conceito surge de um único trabalho.[1] Esse

1 Há uma alegação de que a publicidade subliminar havia sido usada anteriormente em um desenho animado do Patolino de 1947. Ele apresenta uma estátua que gira rapidamente, cujo escudo

exemplo arquetípico de publicidade subliminar envolvia a inserção, em um filme de cinema, de avisos que ficavam na tela por um tempo muito curto para serem percebidos como nada mais do que uma cintilação. Apesar disso, afirmou-se que esses avisos modificavam o comportamento do público.

A maneira como as imagens em movimento funcionam é uma ilusão subliminar em si. Um filme ou vídeo não consiste em um movimento realmente contínuo, mas sim em uma série de imagens estáticas, cada uma exibida por um período muito curto – normalmente, entre 30 e 60 desses "quadros" são exibidos por segundo. O efeito era conhecido de brinquedos anteriores às imagens em movimento, como o fenacistoscópio e o zootrópio, que datam de 1833 e 1866, respectivamente, que usavam uma fenda para obter breves lampejos de imagens estáticas em um disco ou tambor rotativo.

No século XIX, a explicação para essa ilusão era a "persistência da visão", um conceito que ainda é mencionado com frequência hoje em dia, embora tenha sido descartado cientificamente há muito tempo. A sugestão é que o cérebro retém uma imagem por tempo suficiente para que ela se sobreponha à seguinte, simulando o efeito do movimento, mas, na realidade, a imposição de uma imagem sobre outra apenas produz uma bagunça visual. Como vimos no Capítulo 5, a realidade é que os sistemas olho/cérebro não trabalham com o que é visto como uma entidade inteira, mas constroem uma imagem a partir de vários recursos. É a maneira como esses sistemas mentais analisam a composição das informações provenientes do nervo óptico que dá a impressão de movimento a partir de uma série de imagens estáticas.

A substituição de alguns quadros das imagens em movimento por outra coisa – texto ou imagem – aparecerá como uma pequena falha no vídeo ou filme, mas os espectadores não estarão conscientes do conteúdo. No entanto, o princípio por trás da publicidade subliminar é que essa intervenção produz um efeito de *brainjacking*, alterando os sentimentos ou as necessidades dos espectadores. A preocupação com o artigo de 1957 sobre publicidade subliminar foi tão grande que o uso dessas mensagens foi tornado ilegal em vários países, como o Reino Unido, e cuidadosamente controlado em outros, como os EUA, onde é considerado prática desleal.

---

mostra as palavras *Buy Bonds* (Compre Títulos) em uma tentativa de aumentar a compra de títulos de guerra, mas é possível argumentar que isso não é subliminar, pois é óbvio o que está acontecendo; só não fica claro o que as palavras dizem sem diminuir a velocidade do desenho animado.

O que aconteceu em 1957 é frequentemente descrito como um experimento, mas, de forma mais realista, poderia ser chamado de golpe publicitário. O "cientista" por trás disso foi James Vicary, um pesquisador de mercado. Em um artigo publicado na revista do setor de marketing *Advertising Age*, Vicary afirmou ter testado imagens subliminares em mais de 45.000 pessoas em um cinema em Nova Jersey (não todas ao mesmo tempo) e, como resultado, descobriu que houve um aumento de 18,1% nas vendas da Coca-Cola e um aumento de 57,5% nas vendas de pipoca. Impressionante.

Não há dúvida de que os gerentes de cinemas tentaram manipular o público de várias maneiras para ganhar mais dinheiro. Meu pai era amigo do gerente de um dos cinemas da minha cidade natal, Rochdale, nas décadas de 1950 e 1960. Naquela época, uma ida ao cinema geralmente incluía um intervalo, quando a maioria das comidas e bebidas era comprada. O gerente confessou que, meia hora antes do intervalo, eles costumavam aumentar o aquecimento ao máximo, na esperança de aumentar as vendas de sorvete e bebidas.

No entanto, Vicary estava afirmando algo muito mais específico e focado que mexer no termostato – a possibilidade de influenciar as vendas de um produto específico com suas mensagens ocultas. No entanto, esse não foi um teste científico realizado adequadamente – nem mesmo temos certeza de que foi realizado. Vicary não forneceu nenhuma descrição de como a comparação foi feita com as vendas sem as mensagens subliminares nem havia nenhum detalhe de seus métodos. Inevitavelmente, houve muitas tentativas de reproduzir os resultados de Vicary, mas parece que o único *brainjacking* certo aqui foi o breve aumento de clientes desfrutado pela empresa de Vicary.

VISUALIZAÇÃO PRIVILEGIADA

Se houve algum impacto da publicidade subliminar, ele se deveu a uma teoria psicológica conhecida como *priming*, ou efeito de pré-ativação. Esse é um efeito sugerido em que os participantes de estudos parecem agir de forma diferente se tiverem sido preparados anteriormente, de maneira subliminar, por menções mais ou menos sutis ao assunto. Isso parece muito mais promissor do que a natureza grosseira da propaganda subliminar, mas há um problema com o *priming*, como descobriremos.

O *priming* aparece no trabalho de alguém que já conhecemos, o mágico de TV e de palco Derren Brown. Em um episódio de TV intitulado "How to Control the Nation" ("Como Controlar a Nação"), Brown alegou usar o *priming* para mudar os pontos de vista dos participantes e também para criar um curta-metragem com instruções subliminares que deixariam o público grudado em suas poltronas – não literalmente (não havia cola envolvida), mas impedindo-os de se levantar quando tentassem fazê-lo.

No show, Brown começou com algumas demonstrações relativamente simples do que ele afirmava ser o *priming*. Por exemplo, ele pediu a um membro da plateia que escolhesse um entre dez cartões em branco, e acabou sendo o único que dizia "Perder" (em vez de "Ganhar") do outro lado. Brown alegou que isso se deveu a um *priming* subliminar, pois o cartão tinha "escolha-me" escrito em tinta invisível no verso, que ele posteriormente tornou visível com luz ultravioleta. É bem possível que isso estivesse suficientemente no limite da visibilidade para ser subliminarmente perceptível, mas vale a pena ter em mente que Brown usa explicações pseudopsicológicas para aumentar o impacto dos truques tradicionais de conjuração – e empurrar uma determinada carta a um indivíduo é um dos truques mais antigos dos mágicos de palco.

Brown então levou o processo para o próximo nível. Um sujeito foi levado à loja de brinquedos de cinco andares Hamley's, na Regent Street, em Londres. Depois de passear pela loja acompanhada por Brown, solicitou-se à participante que selecionasse mentalmente qualquer brinquedo dentre os milhares disponíveis sem dizer nada. Ela escolheu uma girafa de pelúcia. Posteriormente, Brown demonstrou que havia selecionado esse item de forma adequadamente dramática, com uma enorme girafa de pelúcia chegando do lado de fora da loja. Em seguida, é mostrada uma série de oportunidades de *priming* que foram encontradas no tour inicial. Lembre-se de que o *priming* deve influenciar alguém expondo-o subliminarmente a estímulos. A mais óbvia delas para os espectadores foi um painel de parede com um padrão de girafa, mas Brown destacou que ele imitou uma girafa ao falar sobre "vários pontos" da loja. Ele também disse "você tinha um brinquedo favorito" juntando as palavras "você tinha", em inglês, para que soassem um pouco como "girafa", eles passaram por camisetas com girafas e assim por diante.

Isso é crível? É possível que tenha havido alguma pré-seleção. O sujeito era uma mulher jovem – em um ponto da visita, ela e Brown chamaram os itens de "brinquedos de menino" – e é provável que um homem de idade semelhante não teria escolhido uma girafa de pelúcia. Embora seja bem possível que o *priming* tenha tido alguma influência, temos que ter em mente que os truques de mágica funcionam por meio de desorientação e é muito mais provável que o truque tenha um mecanismo totalmente diferente. E essa certamente não foi uma abordagem científica sobre o *priming*. Mas há evidências reais de sua existência? Veremos daqui a pouco.

No final do programa de Brown, chegamos ao vídeo que supostamente continha mensagens subliminares. Brown afirmou que isso fixaria o público em uma sala de exibição e em casa no lugar, incapaz de se levantar quando solicitado. Primeiro, foram mostradas seis cenas de "teste" em que os indivíduos foram aparentemente expostos a diferentes variantes do vídeo especial, com efeitos diferentes em seu comportamento. (Brown afirmou que não havia colaboração na parte de seu ato que envolvia os membros da plateia, mas os indivíduos nos vídeos de teste deixavam suspeitas de serem atores.)[2]

Não há dúvida de que a forma dramática com que as "cobaias" reagiam nos vídeos ajudava a preparar os espectadores sugestionáveis. Brown enfatizou que aqueles que ficassem presos no experimento principal teriam o "melhor talento para responder", sugerindo que era bom ficar preso. O público recebeu uma série de instruções para incentivá-lo a permanecer em posição e, em seguida, foi mostrado um minuto de linhas giratórias na tela, com alguns efeitos sonoros. Isso me pareceu um pouco hipnótico, mas não fiquei preso. Depois que o efeito já havia ocorrido, Brown mostrou uma imagem "subliminar" muito óbvia (portanto, não) de alguém amarrado a uma cadeira. Isso nunca foi mencionado no roteiro.

---

2 Em seu livro *Tricks of the mind*, Brown diz que nunca usa fantoches, no sentido de pessoas na plateia que parecem estar inocentemente experimentando seus truques, mas que na verdade fazem parte do número. Mas ele admite a enganação e que os vídeos de "teste" faziam parte da preparação do truque e não usavam membros da plateia.

PENSAMENTO ANTIGO

Vamos nos concentrar primeiro no conceito de *priming*, que Brown usou como explicação para seus primeiros truques. Ao contrário da publicidade subliminar, a pré-ativação tem origem no campo da psicologia e não no das relações públicas. Normalmente, o *priming* faz uso de associações entre palavras, conceitos, imagens e outros para alterar uma escolha ou ação subsequente. É um conceito que aparece fortemente em um dos trabalhos mais famosos da psicologia popular, o livro *Rápido e devagar: duas formas de pensar*, de Daniel Kahneman, de 2011.

Kahneman detalha toda uma série de experimentos em que o *priming* demonstrou produzir uma manipulação subliminar do estado mental. Talvez o mais conhecido seja o feito com um grupo de estudantes da Universidade de Nova York, a maioria com idade entre 18 e 22 anos.[3] Os alunos foram informados de que sua tarefa era criar frases de quatro palavras a partir de conjuntos de cinco palavras. Alguns alunos receberam conjuntos de palavras que incluíam termos associados a idosos: Kahneman nos conta que entre eles estavam "Flórida, esquecido, careca, grisalho ou enrugado". Os outros alunos não obtiveram essas palavras.

Em seguida, os alunos foram orientados a seguir pelo corredor até outro laboratório para uma segunda parte do experimento. Na realidade, seguir pelo corredor *era* a segunda parte do experimento. Os pesquisadores mediram o tempo que os alunos levaram para fazer a caminhada e, como o cientista por trás desse experimento, John Bargh, previu, os alunos com as palavras "de pessoas idosas" levaram mais tempo para fazer a caminhada. A sugestão foi que o fato de terem sido expostos a palavras associadas à idade os levou a pensar sobre a velhice e isso, por sua vez, os levou a caminhar mais como uma pessoa idosa.

Vale a pena ressaltar que muitos experimentos de psicologia, como esse – talvez até mesmo a maioria deles –, envolvem o *brainjacking* como parte do projeto experimental. Os cientistas envolvidos mentem rotineiramente para os participantes sobre o que estão fazendo, na tentativa de evitar influenciar

---

3 Os experimentos de psicologia geralmente usam estudantes universitários como cobaias, porque eles estão prontamente disponíveis e são baratos. Esse atalho se mostrou problemático em alguns casos, pois eles não são típicos das pessoas em geral.

o comportamento dos alunos. É, sem dúvida, um engano necessário para que o experimento funcione, mas definitivamente envolve manipulação.

Observe a natureza puramente subliminar do que aconteceu aqui. A velhice nunca foi mencionada. A ideia era que, sem que estivessem conscientes disso, a maneira como os alunos agiam era influenciada pelo fato de terem sido preparados com o conceito de ser velho. Kahneman chegou a afirmar que a leitura das frases acima seria suficiente para prepará-lo – e se agora você se levantasse e pegasse um copo de água, faria isso um pouco mais como acha que uma pessoa idosa faria. (Parece que Kahneman não esperava ter algum leitor idoso.)

Não vou analisar todos os exemplos de *priming* de Kahneman, mas aqui estão alguns exemplos. Ele enfatizou o resultado do *priming* para dinheiro, seja usando termos relacionados a dinheiro, como foi feito com a velhice, ou adotando o tipo de abordagem que Brown faz com uma girafa no suposto experimento de *priming* na Hamley's – por exemplo, deixando uma pilha de dinheiro do Banco Imobiliário em algum lugar da sala. Aparentemente, o efeito foi aumentar a autoconfiança e reduzir a quantidade de ajuda oferecida a alguém que deixasse cair uma pilha de lápis. As pessoas que encontraram o dinheiro sentaram-se menos perto das outras e estavam mais inclinadas a querer ficar sozinhas. (Assim como nos dizem que o amor ao dinheiro é a raiz de todos os males, parece que o *priming* com dinheiro é a raiz de pelo menos alguns comportamentos antissociais.)

O capítulo sobre *priming* termina com um exemplo da cozinha de um escritório em uma universidade do Reino Unido, onde, de acordo com Kahneman, "os membros desse escritório pagavam pelo chá ou café que tomavam durante o dia colocando dinheiro em uma 'caixa de honestidade'". Até aí, tudo normal. Mas, durante algumas semanas, um pôster foi colocado sobre a lista de preços. Às vezes, os funcionários eram estimulados com imagens de flores. Em outras ocasiões, eles viam um par de olhos olhando para eles.

Graças ao *priming*, parece que nas semanas em que havia olhos observando, as doações aumentaram. Quando havia flores, os pagamentos despencavam. Há um eco interessante aqui do que parece ser uma tentativa medieval de *priming*. No Kedermister Pew, do século XVII, na Igreja de Santa Maria em Langley, Berkshire, a nobreza que costumava ocupá-lo era separada do restante da congregação. Presumivelmente para evitar possíveis comportamentos inadequados durante os cultos, a parte interna do banco foi pintada com grandes olhos no teto – o *oculus Dei*, ou olho de Deus.

Não temos um estudo sobre os efeitos dos olhos no banco, mas, de acordo com Kahneman, quando os olhos eram exibidos junto às bebidas, "a contribuição média era de 70 pence por litro de leite" – com as flores, esse valor caiu drasticamente para uma média de cerca de 15 pence por litro. Essa é uma diferença notável, embora seja um pouco estranho que a métrica para o consumo de café e chá tenha sido a quantidade de leite utilizada – presumivelmente, as pessoas que tomavam suas bebidas puras foram excluídas do experimento.

A NECESSIDADE DE CEGAMENTO

Essas são afirmações notáveis sobre o poder subliminar do *priming*. Entretanto, há um grande problema aqui que agora se aplica a muitos dos estudos psicológicos que contribuíram para uma aparente compreensão de efeitos como o *priming*. Como já vimos, grande parte dos experimentos foi mal projetada, teve controles inadequados, poucos participantes e fez uso indevido de estatísticas para gerar resultados aparentemente significativos a partir de dados que não apoiavam essas conclusões.

Não ajuda o fato de que a maioria de nós se depara com esse tipo de estudo em uma referência passageira em um livro como o de Kahneman – livros de ciência popular raramente dizem algo sobre a qualidade do estudo, simplesmente relatando os resultados como fatos. É verdade, contudo, que a comunidade científica demorava para responder às críticas a suas pesquisas, principalmente nas ciências sociais, como a psicologia. Foi por volta de 2011, quando o livro de Kahneman tinha acabado de ser publicado, que as coisas começaram a desmoronar, e no centro das críticas estava o estudo que Kahneman considerou um "clássico instantâneo": o artigo de 1996 de Bargh, Chan e Burrows, "Automaticity of social behavior: direct effects of trait construct and stereotype-activation on action" ("Automaticidade do comportamento social: efeitos diretos da ativação de traços e estereótipos sobre a ação")[4] – o estudo de *priming* sobre idosos descrito acima.

Qualquer estudo científico tem potencial para falhas e, devido aos problemas comuns em estudos psicológicos, o campo tinha um potencial parti-

4 Os psicólogos às vezes criam títulos muito interessantes para seus artigos... mas nem sempre.

cularmente forte. Quando isso acontece, é importante que uma pesquisa seja replicada usando protocolos melhores do que os do original. O experimento deve ser realizado novamente, de preferência várias vezes e por grupos diferentes, para verificar se os resultados são os mesmos. Em 2012, Stéphane Doyen, Olivier Klein, Cora-Lise Pichon e Axel Cleermans publicaram "Behavioural priming: It's all in the mind, but whose mind?" ("*Priming* comportamental: está tudo na mente, mas na mente de quem?").

Nesse estudo, eles fizeram duas coisas. Primeiro, eles duplicaram o estudo inicial, mas com um grupo maior de participantes e usando cronometragem automatizada para a velocidade da caminhada (o estudo original baseou-se na cronometragem manual com um cronômetro, que está potencialmente sujeita a erros do experimentador). O resultado: nenhum resultado. O suposto *priming* não teve efeito nessa replicação aprimorada. A segunda parte do estudo foi, sem dúvida, ainda mais interessante. Dessa vez, os sujeitos involuntários não eram os participantes, mas os cientistas que realizavam o experimento.

Nessa segunda etapa, se os pesquisadores tinham a expectativa de que os participantes andariam mais devagar, eles registravam um efeito de *priming*. Mas se eles esperavam não encontrar nenhum efeito de *priming*, não havia nenhum. Isso reflete um famoso estudo de 1963 envolvendo super-ratos.[5] Dois grupos de pesquisadores receberam ratos para cronometrar o tempo em testes de solução de labirintos. Um grupo tinha ratos normais e o outro tinha super-ratos especialmente criados com capacidades avançadas de resolução de labirintos. Não é de surpreender que os super-ratos tenham superado a variedade comum. Foi então revelado que os animais em ambos os casos eram idênticos. A única diferença eram as expectativas dos observadores.

Pode parecer que, em um experimento como o estudo do super-rato, há pouca oportunidade para que o viés do observador corrompa os resultados. Era apenas uma questão de registrar o tempo que os ratos levavam para percorrer um labirinto. E não houve nenhuma sugestão de que os cientistas que testaram os "super-ratos" estivessem trapaceando conscientemente. Entretanto, as expectativas ainda podem levar a resultados incorretos. Os super-

5 O estudo do super-rato de 1963 foi "The effect of experimenter bias on the performance of the albino rat" ("O efeito do viés do pesquisador no desempenho do rato albino"), de Robert Rosenthal e Kermit Fode.

-ratos receberam melhor tratamento e mais manuseio do que os ratos comuns. Quando havia dúvida se o rato realmente completou o labirinto em um determinado tempo, os super-ratos tinham maior probabilidade de serem tratados como bem-sucedidos. E sempre há o perigo da escolha seletiva. Por exemplo, se houvesse um barulho alto no laboratório durante a execução de um experimento, o pesquisador poderia decidir que isso tinha atrapalhado um super-rato e deixar seu fracasso de fora das estatísticas, mas um rato comum não teria a mesma margem de manobra, pois seria considerado fracassado de qualquer modo.

Esse efeito não é subliminar no sentido usual, mas certamente é um *brainjacking*. Se um cientista tem a expectativa de um resultado para um experimento e sabe a que grupo pertencem os sujeitos do estudo com os quais está trabalhando, há uma forte tendência, quando há alguma margem de interpretação por parte do observador, de que ele seja tendencioso a favor do resultado esperado. Isso pode acontecer em qualquer estudo científico e, às vezes, foi observado até mesmo em ciências exatas, como a física. Isso levou ao uso dos estudos duplo-cegos: por exemplo, em experimentos de ondas gravitacionais, em que parte da interpretação exige uma contribuição subjetiva. No entanto, há muito mais oportunidades para esse tipo de erro quando há participantes vivos envolvidos, e o viés do pesquisador tem se mostrado abundante tanto na psicologia quanto na medicina, onde o método duplo-cego não é usado.

O processo duplo-cego significa que, por exemplo, em um estudo clínico em que alguns participantes recebem um medicamento em teste e outros recebem um placebo, nem os participantes nem os pesquisadores sabem quais deles tomaram o medicamento ativo. Tornar um estudo duplo-cego exige um esforço extra e nem sempre é fácil de incluir no procedimento experimental, mas quando essa abordagem não é usada, fica muito mais fácil obter resultados duvidosos em estudos psicológicos.

O aspecto do experimento de *priming* sobre idosos que causou suspeita especial foi que um bom número de experimentos subsequentes sugeriu a necessidade de percepção consciente do *priming* – não era um efeito subliminar – e o estímulo tinha que ter alguma relevância para os participantes, algo que claramente não era o caso dos alunos originais. Aqueles que tentaram replicar o estudo não desprezaram totalmente o original. Eles observam que a pessoa que cronometrava as caminhadas estava efetivamente "cega" – ela não sabia se a pessoa que estava cronometrando tinha sido preparada. Contudo, a pessoa que estava dando a tarefa aos participantes sabia, e isso foi suficiente para modificar o comportamento do observador.

A CRISE DA REPLICAÇÃO

Apesar desse golpe contra a veracidade do *priming*, os autores do artigo de replicação fracassado de 2012 estavam entusiasmados para não serem vistos como se estivessem descartando totalmente o *priming*. Eles concluem: "Embora o *priming* comportamental automático pareça bem estabelecido na literatura sobre cognição social, parece importante considerar suas limitações". Lembre-se, no entanto, de que nessa época ainda se estava começando a descobrir que muitos desses experimentos eram duvidosos.

Nos anos seguintes, muitas tentativas de replicar descobertas fracassaram. Algumas se deveram a falhas no projeto experimental. Muitas foram resultado do chamado *p-hacking*, ou manipulação do valor-p, e de outras formas de manipular os resultados estatísticos, maquiagens que eram comumente usadas na época, principalmente nas ciências sociais, onde os pesquisadores estavam menos familiarizados com probabilidade e estatística do que os das disciplinas mais matemáticas. O *p-hacking* envolve cortar um conjunto de dados de várias maneiras até encontrar uma relação estatística esperada. Com um conjunto de dados suficientemente grande, é fácil encontrar correlações espúrias em que um fator parece estar relacionado a outro, mas essa relação aparente é mera coincidência.

Lembre-se de que para ser estatisticamente significativo em experimentos de psicologia, geralmente é necessário que, se a hipótese nula for verdadeira (o efeito não existe), os resultados devem ocorrer apenas uma em 20 vezes ou menos. No *p-hacking*, cada corte diferente que é feito nos dados dá outra chance de ocorrência de um evento em 20. O "p" em *p-hacking* refere-se aos valores de p, que para a medida comum de um em 20 seria 0,05. Muitos argumentam que a chance de erro de uma em 20 permite a passagem de muitos resultados falsos, mas, apesar de muito debate, essa ainda é a medida usada para estabelecer a significância estatística em quase todos os estudos de ciências sociais.

A comunidade científica agora está muito ciente desses problemas (embora eles ainda apareçam com frequência). Um experimento bem planejado agora decide com antecedência exatamente como os dados serão analisados, evitando esse tipo de manipulação. Mas não há dúvida de que esse problema e muitas outras questões estavam presentes nos estudos que foram usados para justificar o *priming* inconsciente. Em 2015, um artigo na *Nature* concluiu: "Não confie em tudo o que você lê na literatura psicológica. Na verdade, provavelmente se deve desconfiar de dois terços dela."[6]

Posteriormente, uma análise de 2017 dos estudos que Kahneman apresentou sobre *priming* em seu livro mostrou uma replicação muito baixa dos resultados em todos os casos.[7] Kahneman respondeu concordando que havia "depositado muita fé em estudos com pouca potência". Ele também concordou que havia uma ausência preocupante no relato dos experimentos. Dado que os resultados apenas alcançaram a significância, deveria ser inevitável que alguns resultados não significativos fossem observados, mas eventos não significativos nunca foram publicados na literatura sobre *priming*: com efeitos fracos, esse é um indicador importante de que os pesquisadores estão escolhendo a dedo o que publicam, fazendo *p-hacking* e descartando resultados negativos que não se encaixam em sua hipótese.

Kahneman concluiu: "Ainda acredito que as ações podem ser pré-ativadas, às vezes até por estímulos dos quais a pessoa não tem conhecimento (...) mas mudei minha opinião sobre o tamanho dos efeitos de *priming* comportamental – eles não podem ser tão grandes e robustos como meu capítulo sugeria". Outros são menos generosos e suspeitam que o tipo de *priming* inconsciente que Derren Brown alega estar usando em seu truque com a girafa da Hamley's não tem efeito algum.

O fato de muitas pesquisas psicológicas não atenderem aos padrões científicos aceitáveis não significa, é claro, que podemos descartar todos os exemplos de *brainjacking*. Sabemos que muitos dos mecanismos mais explícitos funcionam e foram reproduzidos várias vezes. No entanto, especialmente quando nos deparamos com influências aparentemente sutis, como o *priming*,

---

6 O artigo *da Nature* que dizia "não confie em tudo" era "First results from psychology's largest reproducibility test" ("Primeiros resultados do maior teste de reprodutibilidade da psicologia"), de Monya Baker.

7 A análise de 2017 dos estudos sobre *priming* usados por Kahneman foi "Reconstruction of a train wreck: how priming research went off the rails" ("Reconstrução de um desastre de trem: como a pesquisa sobre *priming* saiu dos trilhos"), de Ulrich Schimmack et al. no site da Replicability Index.

precisamos levantar uma sobrancelha cética diante da sugestão de que isso tenha algum efeito significativo. Certamente, no caso de Derren Brown, é provável que o que estávamos vendo fosse um truque de mágica convencional, disfarçado para torná-lo mais impressionante sob as vestes de um fenômeno psicológico. Voltaremos a falar sobre sua alegação de colar os participantes em seus assentos com um vídeo subliminar um pouco mais tarde.

Até o momento, a maior parte do *brainjacking* subliminar que abordamos foi problemática e, mesmo que fosse possível, certamente seria uma forma de manipulação desagradável e perigosa, mas o que dizer da ideia mais positiva de que podemos passar pelo tedioso processo de aprender algo novo sem desperdiçar nenhum esforço consciente? Podemos adquirir conhecimento de forma subliminar?

APRENDENDO DURANTE O SONO

O máximo seria a capacidade de Trinity de se tornar piloto de helicóptero em segundos, mostrada em uma cena do capítulo inicial de *Matrix*, mas sabemos que isso é pura ficção científica. Entretanto, algo que foi levado a sério no século passado foi o conceito de aprendizado durante o sono. Afinal de contas, o cérebro não está inativo durante o sono, mas está funcionando de maneiras diferentes da atividade normal da vigília. Por que não aproveitar parte desse tempo de sono para poder aprender subliminarmente novos fatos ou aprender um idioma sem todo aquele trabalho chato de memorizar o vocabulário?

Também conhecida como hipnopedia, a esperança da aprendizagem durante o sono era que, assim como era possível dar sugestões a (algumas) pessoas enquanto hipnotizadas que resultariam em ações ou lembranças posteriores (falaremos mais sobre isso em breve), algo semelhante poderia ser feito durante o sono, um estado que parecia ter alguma relação com o estado de hipnose.

As primeiras tentativas de aprendizagem durante o sono envolviam a colocação de um alto-falante sob o travesseiro, enquanto agora é possível comprar aplicativos de aprendizagem durante o sono para smartphones que reproduzem sugestões adequadas durante a noite. Inicialmente, não havia dúvida de que isso era o equivalente do *brainjacking* a aspectos da prática médica que não são baseados em evidências – parecia razoável que funcionasse, mas não havia verificação científica de seus benefícios e nenhuma pesquisa para apoiá-lo.

Isso começou a mudar em 1956, quando Charles Simon e William Emmons usaram uma tecnologia que estava na moda na época para investigar o aprendizado no sono para a Rand Corporation, uma organização semigovernamental dos EUA.[8] O novo equipamento era o EEG, ou eletroencefalógrafo, um dispositivo usado para registrar a atividade elétrica no cérebro. Esses detectores datam da década de 1920 e levaram à introdução do conceito de ondas cerebrais – flutuações repetidas na atividade elétrica do cérebro, com uma gama de frequências características.

As ondas cerebrais parecem ter sido nomeadas aleatoriamente – elas são representadas por letras gregas e vêm na ordem delta, teta, alfa, beta e gama,[9] aproximadamente equivalente a D, TH, A, B e C ou G, nessa ordem. Delta é a frequência mais baixa, abaixo de 4 hertz (ciclos por segundo). As ondas alfa e beta intermediárias são de 8 a 12 hertz e de 13 a 30 hertz, respectivamente, e as gama são de 30 a 80 hertz.

Simon e Emmons descobriram que quando um indivíduo se lembrava de algo "ensinado" durante o sono, essa informação tinha sido apresentada quando havia atividade de ondas alfa, que normalmente ocorre em estados de vigília ou quase vigília durante a noite. Assim, os participantes estavam simplesmente se lembrando de algo que tinham ouvido enquanto estavam conscientes, e não houve melhora no aprendizado em comparação com a simples audição de uma informação quando estavam totalmente acordados.

Há evidências razoáveis, no entanto, de que parte do papel do sono é dar ao cérebro a chance de consolidar as memórias, organizando-as adequadamente no armazenamento de longo prazo. Alguns experimentos (com a ressalva de que esses estudos podem não ser de alta qualidade) sugeriram que é possível ajudar o cérebro a fixar as memórias para que seja possível recuperá-las no futuro.

De todos os sentidos, o olfato parece ser o mais fácil de ser estimulado durante o sono – o que talvez seja surpreendente, considerando que o som tem

---

8 O estudo de Simon e Emmons de 1956 sobre aprendizado durante o sono foi "Responses to material presented during various levels of sleep" ("Respostas a materiais apresentados durante vários níveis de sono").

9 Há também as ondas mu, que ocupam a mesma faixa de frequência que as alfa, mas estão relacionadas aos neurônios motores.

maior probabilidade de alertar sobre um perigo iminente. Um estudo de 2007[10] descobriu que, se um indivíduo fosse exposto a um cheiro específico enquanto tentava aprender algo durante o dia e depois fosse exposto a esse mesmo cheiro quando estivesse dormindo, ele conseguia reter melhor as informações. Em 2014, os pesquisadores encontraram o mesmo resultado ao tocar música durante o aprendizado e depois tocar as mesmas músicas durante o sono.[11]

Um trabalho anterior de 2004[12] utilizou a "estimulação transcraniana", em que uma (pequena) corrente elétrica é aplicada ao crânio e indiretamente ao cérebro. Isso pareceu aumentar a atividade elétrica no cérebro durante a consolidação da memória e forneceu algumas evidências de melhora – embora, talvez devido à sugestão de práticas perturbadoras, como a terapia de eletrochoque, isso parece não ter sido levado a sério como um caminho a seguir.

No entanto, precisamos estar particularmente atentos à ressalva sobre a qualidade dos estudos. A pesquisa sobre o sono exige muito espaço no laboratório e toma muito tempo dos participantes. Como resultado, não é incomum que os experimentos do sono sejam realizados com poucos indivíduos. O experimento de 1956, por exemplo, envolveu apenas 21 "indivíduos adultos normais do sexo masculino"[13].

NÃO É APRENDIZADO, MAS REFORÇO

Há um vislumbre de esperança, no entanto, para aqueles que têm dificuldades com o aprendizado, especialmente com algo que é muito estruturado em pequenas unidades, como o vocabulário ao aprender um idioma. No artigo de 2015 intitulado "Boosting vocabulary learning by verbal cueing during sleep" ("Aprimorando o aprendizado de vocabulário por meio de pistas verbais

---

10 "Odor cues during slow-wave sleep prompt declarative memory consolidation" ("Pistas olfativas durante o sono de ondas lentas estimulam a consolidação da memória declarativa"), de Björn Rasch et al.

11 "Targeted memory reactivation during slow wave sleep facilitates emotional memory consolidation" ("A reativação direcionada da memória durante o sono de ondas lentas facilita a consolidação da memória emocional"), de Scott Cairney et al.

12 "Transcranial direct current stimulation during sleep improves declarative memory" ("A estimulação transcraniana por corrente contínua durante o sono melhora a memória declarativa"), de Lisa Marshall et al.

13 É uma realidade incômoda que as primeiras pesquisas com seres humanos raramente usavam um conjunto equilibrado de participantes do sexo masculino e feminino.

durante o sono"), Thomas Schreiner e Björn Rasch pegaram um grupo maior (embora ainda não muito grande) de 60 indivíduos de sexo misto e os dividiram em quatro subgrupos, de modo que havia 15 pessoas passando por uma experiência específica.

Os participantes eram falantes de alemão que não sabiam holandês. Às 22h, foi ensinada a eles uma série de pares de palavras em alemão e holandês e foram anotadas as palavras que pareciam ter sido lembradas por cada sujeito nesse momento. Dois dos grupos foram mandados para a cama uma hora depois e deixados para dormir até as 2h. Os outros dois grupos foram impedidos de dormir enquanto palavras em holandês eram tocadas para eles – um grupo realizou outras tarefas enquanto as palavras eram tocadas, enquanto o outro prestou atenção total às palavras que estavam sendo tocadas.

Durante 90 minutos, entre 23h e 1h, todos os grupos, exceto o grupo de controle, que dormiu sem ser perturbado, foram estimulados pela reprodução repetida de 90 palavras em holandês – 30 que haviam sido lembradas, 30 que não haviam sido lembradas e 30 palavras novas –, reproduzindo cada palavra dez ou onze vezes. Nenhuma tradução para o alemão foi fornecida durante esse processo.

Os resultados, que são melhores do que estatisticamente limítrofes, mostraram duas coisas interessantes. Em primeiro lugar, ambos os grupos que foram autorizados a dormir retiveram significativamente mais palavras do que aqueles que não foram autorizados a dormir. Os grupos acordados tiveram desempenho semelhante em palavras em holandês que não foram tocadas, mas, curiosamente, aqueles que estavam prestando atenção às palavras que estavam sendo tocadas tiveram desempenho *pior* naquelas palavras do que naquelas que não foram tocadas. Prestar atenção ativa às palavras (sem a tradução para o alemão) parecia dificultar a memorização delas.

O grupo acordado que estava se concentrando em outras atividades enquanto as palavras eram tocadas teve um desempenho ligeiramente melhor nas palavras que foram tocadas. Como vimos, nenhum dos grupos acordados se saiu tão bem quanto o grupo de controle do sono. No entanto, o grupo de sono com palavras em holandês tocadas durante o sono teve um desempenho significativamente melhor na recuperação do vocabulário do que qualquer outro grupo.

Isso parece destacar que há algum benefício em dar ao cérebro um empurrãozinho na direção certa enquanto ele passa pelas partes de processamento de consolidação do sono. Infelizmente, não sabemos se há algum benefício em reproduzir as palavras em momentos aleatórios durante a noite. Os pesquisadores evitaram cuidadosamente o sono REM (sonho) e os momentos em que as pessoas que dormiam estavam perto de acordar. Isso é menos fácil de fazer quando não se está em um laboratório do sono, embora alguns *smartwatches* tenham uma capacidade limitada de monitorar as condições do sono.

Antes de ficarmos muito empolgados, porém, lembre-se de que esse experimento mediu apenas a melhoria da recordação durante algumas horas – não está claro o quanto isso ajudaria na retenção de vocabulário a longo prazo. O que ele certamente não mostra é que o verdadeiro aprendizado durante o sono, sem trabalho diurno, é possível. Ainda não há evidências para isso. Mas dá uma dica de que podemos ajudar o cérebro no processo de consolidação de algo que já foi aprendido, para aumentar as chances de retenção na memória de longo prazo.

VOCÊ ESTÁ COM SONO...

Até agora, pulamos a área da manipulação subliminar que é mais amplamente aceita e, ao mesmo tempo, mais questionada: o hipnotismo. Derren Brown, que acabamos de encontrar usando o *priming*, também é um hipnotizador experiente[14] e conta com o poder da sugestão, que anda de mãos dadas com o hipnotismo, em seus feitos mais dramáticos.

Parte do estranho status do hipnotismo é o fato de ele ser usado tanto na medicina quanto como entretenimento de palco. Suas origens incluem a prática totalmente desacreditada do mesmerismo (um fenômeno do século XVIII baseado em um conceito inexistente de "magnetismo animal"), mas parece não haver dúvida de que as técnicas de hipnotismo podem ter alguns efeitos sobre atitudes e comportamentos que não são puramente conscientes.

Um problema real na descrição de como pensar cientificamente sobre a hipnose é que há apenas uma concordância limitada sobre o que ela realmente é – ou se, da maneira como o hipnotismo é frequentemente retratado, ela existe de fato. A versão que recebemos de filmes antigos tende a apresentar

14 Brown não gosta de ser descrito como hipnotizador, devido à conotação de hipnotismo de palco ruim, que às vezes pode parecer abuso.

alguém balançando um relógio na frente do cliente e dizendo que ele está com sono. A vítima (desculpe, paciente) entra em um estado de transe em que pode ser instruída sobre o que fazer, às vezes após um atraso significativo, e obedece sem questionar. Uma coisa é certa: tudo o que rotulamos como "hipnose" não é realmente assim.

Embora alguns considerem que o hipnotismo envolve colocar o cérebro de uma pessoa em um estado especial – um pouco como alterar as configurações do seu telefone –, a interpretação mais difundida e, para mim, cientificamente mais provável, é que o termo abrange um conjunto de comportamentos humanos normais e respostas a sugestões que não exigem um estado cerebral especial. É difícil ver qual seria a função biológica ou evolutiva desse estado especial, ao passo que a interpretação que reflete mais uma combinação de comportamentos e respostas parece muito mais provável, embora menos vistosa e dramática.

Em seu abrangente livro *Tricks of the mind*, Derren Brown faz uma analogia útil entre o hipnotismo e a mágica (de palco). Ele sugere que, assim como aceitamos o fato de que o termo "mágica" é usado para abranger todo um conjunto de técnicas diferentes, desde a manipulação física de adereços até o desvio de direção e a manipulação psicológica da plateia, a hipnose consiste na manipulação de uma série de comportamentos e de respostas a sugestões. A mágica, diz Brown, "é o efeito final quando esses métodos são combinados para formar um tipo específico de performance (...) Acho que é mais ou menos o mesmo com a hipnose."

O hipnotismo parece depender das expectativas dos sujeitos e de uma combinação de relaxamento, sugestionabilidade e inclinação à conformidade. Isso se manifesta fortemente nos aspectos mais dramáticos do hipnotismo de palco. Há mais de um século, os artistas têm influenciado os membros da plateia a agir como galinhas ou a executar uma sugestão atrasada, para sua aparente perplexidade. Sugeriu-se que muitas dessas demonstrações dependem tanto da necessidade de conformidade quanto da sugestionabilidade. Alguns sentem fortemente que não querem se destacar como uma "pessoa difícil" e, portanto, de forma totalmente consciente ou não, seguem o comando.

Isso traz à mente os experimentos do psicólogo norte-americano Stanley Milgram na década de 1960.[15] Esses experimentos foram inspirados pelas

---

15 "Behavioral study of obedience" ("Estudo comportamental de obediência"), Stanley Milgram.

atrocidades cometidas pelos nazistas na Segunda Guerra Mundial, com o objetivo de fornecer uma visão de como as pessoas comuns pareciam deixar de lado sua moral quando ordenadas a realizar ações indescritíveis contra outras pessoas. Os sujeitos dos estudos de Milgram foram informados de que a pesquisa da qual estavam participando envolvia um experimento de ensino, para verificar se a punição ajudaria no aprendizado.

Os infelizes sujeitos foram individualmente encarregados de um "aprendiz" que supostamente tinha de memorizar um texto. O aluno então repetia o texto; a cada vez que errava, o professor era instruído a aplicar um choque elétrico. O aspecto da punição do experimento era totalmente falso – não havia sistema elétrico e o aluno era um ator. À medida que os alunos continuavam a falhar, os professores eram intimidados pelos pesquisadores a dar choques cada vez mais potentes, usando um controle que chegava a 450 volts, algo que soava mortal.

A expectativa era de que apenas alguns dos sujeitos fossem até o fim, mas os pesquisadores descobriram que 65% (a maioria com muita relutância) foram empurrados para o nível de 450 volts, e todos chegaram até 300 volts. Houve uma resistência considerável às descobertas, mas elas foram reproduzidas várias vezes, com resultados razoavelmente semelhantes ao original de Milgram. É difícil duvidar que os seres humanos têm um impulso significativo de se conformar com as expectativas, o que resulta em um comportamento sob pressão que, de outra forma, não seria típico – algo que também é verdadeiro em shows de hipnotismo.

A suposta capacidade dos hipnotizadores de forçar as pessoas a agir de uma forma que normalmente não agiriam é, na melhor das hipóteses, exagerada e, em alguns casos, pura ficção. Em um experimento fascinante realizado em 1998 na Universidade Macquarie, na Austrália[16], os pesquisadores hipnotizaram um grupo de pessoas e implantaram a sugestão de enviar um cartão postal (de uma pilha fornecida a eles) para a pesquisadora principal Amanda Barnier todos os dias. Elas obedeceram devidamente. Mas, em um segundo grupo, simplesmente se pediu que enviassem os cartões, e eles também enviaram. Na verdade, enviaram mais.

---

16 "Posthypnotic responding away from the hypnotic setting" ("Resposta pós-hipnótica fora do contexto da hipnose"), Amanda Barnier e Kevin McConkey.

Para manter o equilíbrio, já que expressei algumas dúvidas sobre estudos em outros lugares, devo dizer que isso se enquadra no período "não confiável" da pesquisa psicológica. O experimento da Macquarie envolveu dois grupos, um de 16 e outro de 19 indivíduos (de forma incomum para o período, em ambos os casos havia mais participantes do sexo feminino do que masculino). Os valores de p foram, em sua maioria, melhores que o nível de 0,05, mas ainda precisamos demonstrar um certo grau de ceticismo.

UMA MISTURA DE REAÇÕES

Quando assistimos ao hipnotismo de palco, pode parecer que o que está sendo exibido é dramático demais para se basear puramente em uma disposição para acompanhar a multidão e em uma reação à sugestão. Muitos hipnotizadores de palco, por exemplo, fazem com que as pessoas no palco aceitem que o hipnotizador é invisível: os participantes então parecem chocados quando as coisas são movidas pela pessoa "invisível". Parece improvável que alguém possa ser feito desaparecer sem que o hipnotismo envolva um estado de transe especial. Mas lembre-se de como nossa visão do mundo é falsa. É uma construção do cérebro que é regularmente enganada de forma confiável por ilusões de óptica. Por que é tão surpreendente que, para algumas pessoas, ele também possa ser enganado por sugestões? Nunca saberemos exatamente o que essas pessoas veem e não veem, mas isso não requer mais poderes místicos e transes do que a ilusão do tabuleiro de xadrez da página 65.

Derren Brown observa que, quando usou a hipnose para "tornar-se invisível" no palco, descobriu depois que havia uma variedade de respostas ao seu número. De, digamos, dez pessoas que responderam, duas conseguiriam vê-lo claramente e duas realmente pensaram que ele era invisível, mas o restante estava ciente de que Brown estava movendo os objetos. Entretanto, Brown escreve, eles "só podiam agir *como se* eu fosse invisível" (em itálico no original.) Ele sugere que, no caso deles, ele não influenciou a percepção visual, mas manipulou suas respostas ao que estava acontecendo. O suspiro de choque que alguns deram foi produzido pela sugestão, não pela invisibilidade do artista.

Com essa visão do que é hipnotismo, podemos ver que o "experimento" de Derren Brown que aparentemente prendeu os espectadores em seus assentos, supostamente como resultado de assistir a um vídeo subliminar (consulte a página 190), não tinha nada a ver com mensagens subliminares. Sua inclusão de imagens "subliminares" claramente visíveis após o evento foi um clássico truque de mágica de palco. Na realidade, as pessoas na plateia, tanto as fisicamente presentes quanto as que estavam assistindo de casa, estavam sendo submetidas a sugestões hipnóticas.

A única coisa em que o vídeo em redemoinho contribuiu foi o relaxamento associado: o efeito real foi gerado pela preparação para o vídeo, em que o público foi levado a aceitar que *ficaria* imóvel (e uma grande parte disso foram aqueles vídeos de "teste" quase certamente falsos). O que o show demonstrou muito bem foi o poder da sugestão em ação.

RESPOSTA À SUGESTÃO

Como estamos considerando a hipnose como um conjunto de comportamentos e respostas, e não como um fenômeno único, é importante enfatizar que nem todas as pessoas submetidas ao hipnotismo, desde aquelas que comem cebolas no palco como se fossem frutas saborosas até as que se submetem a pequenas cirurgias sem anestesia, estão conscientemente concordando com o que lhes é dito, como os participantes dos experimentos de Milgram. A sugestão como um processo é muito mais do que apenas conformidade consciente.

Alguns indivíduos parecem ter uma forte resposta subliminar à sugestão e, como resultado, apresentam comportamento e respostas surpreendentes. Talvez o aspecto da cirurgia seja o mais dramático, mas nem mesmo isso é tão surpreendente quanto parece. Grande parte da sensibilidade à dor do corte em uma cirurgia vem da pele, que geralmente é amortecida com anestésico local durante a cirurgia sob hipnose. Sabemos que a dor pode ser reduzida por placebos – pílulas de açúcar sem conteúdo ativo, como também é o caso dos remédios homeopáticos. Até mesmo a redução da dor causada por produtos como o paracetamol parece incluir um forte componente placebo. Se alguém que é particularmente suscetível à sugestão e está completamente relaxado parece não sofrer muita dor durante uma pequena cirurgia sob hipnose, isso não é tão surpreendente.

Atualmente, a hipnose está bem estabelecida em alguns círculos médicos, com pesquisas clínicas detalhadas que apoiam seu uso no controle de alguns sintomas médicos. É bem sabido que há uma grande variação na resposta à sugestão hipnótica e isso tem sido associado a "perfis atípicos de conectividade cerebral",[17] sugerindo que os cerca de 10% da população que têm uma resposta alta podem ter maior conectividade em parte do corpo colosso (o feixe de fibras nervosas que liga as duas metades do cérebro) e nos córtices pré-frontal medial e cingulado anterior (áreas do cérebro acima e na frente do corpo colosso) e também podem ser apoiados pela redução da atividade no córtex pré-frontal. Isso pode estar relacionado aos níveis de neuromoduladores e neurotransmissores, principalmente dopamina e GABA, que podem ter essa ação inibitória em áreas do córtex.[18]

Sugeriu-se que a hipnose tem algumas semelhanças com as experiências que muitos de nós temos na vida cotidiana. A maioria dos motoristas, especialmente quando segue uma rota conhecida, pode perder a consciência de parte do percurso. Já vivenciei isso em minha caminhada matinal regular – posso ter dificuldade para lembrar qual rota tomei em trechos em que tenho várias alternativas. Da mesma maneira, podemos nos deixar levar pela leitura de um livro ou pelo processo criativo conhecido como "fluxo", em que a consciência do tempo desaparece. Acho que isso acontece regularmente quando estou escrevendo um livro – algumas horas podem desaparecer da minha percepção consciente, porque estou totalmente envolvido no que está acontecendo. O fluxo é um *brainjacking* autoimposto.

Desvinculada da associação com apresentações de palco e truques de mágica, a hipnose parece muito menos misteriosa, mas continua sendo um dos exemplos mais dramáticos de *brainjacking*. Se a maioria das tentativas de manipulação subliminar está na extremidade sutil (às vezes inexistente) do espectro, no próximo capítulo veremos algumas especulações divertidas sobre publicidade altamente influenciada pelo *brainjacking*, dando uma olhada na ficção científica. Ao mesmo tempo, veremos como os avanços tecnológicos, como o uso de enxames de drones, podem colocar influências de *brainjacking* onde menos esperamos.

---

17 Veja, por exemplo, "New directions in hypnosis research: strategies for advancing the cognitive and clinical neuroscience of hypnosis" ("Novas direções na pesquisa sobre hipnose: estratégias para o avanço da neurociência cognitiva e clínica da hipnose"), de 2017, de Mark Jensen et al. para saber mais sobre o uso médico da hipnose.

18 Desculpe, eu disse que não faria isso novamente, mas não pude resistir aqui.

CAPÍTULO 13

O mundo dos mercadores

Em comparação com os EUA, a publicidade no Reino Unido é, em sua maior parte, contida e muito menos direta. Isso fez com que o impacto do romance de Frederik Pohl e Cyril Kornbluth de 1953, *The space merchants*, fosse ainda mais forte em mim do que teria sido em seu público nos EUA.

CONHEÇA OS MERCADORES DO FUTURO

Juntamente com a história de uma vida terrível sob o controle de grandes corporações, *The space merchants* equivale a um manual compacto sobre como usar os princípios da publicidade e do marketing e ampliá-los para gerar um *brainjacking* extremo em que vale tudo. Somos levados para dentro da agência de publicidade Fowler Schocken Associates para ver o desenvolvimento de suas campanhas em ação.

Algumas das primeiras ideias são relativamente sutis, embora desonestas. Um de seus clientes, uma empresa chamada Starrzelius Verily, fabrica uma linha de produtos voltados para crianças. Percebendo que a merenda escolar sempre será desagradável, a empresa embala seus "hambúrgueres de soja e bife regenerado" em verde, porque essa é a cor corporativa usada por sua principal concorrente, a Universal. No entanto, eles colocam suas opções mais atraentes, como a "ração de cigarro Kiddiebutt", em seu tom corporativo distinto de vermelho. Dessa forma, o consumidor será sutilmente influenciado a pensar no verde do concorrente como ruim e no seu próprio vermelho como bom.

Como diz seu especialista em "Antropologia Industrial": "Quando essas crianças crescerem (...) De acordo com nossa extrapolação, daqui a 15 anos os produtos da Universal estarão quebrados, falidos e totalmente fora do mercado!"

Como já mencionei, a intenção da ficção científica não é prever o futuro. É uma forma de expor os personagens à ciência e à tecnologia especulativas para ver como eles reagiriam. Mas, dito isso, é bastante chocante o quanto essa vinheta reflete aspectos da realidade mais de 70 anos após o livro ter sido publicado pela primeira vez. Não se trata apenas do fato de que os hambúrgueres de soja (que provocam um estremecimento coletivo dos presentes no livro) não são incomuns nos dias de hoje (eu comi um no almoço) e provavelmente serão usados nas escolas. O mais assustador é a maneira como os cigarros eletrônicos são apresentados em cores brilhantes E com sabores infantis, como chiclete. Claramente atraentes para as crianças, são muito parecidos com os "Kiddiebutts" (embora com um nome mais sutil).

Mesmo no futuro imaginado do romance, o governo impõe algumas limitações. Os homens da agência (esse livro foi escrito na era da publicidade, retratada de forma tão envolvente na série de TV *Mad Men*, portanto, definitivamente são homens) lamentam como "os fanáticos por segurança" conseguiram persuadir o governo a impedir que os anunciantes "projetem mensagens nas janelas dos carros" por motivos tão triviais quanto evitar acidentes, embora eles esperem revidar desenvolvendo a tecnologia para projetar a publicidade diretamente na retina humana.

É provável que Pohl e Kornbluth estivessem refletindo a batalha travada pelas empresas de tabaco para combater os "fanáticos por segurança" que sugeriam que uma atividade tão norte-americana como fumar poderia fazer mal. Mas há um elemento de genialidade na ideia de que a publicidade poderia se tornar tão intrusiva que poderia colocar em risco a vida dos motoristas (estendida aqui para o conceito futurista de carros aéreos), dificultando a visão e, além disso, apresentando anúncios de uma forma que seria quase impossível evitar.

Uma das maneiras pelas quais as visões de ficção científica do futuro podem ser particularmente interessantes é quando a imaginação dos escritores de ficção científica *não consegue* se estender às realidades do que aconteceria. Poucos escritores de ficção científica das décadas de 1950, 60 e 70 perceberam que a mídia física seria substituída pela mídia eletrônica, seja ela fornecida por meio de uma rede com fio ou sem fio. Repetidamente, as histórias de ficção científica apresentavam informações sendo acessadas por meio de armazenamento autônomo. Veja, por exemplo, a série original de *Jornada nas Estrelas*, em que o Sr. Spock estava sempre conectando armazenamentos de dados, em vez de acessar informações on-line. Ainda mais extremo, o romance *As cavernas de aço,* de Isaac Asimov, de 1954, ambientado 3.000 anos no futuro, apresenta tecnologia de processamento de dados com a memória de computador de linha de atraso com mercúrio que estava em uso na década de 1950, um método não mais sofisticado para os seres humanos acessarem informações do que gravadores de fita e microfilmes.

CHEGANDO ATÉ NÓS DE FORMA DIFERENTE

Devido a essa limitação, o que também foi amplamente ignorado na ficção científica foi a maneira como a publicidade acabaria lutando para acompanhar a forma como consumimos informações. Se você pensar na maneira como a publicidade poderia chegar a um consumidor na segunda metade do século XX, ela teria sido, em grande parte, por meio da TV e do rádio, de jornais e revistas e de outdoors. Mas pense no dia típico de alguém como eu, que trabalha principalmente em casa. Eu não vejo outdoors. Não assino jornais e revistas. É certo que, quando viajo de trem ocasionalmente, posso estar exposto a ambas as formas de mídia publicitária, mas, na prática, estou tão acostumado a não tê-las que simplesmente não vejo os anúncios. Se eu ler um jornal, 90% da publicidade nem sequer será registrada como existente.

Eu assisto à TV e ouço rádio. Mas, mesmo aqui, meu consumo de anúncios caiu em comparação com minha juventude. Desde o surgimento dos gravadores de vídeo digital, quando assistiam a canais de TV com anúncios, os consumidores mais hábeis tendiam a gravar o programa e pular a publicidade. Agora, muito do que assistimos é transmitido por serviços sem publicidade. É certo que não posso evitar que a publicidade na internet apareça quando estou pesquisando algo on-line, mas meu navegador bloqueia os pop-ups mais intrusivos e, de modo geral, não olho para a publicidade na tela. É possível, é claro, conforme sugerido em *Badvertising* (consulte o Capítulo 7), que eu seja inconscientemente influenciado pela publicidade da qual não estou ciente, mas ainda não vi evidências disso.

Isso está se refletindo nos lucros da mídia britânica. Nos nove meses até o final de 2023, a empresa por trás dos jornais *Guardian* e *Observer* relatou uma queda de 16% na receita de publicidade em uma combinação de mídia impressa e on-line. O executivo-chefe do Channel 4 TV, Alex Mahon, disse que eles esperavam uma queda de 14% em 2023. Embora alguns prevejam aumentos na receita de publicidade na TV em 2024, isso se assemelha um pouco às previsões confiantes dos fabricantes de lampiões a gás de que eles se recuperariam com a construção de um lampião a gás melhor no final do século XIX. À medida que mais pessoas trocam a exibição de TV por streaming e pagam para evitar anúncios, é provável que o setor observe um declínio significativo em suas fontes tradicionais de receita.

Será interessante ver se a publicidade explícita como um conceito seguirá o caminho das câmeras de filme, que, com exceção de usos especializados, a nova tecnologia de fotografia digital extinguiu. Isso não significa que o marketing desaparecerá, apenas que os meios pelos quais a mensagem é divulgada serão transformados. Já vimos isso com o crescimento, por exemplo, dos influenciadores de mídia social. É claro que a publicidade on-line continuará, mas é provável que os anunciantes precisem encontrar novas maneiras de chamar nossa atenção.

O REFLEXO CAMPBELLIANO

Enquanto isso, no mundo de *The space merchants* e sua sequência *The merchants' war* (*A guerra dos mercadores*), os meios secretos de influência estavam sendo intensificados. Para atrair os consumidores para uma marca de café instantâneo, "cada amostra de Coffiest contém três miligramas de um alcaloide simples. Nada prejudicial. Mas definitivamente cria um hábito. Depois de dez semanas, o cliente fica viciado para sempre. A cura lhe custaria pelo menos cinco mil dólares, então é mais simples para ele continuar bebendo Coffiest – três xícaras em cada refeição e um bule ao lado da cama todas as noites, exatamente como diz o frasco."

Certamente é verdade que alguns produtos antigos – intencionalmente ou não – continham substâncias que causavam dependência. O tabaco é o exemplo óbvio, embora a infame Coca-Cola tenha esse nome porque originalmente continha extrato da viciante folha de coca (a fonte da cocaína). A

Coca-Cola foi inicialmente introduzida como uma bebida de temperança, oferecendo uma alternativa não alcoólica ao tônico nervoso rico em álcool do fabricante, o Pemberton's French Wine Coca, que também continha o extrato. Surpreendentemente, a Coca-Cola contém extrato de coca até hoje, embora a partir de 1904 tenha usado as chamadas folhas de coca usadas, das quais a cocaína já havia sido refinada, e desde 1929 tem sido capaz de usar um extrato totalmente livre de cocaína.

Com exceção dos produtos vinculados a fontes de dependência existentes, como os *vapes*, é altamente improvável que, com as modernas leis de proteção ao consumidor, uma empresa consiga se safar com a introdução do Coffiest. O que é mais interessante é a abordagem adotada para alcançar uma dependência ainda maior do produto em *The merchants' war*. Aqui, o personagem principal retornou recentemente à Terra de uma colônia espacial e não está ciente das abordagens mais recentes de marketing.

Assim como hoje temos locais onde é permitido fumar em público, como o jardim de um pub ou um abrigo para fumantes, Pohl (Cyril Kornbluth infelizmente já havia morrido quando *The merchants' war* foi publicado, em 1984) imaginou "zonas comerciais", nas quais você entrava por sua conta e risco. O personagem entra em uma dessas zonas, onde é submetido ao que é descrito como um "reflexo Campbelliano", que lhe dá um desejo profundo de beber um produto chamado Mokie-Koke, que aparentemente é uma "mistura refrescante e saborosa do melhor aroma de chocolate, extrato sintético de café e análogos selecionados de cocaína". Sem perceber que está fazendo isso, o personagem pede e bebe Mokie-Koke repetidamente.

Deixando de lado o aceno às origens da Coca-Cola nesses análogos de cocaína, o "reflexo Campbelliano" refere-se ao neurologista inglês do século XX Herbert James Campbell, que o romance descreve como o "inventor da terapia do prazer límbico". Campbell foi uma pessoa real, embora todos os trabalhos que produziu pareçam ter desaparecido. No entanto, ele escreveu um livro científico popular chamado *The pleasure areas* (*As áreas do prazer*), publicado em 1973, que provavelmente foi a inspiração de Pohl.

De acordo com Campbell, os seres humanos eram em grande parte movidos pelo prazer, seja ele sensual, intelectual ou espiritual. Ele acreditava que a repressão do prazer prejudicava o potencial evolutivo humano e deixava as pessoas doentes. Embora o trabalho de Campbell tenha sido, até certo ponto, orientado pela ciência, ele parece ter tido uma espécie de obsessão pelo prazer. A parte "límbica" do comentário de Pohl refere-se ao sistema límbico, uma parte do cérebro que lida, entre outras coisas, com a emoção e o comportamento. Parece haver um suporte científico limitado para a natureza garantida do marketing manipulador de Pohl.

Entretanto, isso não significa que os fabricantes não façam algo semelhante em uma escala menos dramática. Como vimos, somos naturalmente atraídos por alimentos gordurosos, açúcar e sal porque, em uma dieta restrita, a gordura e o açúcar proporcionam um rápido aumento de energia, enquanto o sal pode estar ausente em uma dieta baseada em vegetais. Os fabricantes de alimentos sempre usaram esses ingredientes para aumentar a atratividade de seus produtos. De modo geral, isso é mais uma questão de atração do que de vício, mas não é surpresa, por exemplo, que os anúncios de hambúrgueres tendam a apresentar uma pilha de carne coberta de queijo derretido.

É improvável que seja usado em marketing, mas um estudo de 2018[1] sugeriu que os consumidores do sexo masculino que foram expostos ao hormônio testosterona tinham maior probabilidade de ter preferência por produtos de luxo, possivelmente porque a testosterona aumenta nossa consciência do status social, que tende a ser associado a esses itens. Uma versão moderna de *The merchants' war* poderia imaginar lojas de departamentos adicionando testosterona ao ar-condicionado nas seções que vendem itens de alto preço. No entanto, é preciso aplicar a advertência usual a esse tipo de pesquisa. Os participantes eram 243 homens, dos quais 217 eram estudantes. A testosterona foi aplicada em grande parte da parte superior do corpo usando um gel (o que não é uma abordagem prática em um ambiente de compras) e não houve compras, apenas uma expressão de preferência.

A VITRINE DA LOJA CONHECE VOCÊ

Grande parte da ficção científica pega a atual publicidade externa dos EUA e a torna dramaticamente maior ou mais ousada. Pense, por exemplo, nos enormes outdoors de vídeo e nas imagens holográficas tridimensionais apresentadas em *Blade Runner – O caçador de andróides* e sua sequência. Mas um

1 "Single-dose testosterone administration increases men's preference for status goods" ("Dose única de testosterona aumenta a preferência de homens por bens de status"), G. Nave et al.

exemplo que realmente ampliou os limites da publicidade futura foi o filme *Minority report – a nova lei*. Coincidentemente, assim como *Blade Runner*, ele foi baseado em uma história do autor norte-americano Philip K. Dick.[2]

O tema central de *Minority report – a nova lei* é pura fantasia, pois apresenta "precogs" que podem ver o que provavelmente acontecerá no futuro, a menos que a polícia pré-crime intervenha. Entretanto, há um aspecto mais viável da história na publicidade personalizada que o filme apresenta. Na vida cotidiana, já estamos familiarizados com a identificação biométrica em nossos telefones, seja usando impressões digitais ou reconhecimento facial. *Minority report* vincula a publicidade a uma abordagem biométrica alternativa de escaneamento de retina.

Esse é um meio perfeitamente legítimo de identificação biométrica – a retina do olho tem um padrão tão exclusivo quanto as impressões digitais, embora haja alguma probabilidade de mudança ao longo do tempo, pois os olhos se deterioram com a idade. E é verdade que a abordagem tem sido usada ocasionalmente para identificação de alta segurança. Na vida real, porém, é quase impossível escanear a retina de um olho distante em movimento. Mesmo que fosse possível, o reconhecimento facial – principalmente se for acompanhado de uma tecnologia sofisticada que utilize o lidar[3] e o reconhecimento de imagens – é muito menos invasivo do que o reconhecimento da retina, portanto, o cenário de *Minority report* que estamos prestes a explorar seria quase certamente executado com o reconhecimento facial.

O filme combina de forma inteligente o marketing intrusivo de *The space merchants* com o tipo de publicidade direcionada que vemos na internet. Quando os personagens caminham pela rua, eles são escaneados e reconhecidos e, em seguida, telas, alto-falantes e até mesmo vitrines inteiras de lojas exibem publicidade personalizada, dirigindo-se aos indivíduos pelo nome. Embora a legislação de privacidade pessoal, como o GDPR, torne essa abordagem impro-

---

2 *Blade Runner* é vagamente baseado no romance de Dick, *Do androids dream of electric sheep?* (*Blade Runner*), de 1968, enquanto *Minority report – a nova lei* é um pouco mais próximo do romance de Dick de mesmo título, de 1956.

3 O Lidar não é diferente do radar, mas usa lasers em vez de micro-ondas para detectar a localização de objetos por reflexão. O Lidar é usado nos sistemas de reconhecimento facial dos smartphones, bem como para ajudar os carros autônomos a escanear seus arredores, mas pode haver preocupações com a saúde ao usar um Lidar potente o suficiente para reconhecimento a longa distância.

vável na Europa, há todas as possibilidades de se ter tanta segmentação assim, como acontece ao navegar em um site – com um problema sério a ser superado.

Há uma grande diferença entre o que um smartphone faz para identificar seu proprietário e o que a publicidade de rua personalizada exigiria. Quando você desbloqueia seu telefone, ele diz: "Aqui está a aparência do meu proprietário: é a mesma pessoa?" Para identificar alguém aleatoriamente na rua, o software precisa dizer: "Aqui está um rosto em [digamos] Nova York. Quem é provável que seja?" Esse é um problema muito mais difícil. Muito esforço tem sido feito no reconhecimento facial, mas ele ainda é relativamente falho e, na maioria dos países, os dados são altamente protegidos e não estão disponíveis para aplicativos comerciais. Eles podem permitir que as autoridades solucionem um crime, mas é improvável que estejam disponíveis para possíveis anunciantes.

É possível que seja muito mais fácil identificar alguém a partir de sua tecnologia. Muitos de nós carregamos algum tipo de eletrônico sofisticado na maior parte do tempo, seja um smartphone, *smartwatch*, laptop ou tablet. Muitos desses dispositivos podem interagir com dispositivos próximos sem contato direto. Pense, por exemplo, nos aplicativos da Covid-19 que foram amplamente usados durante a pandemia. Nesse caso, dois smartphones interagiam entre si e sinalizavam um contato. Exatamente a mesma coisa poderia acontecer entre indivíduos e dispositivos de publicidade pelos quais eles passam.

Na prática, mais uma vez, as leis de privacidade pessoal em muitos países impediriam que isso acontecesse sem a permissão do proprietário dos dados, mas certamente não é inconcebível. Em um nível muito mais simples, algumas empresas, como a rede de cafeterias Starbucks, já têm aplicativos que podem informar onde fica a loja mais próxima se você estiver relativamente perto dela, enquanto o aplicativo do McDonald's detecta a proximidade da loja quando você faz um pedido antecipado de comida, preparando-a quando você estiver nas proximidades. Esses exemplos são bastante opcionais.

VISÃO SELETIVA

Uma abordagem de tecnologia relativamente baixa para personalizar a publicidade nas ruas que já foi implantada com sucesso é a impressão lenticular. Esse é um mecanismo para produzir imagens que parecem se mover ou que modificam o conteúdo à medida que seu ponto de vista muda. Duas (ou mais) imagens são entrelaçadas em tiras em um pôster, que é então coberto por uma lente especial que, por sua vez, tem uma série de faixas que mudam a direção em que os raios de luz viajam a partir das imagens. O resultado é que, de uma direção, você vê uma imagem; de outra direção, a outra é exibida. À medida que você se move, uma imagem se transforma na outra.

Normalmente, essa abordagem é usada para tornar um anúncio mais atraente, parecendo apresentar movimento. No entanto, em uma campanha de rua espanhola, ela foi usada para fornecer publicidade seletiva personalizada. Quando os pôsteres eram vistos da altura de um adulto, eles forneciam informações sobre a Fundação ANAR, uma instituição de caridade para a proteção de crianças, mostrando a foto de um menino sem mácula e o texto "Às vezes, o abuso infantil só é visível para a criança que o sofre". Mas quando o mesmo pôster era visto por uma pessoa com menos de 1,34 metro de altura, ela via uma foto do rosto do mesmo menino com um hematoma, um número de linha direta e o texto "Se alguém machucar você, ligue para nós e nós o ajudaremos".[4]

ALCANCE AS ESTRELAS

Como muitas das rotas convencionais de publicidade estão se tornando menos eficazes, houve várias tentativas de oferecer mecanismos mais diretos. Historicamente, uma maneira de fazer isso era colocar um banner de publicidade atrás de uma aeronave leve, embora a cobertura desses anúncios sempre tenha sido duvidosa, pois eles só são visíveis de um determinado local por um curto período. Esses banners foram responsáveis por vários acidentes fatais quando interferiram nas superfícies de controle do avião, mas ainda são usados nos EUA e em partes da Europa. Balões e dirigíveis publicitários também foram implantados com sucesso limitado.

Na ficção científica, a publicidade no céu tem sido mais dramática, com grandes outdoors sustentados por alguma nova técnica de propulsão indefinida que parece ser padrão na maioria das representações de cidades do fu-

4 Você pode ver o anúncio lenticular da Fundação ANAR em ação em bit.ly/ brainjacking4.

turo. É improvável que os carros aéreos do tamanho de um prédio se tornem realidade por motivos práticos, mas há algumas maneiras de propor publicidade real baseada no céu. A mais dramática, se bem que a mais improvável, às vezes recebe o nome constrangedor de *moonvertising*, anúncios na Lua.

A Lua é, obviamente, o maior corpo visível no céu noturno e há décadas os lasers são potentes o suficiente para serem enviados à Lua e refletidos de volta. Há muito tempo existem rumores sobre a possibilidade de projetar uma imagem baseada em laser na superfície da Lua, tornando-a visível quando a Lua estiver no céu noturno. Isso levaria o tipo de publicidade que é projetada na lateral de um edifício a um nível totalmente novo, mas há três grandes problemas a serem superados.

O maior deles é que, embora a Lua seja, de fato, o maior e mais brilhante objeto no céu noturno, o tamanho em que vemos a Lua é bem pequeno – é difícil imaginar espremer um anúncio legível nela. Mas a realidade é muito pior. Se você já tirou uma foto da Lua com seu celular sem usar uma configuração de telefoto, ela parece ridiculamente pequena, mas esse é o seu verdadeiro tamanho visível. A Lua, vista da Terra, tem aproximadamente o mesmo tamanho do furo produzido por um furador, mantido à distância de um braço. O tamanho aparente quando você olha para ela é devido a uma ilusão de óptica que não é totalmente compreendida.

Infelizmente, a ilusão de óptica não significa que você possa ver os detalhes a olho nu melhor do que através desse furo. Portanto, estamos falando de encaixar o discurso publicitário nesse pequeno círculo – do tamanho de um orifício perfurado mantido à distância de um braço. Esse tipo de publicidade não poderia transmitir uma mensagem diretamente, poderia ser apenas um golpe publicitário, em que o anúncio seria realmente visto como resultado de fotografias tiradas por telescópios. Isso provavelmente funcionaria nas primeiras vezes, mas a novidade se esgotaria rapidamente, além de ser fácil de falsificar.

O segundo problema é que a Lua é uma tela de projeção ruim. Em primeiro lugar, ela é grande, do tamanho de um pequeno planeta. De ponta a ponta, ela tem pouco menos de 3.500 quilômetros de diâmetro. Chamá-la de *widescreen* é um eufemismo. Não há tecnologia atual que possa projetar uma imagem tão grande. Para piorar a situação, a aparência branca da "tela" é outra ilusão de óptica. Quando vemos a Lua no céu, ela parece muito brilhante, mas a maior parte da superfície é cinza escuro, o que gera um contraste ruim. O brilho aparente é apenas relativo ao céu noturno. E, é claro, na maioria das vezes a superfície é apenas parcialmente visível, com o restante na sombra. Todo o lado da Lua que está voltado para nós é sempre visível quando ela está no céu, mas há uma enorme diferença de contraste no terminador entre as partes escuras e claras.

Por fim, a Lua está muito distante – em média, cerca de 384.000 quilômetros. A força de uma projeção diminui com o quadrado da distância. Assim, por exemplo, uma imagem projetada da Terra para a Lua é cerca de 148 bilhões de vezes mais fraca do que uma imagem projetada em uma tela que esteja a um quilômetro de distância (o que, por si só, já é um alcance de projeção impressionante). Realisticamente, a única maneira de produzir tal projeção seria a partir de um satélite lunar, o que a torna um empreendimento extremamente caro. E todos esses problemas são sem considerar a enorme reação negativa que surgiria ao estragar uma vista de beleza natural. Pense em como as pessoas reagiriam se colocassem um outdoor no topo do Monte Everest e multiplique isso muitas vezes.

VENDA DE SATÉLITES E EXIBIÇÕES DE DRONES

Se a Lua é um veículo improvável, vamos nos aproximar do céu, onde as coisas se tornam mais práticas. Em 2022, a revista russa *Aerospace* publicou um artigo[5] sobre o uso de formações de satélites para fornecer publicidade espacial. Com a queda significativa no custo de colocar satélites no espaço e o crescimento de várias redes de satélites, ou "constelações", isso já é viável. Pense, por exemplo, na constelação Starlink da SpaceX, que, enquanto escrevo, tem mais de 5.000 satélites e uma meta de cerca de 12.000, com uma possível extensão para 42.000. Isso não é usado para publicidade no céu, mas mostra a escala possível.

Em linhas gerais, há duas maneiras de se obter publicidade via satélite. A abordagem relativamente barata é usar refletores solares. Dessa maneira, a energia luminosa para gerar a imagem vem do Sol. As desvantagens dessa

5 "Satellite formation flying for space advertising: from technically feasible to economically viable" ("Formação de satélites voando para publicidade espacial: de tecnicamente factível a economicamente viável"), Shamil Biktimirov et al.

abordagem são que a imagem só seria visível ao anoitecer ou ao amanhecer e se limitaria a mostrar imagens estáticas relativamente simples, como o logotipo de uma marca. A alternativa seria usar lasers, que podem operar durante toda a noite e produzir imagens mais sofisticadas.

O estudo abrange apenas a versão refletora e conclui que ela é economicamente viável em termos de custo versus exposição. Embora o tempo de visibilidade seja limitado, a abordagem do refletor provavelmente causará menos reclamações internacionais do que os lasers, pois não funcionaria quando o céu estivesse realmente escuro, uma grande preocupação para os astrônomos e com a qual a maioria dos consumidores não ficaria satisfeita, depois que a novidade inicial passasse. A abordagem a laser é menos prática e causaria muito mais reclamações.

Muito mais prático e econômico, embora mais localizado na área de visualização, é o uso de formações de drones com iluminação de LED. Controlados por computador, eles podem ser usados para produzir imagens complexas e são cada vez mais utilizados para proporcionar efeitos em grandes shows e eventos. Os enxames de drones já foram usados nos EUA (onde há muito menos obstáculos de planejamento a serem superados do que na Europa) para exibir anúncios em grande escala sobre as cidades. A empresa especializada Pixis fez propaganda do spray para insetos Raid, da NBA, da Nike, da Volkswagen e de outras empresas dessa forma.

Mesmo no ambiente publicitário dos EUA, isso se mostrou controverso. Por exemplo, uma campanha para o jogo *Candy Crush* em novembro de 2022 causou indignação, com o senador do estado de Nova York, Brad Hoylman, citado como tendo dito: "É ofensivo para os nova-iorquinos, para nossas leis locais, para a segurança pública e para a vida selvagem", pois "estragou o horizonte da cidade". Como era ilegal voar com drones sobre Nova York, o enxame estava localizado no céu menos regulamentado de Nova Jersey, mas era visível de Nova York.

Em tudo o que envolve regulamentação, os EUA são um caso especial (como também acontece na China, onde essas exibições já são usadas com relativa frequência), mas na Europa é altamente improvável que esse tipo de publicidade seja permitido regularmente. Houve uma pequena quantidade de publicidade com drones em Londres (por exemplo, para a seguradora Beazley, acompanhando um evento da empresa em 26 de abril de 2023), mas se isso se tornasse mais comum, certamente estaria sujeito a maiores controles.

A tendência é sempre tornar mais rígida a regulamentação desse tipo de tecnologia após o surto inicial. Também vale a pena dizer que, embora esse tipo de publicidade possa criar um burburinho e obter cobertura de notícias para o anunciante, não foi demonstrado que ele ofereça qualquer benefício significativo para as marcas que o utilizam e, com a crescente preocupação de estragar o céu noturno, pode até ser contraproducente, gerando um impacto negativo para o anunciante.

De forma menos dramática, os drones também têm sido usados para publicidade em banners, como uma versão moderna mais barata e segura dos antigos banners atrás de aeronaves leves, mas eles enfrentam as mesmas restrições e problemas com a eficácia da publicidade fora das jurisdições com poucos controles.

Embora grande parte das previsões para o futuro sobre o tema da publicidade se refira a abordagens extremas e coercitivas, as pessoas que estão no verdadeiro negócio da publicidade concentram-se mais em maneiras de ajustar os modos existentes de chegar ao seu público. Vastos outdoors eletrônicos animados que flutuam no céu ou cobrem as laterais de arranha-céus não são a visão que os anunciantes têm do futuro, que tende a ser a de transmitir uma mensagem de forma mais sutil e eficaz.

Já em 2006, David Droga, então diretor de criação da agência Publicis, comentou:[6] "Na corrida do nosso setor para inovar e na pressa dos clientes para converter, precisamos proteger nosso único e verdadeiro ativo: a compreensão do consumidor. Caso contrário, corremos o risco de bombardeá-lo até a rejeição (...) Precisamos garantir que, como setor, não sejamos seduzidos por nossa própria inteligência. Na verdade, em que ponto cruzamos essa linha, essa linha tênue entre a comunicação engenhosa e o marketing intrusivo?"

Esse ponto de vista ainda é tão relevante hoje quanto era na época. Na conferência Future of Advertising (Futuro da Publicidade), realizada em Londres em 2024, o foco principal foi a IA, usando-a para produzir textos publicitários mais baratos, para direcionar melhor a publicidade digital e para modificar o conteúdo em tempo real. A outra área importante para o desenvolvimento foi a abertura de novos espaços para a publicidade, principalmente por meio do esporte feminino e da crescente disponibilidade de publicida-

6 Em *A history of advertising*. Consulte "Mais descobertas".

de em plataformas de streaming, como Netflix, Amazon Prime e Disney+. É provável que o futuro do *brainjacking* eficaz da publicidade tenha muito mais a ver com conquistar o público com relevância e estar presente nos ambientes digitais que ele acessa do que com ataques diretos aos seus sentidos.

Após essa visão de futuros possíveis, é hora de dar um passo atrás para ter uma visão geral da realidade do *brainjacking* e ter uma ideia final do poder que as histórias têm para informar, influenciar ou manipular.

CAPÍTULO 14

É a história, estúpido

O que me surpreendeu ao pesquisar e escrever *Brainjacking* foi a quantidade de paralelos com um tópico sobre o qual já escrevi antes: parapsicologia – supostas habilidades mentais inexplicáveis, como telepatia, telecinesia, precognição e visão remota, que abordei em *Extra sensory* (*Extrassensorial*). Já houve alguma sobreposição aqui, tanto na relevância do trabalho de Derren Brown quanto no estudo científico de Yuri Geller que conhecemos no capítulo sobre enganação. Muito do que pode ser representado como habilidades mentais especiais acabou sendo uma tentativa de brincar com nosso cérebro, enganando os outros para que aceitem uma interpretação irreal do que está acontecendo: consciente ou inconscientemente recorrendo ao engano.

Há uma outra lição importante e paralela que emerge da pesquisa que abordei no *Extra sensory*: quando você faz afirmações notáveis, precisa apoiá-las com evidências igualmente notáveis. Muitos dos exemplos de testes científicos de fenômenos psi remontam a épocas em que os controles experimentais eram muito mais frouxos ou produziram relatórios em que ilusionistas profissionais enganaram cientistas ingênuos. Mesmo nos tempos modernos, apareceram nos estudos as questões que levaram à crise de replicação nas ciências sociais.

Um pesquisador que incluí no *Extra sensory* foi o psicólogo norte-americano Daryl Bem, da Cornell University em Ithaca, Nova York, que chocou o mundo da pesquisa psicológica em 2011 ao publicar evidências de precognição,[1]

---

1 O artigo de 2011 de Bem foi "Feeling the future: experimental evidence for the anomalous retroactive influences on cognition and affect" ("Sentindo o futuro: evidências experimentais de influências retroativas anômalas sobre a cognição e o afeto").

ou "influências retroativas anômalas", como Bem as descreveu – a suposta capacidade de estar ciente de um resultado antes que ele ocorra. Após realizar uma série de experimentos, Bem afirmou que as chances de a hipótese nula ser verdadeira e ainda assim obter seus resultados era de uma em 134 bilhões. Isso é mais do que um pouco melhor do que o teste típico de significância usado em psicologia, que já vimos ser de um em 20.[2]

O mais conhecido dos experimentos realizados por Bem envolveu um grupo de estudantes universitários que foram apresentados a uma tela de computador com duas imagens de cortinas. Se uma cortina fosse clicada, uma imagem seria mostrada; se a outra fosse clicada, não haveria nada. Mas não havia um padrão para o local em que a imagem apareceria: a cortina que revelava uma imagem era puramente aleatória, e a decisão de onde localizar a imagem era tomada depois que o aluno clicava, portanto, não havia possibilidade de o aluno ter algum tipo de conhecimento prévio do resultado.

A escolha correta ou não dos participantes deveria ter sido 50:50 ao longo do tempo, o resultado que você esperaria se eles tivessem adivinhado sem influências. E esse foi o caso quando foram usadas imagens comuns. Mas o resultado realmente bizarro que Bem obteve foi que, se a imagem usada fosse pornográfica, os alunos se saíam melhor do que uma escolha aleatória. Eles escolheram a cortina que revelaria uma imagem em 53,1% de seus palpites.

Uma mudança tão pequena de 50:50 não parece grande coisa, e o quanto ela é significativa depende do número de tentativas realizadas. Para ilustrar, acabei de jogar uma moeda dez vezes e ela saiu com quatro caras e seis coroas. Havia uma chance de 50:50 de ocorrer cara ou coroa, mas, nesse exemplo, como o tamanho da amostra era pequeno, o resultado foi, na verdade, 60:40, uma proporção mais forte do que a obtida por Bem em seu experimento. No entanto, não estou me empolgando: com apenas dez lançamentos, qualquer viés aparente no resultado não teve importância. Não havia nada de estranho em minha moeda.

A chance de o resultado de Bem nesse experimento específico acontecer se a hipótese nula fosse verdadeira era de uma em 100. A probabilidade muito baixa de uma em 134 bilhões foi obtida pela combinação dos resultados de todos os diferentes experimentos que ele realizou. Esses experimentos incluíam

---

2 Um em 20 é um nível de teste muito mais baixo do que, por exemplo, em física, que geralmente é de um em 2 milhões: Bem estava afirmando que era muito melhor do que isso, inclusive.

testes em que os alunos escolhiam entre imagens espelhadas de figuras ou em que produziam resultados que sugeriam *priming* (consulte a página 188) em que o *priming* ocorria depois que eles faziam a escolha.

A ALEATORIEDADE MEXE COM A MENTE

Quando escrevi o *Extra sensory*, perguntei a Bem sobre a abordagem adotada para fazer a seleção aleatória, pois a qualidade da geração de números aleatórios poderia afetar o resultado – e não estávamos vendo uma grande variação em relação ao que se poderia esperar do acaso. Os números aleatórios podem parecer um conceito muito simples, mas, na realidade, não são nada simples, e os seres humanos, com nossas excelentes habilidades de reconhecimento de padrões, muitas vezes podem ser influenciados por um padrão aparente em resultados genuinamente aleatórios.

Somos muito ruins em entender como é uma sequência aleatória de eventos. Mencionei acima o fato de jogar uma moeda dez vezes e obter seis coroas. O que pode parecer mais notável sobre esse pequeno experimento é que, indicando cara como H e coroa como T, a sequência que produzi foi H-T-T-T-T-T-H-T-H-H. Essa sequência de cinco coroas seguidas em apenas dez lançamentos pode parecer notável, algum tipo de indicação de que o lançamento da moeda não estava produzindo resultados aleatórios. Mas lembre-se de que a moeda não tem memória. Essa sequência tem a mesma probabilidade de ocorrer de qualquer outra.

Quando as pessoas tentam fazer uma série de escolhas aleatórias, elas quase sempre não conseguem repetir o suficiente e, portanto, são mais previsíveis do que uma escolha verdadeiramente aleatória. Sabe-se que isso ocorreu, produzindo resultados falsos, em outra série de experimentos parapsicológicos que apresentavam o que se esperava ser um dispositivo de treinamento de telepatia, desenvolvido pelo psicólogo norte-americano Charles Tart na Universidade da Califórnia, em Davis.[3]

---

3 Uma análise dos problemas com o dispositivo de treinamento em PES de Charles Tart pode ser encontrada no livro de Martin Gardner de 1989, *Science: good, bad, and bogus* (*Ciência: o bom, o mau e o falso*).

O dispositivo funcionava acendendo uma luz contra uma carta de baralho selecionada aleatoriamente (entre dez opções possíveis) na frente de um "remetente". Ele então se concentrava na carta e tentava transmitir o valor a outro participante em uma sala diferente. Depois de "transmitir" um valor, o remetente pressionava um botão para acender a luz contra a próxima carta a ser enviada. Quando os matemáticos analisaram quais cartas foram selecionadas, descobriram uma tendência nos valores. Não havia repetições suficientes.

Descobriu-se que o gerador de números aleatórios estava funcionando bem, mas a parte humana do sistema estava falhando. Digamos que a seleção que acabou de ser enviada foi o dois de copas. O remetente então apertou o botão para obter a próxima carta. Se a luz continuasse acesa contra o dois de copas, porque a seleção aleatória era novamente o dois de copas, o aluno presumia que o pressionamento do botão não havia sido registrado e pressionava novamente para obter uma carta diferente.

Como os receptores também tinham a percepção de que uma repetição era improvável, se eles estivessem adivinhando o que escolher, era menos provável que selecionassem a mesma carta duas vezes seguidas. A combinação dos dois erros significava que os palpites tinham mais de uma chance em dez de estarem corretos. O experimento parecia mostrar evidências de telepatia. O erro foi suficiente para fornecer a variação estatística em pequena escala da adivinhação aleatória verdadeira que é típica nesse tipo de experimento.

Se, no caso de Bem, houvesse algum problema com a seleção de números aleatórios que levasse a menos repetições do que deveria acontecer, isso também poderia ter coincidido com a adivinhação humana. Perguntei a Bem sobre isso e ele disse que eles haviam executado o teste com o gerador de números aleatórios fazendo a adivinhação e não obtiveram nenhum resultado significativo. Quando sugeri que poderia haver testes melhores usando prováveis vieses humanos – e que isso não protegeria contra um gerador de números aleatórios inadequado que produzisse um padrão com poucas repetições –, Bem disse que havia um "conjunto quase infinito de estratégias de adivinhação e que não havia motivo para suspeitar de um viés específico dos alunos", mas isso parecia não levar em conta que poderia ocorrer um problema semelhante ao do experimento de Tart.

Tudo isso aconteceu antes da crise da replicação na psicologia. Desde então, os estudos de Bem têm sido frequentemente destacados entre os que caíram no esquecimento, tanto por falta de reprodutibilidade quanto por dúvidas sobre a maneira como ele usou as estatísticas. Houve também o que foi descrito como "falhas metodológicas graves", incluindo a alteração do protocolo experimental no meio dos experimentos e a maneira como os diferentes resultados experimentais foram combinados. Devido ao tema particularmente dramático dos estudos de Bem, os problemas descobertos ali logo após a publicação foram parte do gatilho para a revelação da crise de replicação mais ampla na psicologia.

Não há nenhuma sugestão de que Bem estivesse planejando enganar deliberadamente. Porém, o aparecimento de resultados aparentemente impressionantes para um fenômeno que estica a credibilidade exigiu uma verificação pesada. O mesmo tem acontecido com os aspectos mais improváveis do *brainjacking*.

A REALIDADE *VERSUS* AS GRANDES ALEGAÇÕES

Como vimos, as descobertas dramáticas tanto para o *priming* quanto para os *nudges* parecem ter sido exageradas, mais uma vez sem uma tentativa deliberada de enganar. Não é totalmente surpreendente que isso tenha acontecido em áreas em que os principais pesquisadores escreveram best-sellers de ciência popular. Se for possível descrever um resultado respaldado pela ciência que pareça incrível, será uma leitura muito mais empolgante do que descobrir que as coisas são muito parecidas com o que esperávamos que fossem.

Da mesma forma, como vimos, as tentativas de influência de empresas como a Cambridge Analytica parecem ter sido exageradas, presumivelmente por motivos comerciais. E o mais misterioso dos fenômenos de *brainjacking*, a hipnose, após uma análise mais minuciosa, embora às vezes seja definitivamente dramática, parece envolver muito menos controle sobre a mente e as ações de outra pessoa do que é frequentemente sugerido.

Em países com boas estruturas legais para proteger os cidadãos, o que parece mais provável ser a ameaça de *brainjacking* enganoso é a forma como a inteligência artificial, a mídia social e outros influenciadores, além da manipulação de *big data*, podem resultar em uma imagem incorreta do mundo. As coisas podem, é claro, ser muito diferentes (e sempre foram) em estados autoritários.

O LIMITE DA INFORMAÇÃO

Talvez a coisa mais fascinante que descobri ao explorar o *brainjacking* seja a extensão em que muitos dos que são *brainjackers* profissionais tentam minimizar os aspectos de influência e manipulação, insistindo que seu papel é puramente de informar.

Cada um dos meus colegas de equipe do *University Challenge* fez isso até certo ponto. Embora cada um deles tenha aceitado que pode haver um elemento de influência, a sugestão foi que eles tentam, em sua maioria, ser fornecedores neutros de informações. Contudo, minha sensação ao observar as diversas maneiras como modificamos o cérebro dos outros é que, muitas vezes, é impossível informar sem também influenciar. Se a informação for neutra, não tiver efeito sobre a maneira como agimos ou sentimos, então, sim, podemos estar transmitindo informações puras. Mas essa raramente é a realidade.

O Winton Centre for Risk and Evidence Communication da Universidade de Cambridge, juntamente com o Sense about Science e o Science Media Centre, concede o Harding Prizes for Trustworthy Communication, cujo slogan é "para uma comunicação que ajuda". De acordo com o site do prêmio:[4] "Quando temos uma decisão a tomar, ou queremos entender a decisão de outra pessoa, geralmente procuramos uma fonte de evidências confiáveis sobre o assunto. No entanto, pode ser difícil encontrar evidências equilibradas e úteis (...) Os Harding Prizes são especificamente para aqueles que tentam reunir informações que ajudam alguém a tomar uma decisão ou a se decidir sobre um assunto, *sem tentar dizer a eles o que fazer.*" (Ênfase no original.)

Tenho muito respeito pelo Winton Centre (embora, enquanto escrevo, o site deles sugira que estão fechados) e por seu porta-voz regular, o professor Sir David Spiegelhalter. E entendo que a ciência pretende ser objetiva e impessoal em suas descobertas. No entanto, assim que começamos a contar às pessoas sobre essas descobertas (ou qualquer outra coisa), estamos contando uma história. E, por mais que nosso objetivo seja simplesmente informar, não creio que haja uma maneira de contar uma história sem um grau mínimo

4 https://hardingprize.online.

de influência e, muitas vezes, de manipulação. Também não tenho certeza de que isso seja tão ruim quanto parece.

Perguntei a David Spiegelhalter sobre isso e ele me disse: "Qualquer forma de comunicação envolve vários julgamentos pessoais e, portanto, nunca pode apresentar informações de forma 'objetiva'. Em particular, uma boa narração de história deve gerar um interesse emocional e intelectual na narrativa em desenvolvimento, e isso pode levar o público a rever suas opiniões e até mesmo mudar seu comportamento.

"No entanto, a impossibilidade de ser totalmente objetivo não significa que os comunicadores não devam tentar evitar levar as pessoas a uma resposta específica. Refletindo sobre seus próprios objetivos e testando histórias com públicos diferentes, os comunicadores podem tentar contar histórias emocionantes que envolvam as pessoas em uma questão e talvez as façam questionar suas suposições, mas sem visar a uma resposta específica.

"Com algumas exceções, a comunicação confiável envolve informar em vez de persuadir. É claro que uma narrativa habilidosa pode persuadir as pessoas a se interessarem pelo assunto, e isso parece razoável – não faz muito sentido ser confiável se você for enfadonho."

Entendo o argumento, e a comunicação da ciência é um tipo muito particular de narrativa. No entanto, isso ainda parece defensivo: ao explorar o *brainjacking*, precisamos contar uma história mais equilibrada. Sem dúvida, somos regularmente influenciados e manipulados pelo poder de contar histórias, como temos sido há milhares de anos. É um poder que certamente precisa de controle. Como diz o Homem-Aranha de forma tão sucinta, com grande poder vem grande responsabilidade, e a narração de histórias realmente proporciona grande poder. Mas sem o *brainjacking* que vem com a narração de histórias, não seríamos humanos.

BRAINJACKING EVOLUTIVO

Já nas etapas finais da escrita de *Brainjacking*, aprendi mais algumas coisas sobre o desenvolvimento humano e o *brainjacking* no livro de Philip Ball, *How life works*. A mensagem central do livro é que os processos da vida são muito mais complexos do que normalmente imaginamos e que o ponto de vista centrado no gene, popularizado por Richard Dawkins, não entende a visão mais ampla da natureza da vida. É fácil pensar que a evolução é apenas uma questão de mudanças nos genes (ou, mais precisamente, alelos: variantes de genes), mas é muito mais do que isso.

Isso me fez pensar em algo abordado em meu livro *The universe inside you*. Eu havia observado:

> Cientistas da Universidade de Michigan, em Ann Arbor, compararam 14.000 genes correspondentes nos genomas humano e do chimpanzé.[5] Desses, 233 dos genes do chimpanzé mudaram como resultado da seleção positiva – em que a seleção natural parece ter mantido uma mudança que traz benefícios para a espécie – ao contrário de apenas 154 dos genes humanos. O pesquisador principal comentou: "O resultado derruba a visão de que, para promover os seres humanos à nossa posição atual como o animal dominante no planeta, devemos ter encontrado uma seleção positiva considerável", enquanto uma primatologista, Victoria Horner, comentou: "Presumimos que os chimpanzés mudaram menos do que nós, quando isso não é verdade".

Esse é um grande erro, atribuir total centralidade aos nossos genes. Como Philip Ball aponta, a maneira como os organismos podem mudar e as implicações para a evolução são muito mais do que apenas os genes. Além do genoma (coleção de informações genéticas), ele cita o cardiologista Eric Topol, que salienta que o desenvolvimento de um organismo é afetado pelo transcriptoma, proteoma, epigenoma, microbioma, imunoma, fisioma, anatoma e exposoma, e que sua evolução pode envolver esses fatores.[6] O foco total nos genes na comparação entre humanos e chimpanzés deixa isso de lado, e o *brainjacking* é um elemento significativo em nossa evolução, resultando em muito mais mudanças ao longo dos 6 milhões de anos desde que nossos caminhos e dos chimpanzés divergiram de nosso ancestral comum que as mudanças genéticas mencionadas.

---

5 O estudo em *Proceedings of the National Academy of Sciences* de 2007 sobre mudanças genéticas entre chimpanzés e humanos foi "More genes underwent positive selection in chimpanzee evolution than in human evolution" ("Mais genes sofreram seleção positiva na evolução do chimpanzé que na evolução humana"), de Margaret Bakewell et al.

6 Os vários "omas" referem-se a toda uma gama de camadas de ação e complexidade que podem fazer parte dos organismos vivos. Assim, por exemplo, o transcriptoma é a maneira pela qual o DNA é transcrito em RNA mensageiro, com várias funções subsequentes, até o exposoma, que é o ambiente.

Isso demonstra o poder do *brainjacking*: ele desempenhou um papel importante na evolução humana. Voltando à citação de *How life works* que usei no Capítulo 2: "Um dos atributos que mais nos distinguem de outros animais é a construção de culturas complexas, que dependem criticamente de sistemas e tecnologias para transmitir informações e aprendizado" – eu diria que o *brainjacking* é *o* atributo crucial. Independentemente de estarmos lidando com publicidade ou influenciadores, educação ou notícias, *deepfakes* ou teorias da conspiração, o que está envolvido é aquela necessidade antiga e muito humana de contar e ouvir histórias, o que faz com que os receptores mudem sua forma de pensar. Não podemos evitar o conceito de história, pois ele é o cerne do ser humano. Devemos aceitá-lo, mas com a devida cautela, tentando estar mais conscientes do que essa narrativa está fazendo conosco.

Ao terminar este livro, vale a pena parar um pouco e se perguntar qual foi a forma que a experiência tomou para você. Espero que *Brainjacking* tenha informado e entretido. Seria ótimo se ele também o influenciasse. Quanto à manipulação, você terá de decidir a que foi submetido.

Se houver uma conclusão, gostaria de enfatizar que é preciso estar mais consciente do *brainjacking*, pois ele acontece em toda parte – tanto *com* você quanto *por* você. Aceite-o quando for bom; rejeite-o quando for negativo. Mas, acima de tudo, aproveite essa atividade particularmente humana.

CAPÍTULO 15

Mais descobertas

Anedotas de Feynman - Há muito mais a ser apreciado sobre o início da vida do famoso físico do que sua história do "mapa de um gato", mencionada no capítulo introdutório, na famosa coleção de anedotas de Richard Feynman, *Só pode ser brincadeira, sr. Feynman!* (Intrínseca, 2025).

Animais contadores de histórias - Em seu livro *The storytelling animal* (*O animal que conta histórias* - Mariner Books, 2013), Jonathan Gottschall argumenta de forma convincente que é a narração de histórias que nos torna humanos.

Big data - para saber mais sobre as formas como o *big data* é usado e abusado, consulte *Big Data*, de Brian Clegg (Icon Books, 2017) e *Big Data*, de Timandra Harkness (Bloomsbury, 2016).

Cambridge Analytica - o capítulo "Cambridge Hyperbolytica" do livro de David Sumpter, *Outnumbered* (*Em menor número* - Bloomsbury Sigma, 2018), oferece uma excelente descrição das dificuldades de desenvolver influência baseada em personalidade a partir de dados do Facebook.

Capacidade de atenção - o episódio 17 do podcast *The Studies Show*: "Your shrinking attention span" ("Sua capacidade de atenção diminuída"), de Tom Chivers e Stuart Ritchie, aborda esse tópico, especialmente no que diz respeito às afirmações de Johann Hari.

Ciência da história - *Wonderworks* (*Obras maravilhosas* - Swift Press, 2021), de Angus Fletcher, oferece uma exploração fascinante, embora muito longa, desse tópico.

Consciência - o livro *Consciousness* (*Consciência*) de John Parrington (Icon Books, 2023) oferece uma boa visão geral de sua teoria da consciência e das evidências científicas.

Desinformação e *fake news* - *The tiger that isn't* (*O tigre que não é* - Profile Books, 2008), de Michael Blastland e Andrew Dilnot, fornece um excelente guia para se ter uma ideia do valor dos números que nos são apresentados e se devemos confiar neles. *Beyond the hype* (*Além do hype* - Elliott & Thompson, 2022), de Fiona Fox, dá uma boa ideia de como a ciência pode ser apresentada na mídia de forma enganosa. O programa de rádio da BBC *More or Less*, apresentado por Tim Harford, revela o uso indevido de estatísticas e outros números e está disponível no aplicativo BBC Sounds.

Desinformação sobre inteligência artificial - em *The coming wave* (*A próxima onda* - Bodley Head, 2023), Mustafa Suleyman e Michael Bhaskar pintam um quadro sombrio das futuras capacidades da IA, apesar de Suleyman ser amplamente a favor. Há muito material aqui sobre outros tópicos, como a biologia sintética, mas ainda assim é útil.

Fluxo - para saber mais sobre o conceito de fluxo na criatividade, consulte *Flow: the psychology of happiness* (*Fluxo: a psicologia da felicidade*), de Mihaly Csikszentmihalyi (Rider, 2002).

Ginástica cerebral - Ben Goldacre revela os problemas com a abordagem da ginástica cerebral em seu livro *I think you'll find it's a bit more complicated than that* (*Acho que você verá que é mais complicado que isso* - Fourth Estate, 2014).

Hipnotismo e mágica de palco - O livro *Tricks of the mind* (*Truques da mente*) de Derren Brown (Channel 4 Books, 2007) é uma aula magistral sobre os aspectos de brainjacking nesses campos. Algumas partes do livro são escritas de forma irritantemente afetada e "peculiar", mas vale a pena perseverar nele.

História do marketing - Uma visão geral útil é fornecida por *The Routledge companion to marketing history* (*O guia Routledge da história do marketing*), ed. Brian Jones e Mark Tadajewski (Routledge, 2016).

Lavagem cerebral - o livro *Brainwashing* (*Lavagem cerebral*) de Kathleen Taylor (OUP, 2016) é a introdução definitiva à lavagem cerebral a partir de uma perspectiva científica.

Lydia Pinkham - *Female complaints* (*Queixas femininas*) (W.W. Norton, 1979), de Sarah Stage, é um relato detalhado de Lydia Pinkham, seu composto vegetal e como ele se tornou popular por meio da publicidade.

Marketing e marcas - *On brand* (*Sobre a marca* - Thames and Hudson, 2003), de Wally Olins, oferece uma visão definitiva da natureza das marcas e da importância do marketing.

Mentalidade de crescimento - O episódio 8 do podcast *The Studies Show*: "Growth Mindset" ("Mindset de crescimento"), de Tom Chivers e Stuart Ritchie, aborda esse tópico.

Noções básicas de inteligência artificial - para obter uma visão geral da IA, consulte *Artificial intelligence* (*Inteligência artificial*) de Yorick Wilks (Icon Books, 2019).

Padrões e probabilidade - *Dice world* (*Mundo dado* - Icon Books, 2014), de Brian Clegg, inclui a maneira como interagimos com o mundo por meio de padrões e como a probabilidade pode influenciar nosso cérebro e nossa compreensão.

Poderes mentais - A área paralela da ciência (ou a falta dela) da telepatia e de outros poderes mentais é abordada em *Extra sensory: the science and pseudoscience of telepathy and other powers of the mind* (*Extrassensorial: a ciência e a pseudociência da telepatia e de outros poderes mentais* - St Martin's Press, 2013), de Brian Clegg.

Por que contamos histórias - *The seven basic plots* (*Os sete enredos básicos: por que contamos histórias* - Bloomsbury, 2004), de Christopher Brooker, aborda a estrutura das histórias e tenta explorar por que as contamos, mas é limitado no último tópico.

Propaganda - *Munitions of the mind* (*Munições da mente* - Manchester University Press, 2003), de Philip Taylor, fornece uma história acadêmica, mas de fácil leitura, do conceito.

Publicidade fictícia - *The space merchants* (*Os mercadores espaciais*), de Frederik Pohl e Cyril Kornbluth, de 1953 (Gateway, 2003), ainda está sendo impresso, enquanto *The merchants' war* (*A guerra dos mercadores*), de Frederik Pohl, de 1984, pode ser encontrado em segunda mão. Ambos são excelentes fontes de reflexão sobre os extremos a que a publicidade e o marketing podem chegar se não forem controlados pelo Estado e pela opinião pública.

Publicidade futura - embora o livro *A history of advertising* (*Uma história da publicidade*), de Stéphane Pincas e Marc Loiseau (2006), não faça o que promete no título (ele cobre apenas a era da agência de publicidade e concentra-se quase que inteiramente em um grupo de agências, principalmente nos EUA e na França), ele tem algumas ideias interessantes sobre o futuro da publicidade.

Publicidade perigosa para o meio ambiente - *Badvertising* (*Maus anúncios*), de Andrew Simms e Leo Murray (Pluto Press, 2023), é uma polêmica sobre a maneira como a publicidade nos incentiva a consumir em excesso e a danificar o planeta. Ele pode exagerar bastante, mas apresenta alguns argumentos interessantes.

Truques de confiança - em *The confidence game* (*O jogo da confiança* - Canongate Books, 2016), Maria Konnikova explora os mecanismos psicológicos por trás dos truques de confiança.

Vida: tornando-nos o que somos - *How life works* (*Como a vida funciona* - Picador, 2024), de Philip Ball, apresenta um quadro notável da complexidade do que nos molda (e a todos os seres vivos de diferentes maneiras), muito além de apenas nossos genes.

Índice remissivo